불교사의 이해

불교사의 이해

Understanding Buddhist history

조계종
출판사

발간사

2,500여 년 전 인도에서 싯다르타가 중도(中道)를 깨쳐 부처가 되었습니다. 부처님은 진리를 깨쳐 생로병사(生老病死)의 문제를 해결하고 영원한 행복의 길을 찾았습니다.

부처님이 깨치고 난 후 다섯 비구에게 중도와 사성제(四聖諦)의 가르침을 펴고 제자로 받아들여 승가(僧伽)가 형성된 이래, 불교는 2,500여 년의 장구한 역사를 거치며 그 맥이 끊이지 않고 오늘에 이르게 되었습니다.

수행과 교화를 본분사로 하는 무소유 정신의 승가 공동체는 인류 역사에서 가장 평화적이었고, 인종과 계급의 차별을 넘어 가장 광범위한 참여와 지속성을 가진 공동체로 발전해 오고 있습니다. 이러한 승가 공동체야말로 인류의 희망이고 어두운 세계를 밝히는 등불입니다.

또한 인류 역사에서 부처님의 깨달음과 가르침만큼 인간중심의 종교는 없었습니다. 여타 세계 종교는 대부분 절대자에 의지한 믿음을 통해 구원을 바라는 종교이지만, 불교는 오로지 자기 자신과 부처님께서 깨친 법을 믿고 수행하여 스스로 영원한 행복을 찾을 수 있다는 것을 가르치는 인본주의 종교입니다.

 이 지구에 존재한 인류 역사를 돌이켜보면 불교만큼 인본주의적인 종교는 없고, 승가만큼 오랜 역사와 전통을 간직한 공동체는 없었습니다. 처음 북인도에서 발원한 불교는 천 년 동안에 중국, 한국, 일본, 스리랑카, 동남아시아, 티베트 등으로 전파되어 동아시아로 퍼져나간 뒤 세계종교로 발전하였습니다. 특히 20세기 중반에 들어 불교는 기독교 사상과 전통이 강한 서양에도 급속히 전해져 확산이 되고 있습니다. 부처님의 가르침은 2,500여 년이 지난 이 시대에 또다시 세계인의 관심을 받고 있는 것입니다.
 이러한 시대에 우리 조계종 포교원은 재가불자들이 불교의 역사를 알기 쉽게 이해하도록 이 책을 간행하게 되었습니다. 이 책은 먼저 재가 불자의 신도교육교재로 기획되었습니다. 그동안 나온 불교 역사책들이 지나치게 전문 학자들의 입장에서 쓰여서 어렵고 딱딱하여 읽히지 않는다는 의견을 교훈으로 삼아, 이 책은 신도들의 눈높이에 맞추어 쉽게 읽을 수 있도록 만들었습니다. 또한 이 책은 불자가 아닐지라도 부처님의 깨침 이래 펼쳐진 불교의 역사를 일목요연하게 개관하여 볼

수 있도록 하였습니다. 특히 인도에서 불교가 탄생한 이후의 변화와 중국에 건너가 발전하는 과정, 그리고 우리나라에 전해져 찬란한 사상 문화를 창달하는 역사를 중심으로 정리하였습니다. 그 외에 불교가 많이 보급된 동남아시아의 여러 나라와 일본, 서양의 현대 불교 흐름을 이해하는 데 도움이 되도록 하였습니다.

아울러 이 책은 한국불교의 특성인 선사상의 성립과 발전과정도 중요하게 보고 정리하였습니다. 그중에서 한국불교의 역사에 대해서 좀 더 큰 비중을 두어 한국사회의 불자로서 불교의 역사와 전통문화에 대하여 보다 더 잘 알고 이에 대한 자부심을 가질 수 있도록 정리하였습니다.

실제로 그동안 한국불교는 세계 불교사에서 매우 선진적인 면모를 보여 주었으며, 특히 부처님의 선사상을 직접 깨칠 수 있는 간화선(看話禪)은 세계적인 자랑이기도 합니다. 또한 해인사 팔만대장경판과 경전의 보급을 위한 무구정광다라니 목판 및 직지심체요절 등에서 보여 준 금속 인쇄술은 세계에서 가장 선진적인 인쇄 문화 수준을 입증하는 데 부족함이 없습니다.

이처럼 『불교사의 이해』는 2,500여 년 불교의 역사, 그중에서도 인도-중국-한국을 중심으로 한 불교사를 한눈에 간명하게 볼 수 있도록 만드는 데 노력하였습니다.

이 책이 나오기까지 지난 몇 년 동안 포교원 실무자들과 집필 위원들의 많은 노력이 있었습니다. 그런 노력의 결실로 이 책이 나오게 되었는데, 아무쪼록 많은 분이 읽고 불교의 역사를 바로 알고 이해하여 깨달음과 행복의 길에 좀 더 다가가는 계기가 되길 간절히 바랍니다.

불기2548(2004)년 3월

대한불교조계종 포교원

차례

서장 —— **불교사 개관** … 17

제1장 —— **인도불교** The Buddhism of India

    불교의 성립 배경 … 23
        1. 역사적 배경 … 23
        2. 사문교단 … 25

    초기불교 … 28
        1. 붓다와 제자들 … 28
        2. 교단의 성립과 발전 … 31
        3. 경전의 결집 … 33

    부파불교 … 39
        1. 교단의 분열 … 39
        2. 부파 간의 논쟁점과 공과 … 41

    대승불교 … 44
        1. 대승불교의 원류 … 44
        2. 대승의 사상과 실천 … 46
        3. 대승경전 … 49
        4. 대승교단의 성쇠 … 51

    밀교 … 53
        1. 성립 배경 … 53

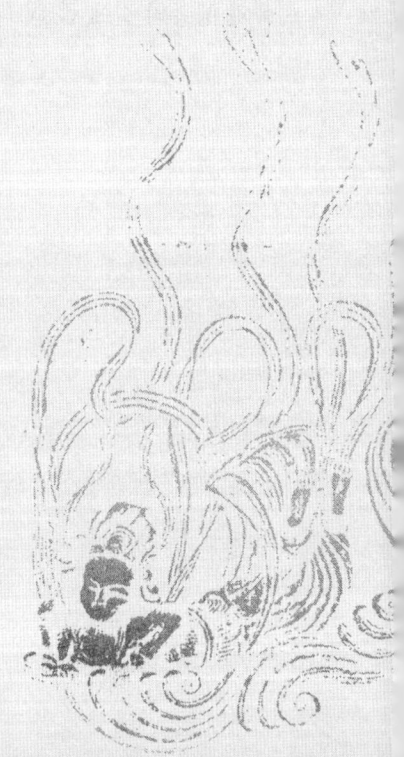

2. 교의와 수행법 … 55

　인도불교의 쇠멸 … 59

　현대 인도불교 … 62
　　1. 신불교 운동 … 62
　　2. 현대 인도불교의 부흥 … 66

제2장 ── **중국불교** The Buddhism of China

　역사적 배경 … 71

　불교의 전래 … 80

　귀족불교의 발전 … 93

　수·당 시대의 불교 부흥기 … 101

　불교사상의 융합 쇠퇴기 … 114

　현대 중국의 불교 … 123

제3장 ── **한국불교** The Buddhism of Korea

　삼국시대의 불교 … 129
　　1. 불교의 전래와 수용 … 129

2. 불교적 정치 이념 … 137
　　3. 불교교학의 수용 … 142
　　4. 미륵신앙과 불국토 사상 … 148

통일신라시대의 불교 … 154
　　1. 불교 정책과 대중의 불교 … 154
　　2. 교학의 발전 … 163
　　3. 신라 후기의 불교계 … 173

고려시대의 불교 … 183
　　1. 고려 전기의 숭불정책 … 183
　　2. 종파체제의 정비 … 189
　　3. 고려대장경과 교학의 발전 … 197
　　4. 무인시대의 불교 … 203
　　5. 원나라 간섭기의 불교계 … 213

조선시대의 불교 … 220
　　1. 조선 전기의 불교 정책 … 220
　　2. 왕실의 후원과 불전의 간행 … 224
　　3. 불교의 부흥과 교단 정비 … 228

근대 이후의 불교 … 234
　　1. 개화기의 불교 … 234
　　2. 일제 강점기의 조선불교계 … 240
　　3. 불교계의 위상 정립과 총본산 건립 … 246
　　4. 해방 이후의 불교 … 252

제4장 ── **기타 국가의 불교** Buddhism around the world

남방불교 … 265
    1. 스리랑카 … 265
    2. 미얀마 … 267
    3. 타이 … 268
    4. 캄보디아 … 269
    5. 베트남 … 270
    6. 라오스 … 272

북방불교 … 273
    1. 티베트 … 273
    2. 네팔 … 274
    3. 몽골 … 275
    4. 일본 … 276
    5. 대만 … 278

서양의 불교 … 280
    1. 유럽 … 280
    2. 미국 … 281

참고 도서 … 283

서장

불교사개관

고타마 싯다르타가 중도 연기를 깨달음으로써 시작된 불교는 현대에 이르기까지 세계 여러 나라로 전파되면서 다양한 모습을 보여 주었다. 2,500여 년 불교의 유구한 역사를 단계별로 구획짓는 것은 쉬운 일이 아니다. 다만 일반적으로 구분하여 설명하자면 다음과 같다.

불교사 개관

제1 _ 흥륭기　　"초기불교의 단계로서 고타마 붓다의 시대라 할 수 있다. 시대적으로는 기원전 5, 6세기경부터 마우리야 왕조의 제3대 아쇼카 왕(Aśoka, 기원전 268~232년 재위)의 즉위 이전 기원전 300년경까지가 제1 흥륭기에 해당한다.

때로는 '근본불교' 라 하여, 고타마 붓다가 생존해 있던 당시의 불교만 한정하여 부르기도 한다. 이 용어는 『근본불교』(姉崎正治 저, 明治 43년 간행)라는 책이 출간되면서 처음 쓰인 것으로 알려져 있다. 초기불교를 근본불교와 원시불교로 세분할 때, 후자는 대체로 붓다의 입멸 이후부터 아쇼카 왕 즉위 이전의 기원전 300년경까지를 지칭한다.

제2 _ 분파기　　부파불교시대로서 근본불교 이후로부터 대승의 중흥기 전까지를 제2 분파기라 말한다. 소승불교, 아비달마(阿毘達磨, Abhidharma)불교, 성문(聲聞)불교 등 다양한 이름으로 불린다.

시대적으로는 기원전 300년경부터 기원전 100년경까지이며, 일설에서는 붓다의 불멸 후 100여 년경부터 제2기로 보기도 한다.

부파는 근본 상좌부와 대중부로 나누어진 다음에, 다시 총 18부로 분열되었다. 부파 분열이 끝날 때쯤, 불교 석굴이 개축되기 시작하였다. 그로부터 불상이 조성되었고 차츰 불교미술이 번성하기 시작하였다. 이 시기에 스리랑카에서는 팔리어 경전이 성립되었다.

제3 _ 발달기

대승불교의 시대로서 기원전 100년경 또는 서기 1세기경을 그 시발점으로 삼는다. 대승불교는 불교의 꽃이라 해도 과언이 아닐 만큼 화려한 결실을 맺었다. 발달기는 대승불교의 전개에 따라 크게 세 단계로 나눈다.

초기 대승불교는 서기 300년경까지를 말하며, 반야계 경전, 화엄계 경전을 비롯하여 『중론』, 『대지도론』 등의 논서가 성립된 시기이다. 이 시기는 카니슈카 왕이 재위하던 때로서 제4차 결집이 이루어졌으며, 중국으로 불교가 유입되었다.

중기 대승불교는 300년경부터 600년경까지를 말하며, 여래장 계통과 유가행파 계통의 문헌이 성립되었다. 이때를 고전불교의 완성기라고도 부르며, 인도에서 불교가 지배적 지위를 점유하던 때로 부파시대라고도 한다. 이즈음 중국에서는 불교가 널리 퍼져서 완숙기로 접어들었다.

후기 대승불교는 600년경부터 소위 잡밀(雜密)까지만 포함시켜서 구분한다. 이 시기를 중세기의 불교라 하며, 인도에서 밀교가 성립되었다. 중국에서는 선(禪)이 전해져서 선종(禪宗)으로 발전하였고, 우리나라와 일본에도 불교와 선이 전해져 선진사회의 새로운 사상 문화로 자리 잡았다. 그 외 티베트와 스리랑카 등에도 전파되어 불교사 새로운 문화로서의 역할을 하기 시작하였다.

제4 _ 변천기

서기 700년경부터 힌두교의 습합 아래 독특하게 전개된 불교 양상을 일컫는다.

대표적인 예를 들자면, 밀교의 일파인 좌도(左道, Vāmamārga) 밀교의 경우는 5M, 즉 술(madya), 고기(māmsa), 물고기(matsya), 볶은 곡물(mūdrā), 성교(maithuna) 등을 적극적으로 수용하여 그것을 숭배하는 수행방법을 택함으로써 초기불교와는 매우 달라진 교의를 보여 주었다.

이 시기는 인도에서 불교가 쇠퇴기를 맞이한 것과는 달리 그 외 여러 나라에서는 불교가 정착하여 발달하였다. 불교는 인도 사회의 뿌리 깊은 계급제도를 뛰어넘지 못하고 쇠퇴하여 갔지만, 불교의 평등사상은 오히려 보편적이어서 전 세계로 확산되어 갔다.

1000년경부터 1500년경까지는 우리나라, 일본, 몽골, 티베트, 미얀마 등에서 불교가 매우 융성했던 황금기였다.

제5 _ 현대기

19세기에 불교는 유럽으로 건너가 학자들을 중

심으로 불교학이 연구되기 시작하였는데, 그 후 유럽 지식인층을 중심으로 불교가 받아들여져 널리 전파되어 갔다.

 20세기 서양에서는 물질적 풍요와 과학기술의 발달에도 사라지지 않는 대립과 갈등, 전쟁, 기아, 마약, 에이즈, 기상이변 등의 영향으로 불교가 정신문화의 새로운 대안으로 부각되고 있다. 특히 달라이라마의 노벨평화상 수상을 계기로 서양에 티베트 불교가 널리 알려지기 시작했으며, 베트남 전쟁 때 반전 평화를 열망하는 지식인층이 평화를 추구하는 불교에 더 많은 관심을 가지게 되었다.

 또한 프랑스에 망명하여 수행공동체를 설립하고 평화운동을 전개하고 있는 베트남 승려 틱낫한의 영향 등으로 이러한 흐름은 더욱 확산되고 있어 불교사상의 세계적 보편성을 확인시켜 주고 있다.

 21세기에 들어서 불교는 '명상 붐'의 확산이 보여 주듯이 전 세계인들에게 자기 안에서 영원한 행복을 찾는 수행의 가르침으로 더욱 확산되어 가고 있다.

제1장

인도불교

불교의 성립 배경
초기불교
부파불교
대승불교
밀교
인도불교의 쇠멸
현대 인도불교

지리상으로 인도의 권역에서 전개된 불교를 인도불교라고 하며, 인도의 고대언어인 팔리어나 산스크리트어로 전수된 불교를 통칭하여 인도불교라고도 한다. 인도불교의 역사는 크게 넷으로 구분된다. 그중 제1단계인 흥륭기는 초기 불교 시대라 하며, 제2단계인 분파기는 부파불교 시대, 제3단계인 발달기는 대승불교 시대이고, 제4단계인 쇠퇴기는 밀교 시대라 구분할 수 있다. 그리고 현대 인도에 새롭게 등장한 신불교 운동은 여러 가지 면에서 주목을 받으며 그 교세를 확장하고 있다.

불교의 성립 배경

1. 역사적 배경

고대 인더스문명은 기원전 3500년경으로 거슬러 올라간다. 인더스강을 중심으로 하여 모헨조다로와 하랏파 지역에 번성했던 토착민의 문명은 아리안(āryan)족의 도래와 함께 쇠망한 것으로 알려져 있다.

아리안족은 시베리아 남북과 투르키스탄(Turkestan) 등에 머물던 유목민으로서 기원전 17, 18세기경부터 민족 대이동을 시작하여 기원전 1500년경에 인더스강 유역으로 진입했다. 아리안족은 이미 철기 문명을 향유하고 있었으며, 아직 청동기시대에 머물러 있던 드라비다족을 흡수, 지배하게 된다.

아리안족의 도래를 계기로 하여 인도 대륙은 철기시대로 접어들었고, 농업의 번성과 함께 농산물의 교환을 목적으로 하는 상업과 농경용 기구 또는 생활용품을 생산하는 수공업도 성행하였다. 이에 따라 점차 소도시들이 늘어나고 그를 기반으로 새롭게 대두된 자산가 계층의 지지를 바탕으로 전제군주가 출현하여 16대국이 성립되기에 이르렀다.

16대국 중 대부분이 갠지스강의 동부지역에 집중되어 있었는데, 각 나라의 이름은 앙가, 마가다, 카시, 코살라, 밧지, 말라, 체티, 밤사, 쿠루, 판찰라, 맛차, 수라세나, 앗사카, 아반티, 간다라, 캄보자 등이다. 16대국의 통치 형태는 군주정치와 공화정치, 둘로 나누어진다. 밧지국과 말라국은 부족 공화정치 형태를 취하고 있었으며, 코살리국과 마가다국을 비롯한 대부분의 국가들은 전제적인 국왕이 통치하는 군주정치 형태의 나라였다. 그중에서 특히 코살라와 마가다가 중심 세력을 이루어 패권을 다투었다.

도시국가들간의 정복 전쟁은 기원전 4세기경까지 이어졌는데, 특히 마가다국의 빔비사라(기원전 582~554년 재위) 왕은 작은 나라들을 정복, 병합하여 대제국으로 성장하는 기틀을 닦았다.

그리고 이러한 도시국가의 형성기에 인도의 근간을 이루는 사회적 제도가 확고하게 정립되었다. 원주민이었던 드라비다족을 노예화하고 아리얀족의 우월성을 강조하던 민족의식은 독특한 사회계급 제도인 카스트를 성립시켰는데, 이 제도는 현대에 이르기까지 인도 사회의 기반을 이루고 있다.

4성(姓) 계급은 다음과 같다.

브라만: 사제계급.
크샤트리야 : 왕족, 귀족, 무사 등의 지배계급.
바이쉬야 : 상인, 평민계급.
슈드라: 노예계급.

또한 아리얀족의 종교문화는 지배적 사회이념으로 자리 잡았다. 아리얀족의 종교는 베다를 중심으로 한 브라만교였다.

브라만교의 성전인 4종의 주요 베다 중에서 『리그베다』는 기원전 2000년부터 1500년경에 편찬된 것으로 추정하고 있는데, 인도의 모든 성스러운 지혜의 원천으로서 첫째가는 문헌으로 꼽힌다. 하지만 주목할 점은, 아리얀족이 드라비다족을 비롯한 토착 원주민들의 관습이나 문화를 말살하지는 않았으며, 도리어 그들의 종교관을 비롯한 관습과 생활문화 전반을 수용했다는 것이다. 그중 대표적으로 꼽히는 것이 쉬바 신앙과 요가행법이다. 특히 요가는 불교에도 채용되어 수행법으로써 널리 쓰였다.

2. 사문교단

기원전 6세기경에 이르러 종래의 부족적 계급제도가 무너지고, 브라만교의 전통적인 습속이나 의례를 지키는 기풍 또한 점차 약화되었다. 갠지스강 중류의 마가다국과 코살라국을 중심으로 다양한 사상가들이 배출되었다.

전통적 종교였던 브라만교에 대항하는 혁신 사상가들은 떠돌아다니면서 숲속에서 수행하였다. 그들은 사문(沙門, śramaṇa) 즉 유행자(遊行者)로 불렸는데, 본래 여기저기 방랑하는 자를 가리키는 말로서 종교적 수행을 목적으로 떠돌아다니는 이를 뜻한다. 사문(沙門)들의 수행공동체를 상가(saṃgha, 僧伽)라고 한다.

불교를 창시한 석가모니도 사문 중의 한 사람이었으며, 자이나교의 개조로 꼽히는 마하비라도 그와 같은 사상적 조류 속에서 성장했다. 사문의 사상은 유물론, 불가지론, 영원불변론, 일부 불변론, 유한 무한론, 회의론, 원자론 등 수백 종에 이르는 유파를 형성하여, 가히 사상의 홍수 시대라 불릴 정도였다.

사문들은 정주처가 없이 이곳저곳을 떠돌아다니면서 탁발로 생계를 유지했다. 그들은 헝클어진 머리 모양에 한 벌의 옷만을 걸치거나 나체 상태인 털투성이의 몸을 드러내 놓고 다니기도 했으며, 손톱을 자르지 않고 길게 기르는 이들도 있었다. 더러는 혼자서 수행하거나 여러 사람이 무리를 이루기도 했으며, 스승을 중심으로 하여 그 제자들이 함께 집단을 이루어 생활하기도 하였다.

이처럼 다양한 양태를 보였던 사문들의 공통점은 기성 종교였던 브라만교의 이상을 반대했다는 것이다. 특히 그들은 가혹하고 불평등한 카스트제도에 반기를 들었고, 각종 의식과 제례, 동물 희생제 등에 반대하였다. 불교와 자이나교 또한 이러한 사문에 의한 반(反)브라만교 운동의 하나로서 성장하기 시작했다.

세속적인 욕망을 떨치고 해탈이라는 초월적인 희구만을 유일한 목표로 삼아 고행했던 사문은 오랫동안 불교 교단에서 수행자를 지칭하는 용어로 쓰였다. 경전에서 말하기를, 사문이란 열심히 수행하는 자로서 방일하지 않고 바르게 정진하여 마음의 삼매에 이른다고 한다.

붓다는 사문의 일원으로서 수행을 시작하여 깨달음을 성취한 뒤에는, 중도사상을 표방하여 고행수행을 부정하였다. 고행을 통해서는 어떠한 해탈도 얻지 못한다는 붓다의 깨달음은 새로운 사상의 정립을 알리는 시발점이 되었다.

결국 기원전 6세기경에 사문들은 마하비라를 따르는 자이나 교단과 고타마 붓다를 따르는 붓다 교단으로 크게 양분되기에 이르렀다.

그런데 붓다가 등장하기까지 사문들이 각각 집단을 이루어 교세를 과시하기도 했으나, 사실상 체계적인 사부대중을 갖춘 교단으로 정립된 것은 마하비라를 중심으로 한 자이나 교단이 최초였다. 붓다 또한 자이나 교단의 조직체계를 따라 사부대중을 갖춘 교단으로 발전하는 데는 그다지 긴 시일이 걸리지 않았다.

붓다 당시의 여러 사상은 서로 간의 대론을 통해서 자웅을 겨루었고 그 흥망이 가려졌다. 그러한 와중에 붓다 교단 또한 타 학파와 논쟁을 통해서 크게 성장해 나갔다. 붓다의 교법은 사회-정치적 상위계층에게도 매력적인 사상으로 수용되었으며, 특히 빔비사라 왕의 재위 연간에 큰 발전을 이루었다. 경전 곳곳에도 자주 등장하지만, 빔비사라 왕의 불교 외호는 매우 각별했던 것으로 알려져 있다.

초기불교

1. 붓다와 제자들

고타마 붓다(Gautama Buddha)의 생존 연대에 대한 학설은 분분하여 일치하지 않지만, 대략 기원전 500년경에 생존했던 역사적 실존 인물이라는 데는 이설이 없다. 그의 일생에 대한 많은 일화들은 경전에서 상세히 전하고 있다.

기원전 560년경, 현재의 네팔 남부지역에 자리한 룸비니에서 탄생한 싯다르타는 석가(Śākya) 부족의 왕자로 태어났다. 그의 성씨는 고타마였으며, 싯다르타라는 이름은 '목적을 성취한 사람'이라는 뜻이다. 탁월한 지성과 예민한 성격을 지녔던 싯다르타는 극진한 보살핌 아래 왕궁 생활을 영위했지만, 결국 세속의 삶을 버리게 된다. 그의 출가 동기는 '사문유관(四門遊觀)'이라는 일화로 전해지듯이, 생로병사를 관통하는 깨달음을 얻고자 그의 나이 29세 때 왕궁을 떠나서 수행의 길로 접어들었다. 싯다르타는 약 6년 동안 떠돌아다니면서 여러 스승들에게 고행과 명상 수행을 배워 익혔다.

베살리(Vesāli)에서는 알라라 칼라마의 지도로 명상법을 배웠고, 라자그리하(Rājagrha)에서는 웃다카 라마풋타 아래에서 수행했다. 싯다르타는 극심한 고행으로 거의 죽음의 문턱에 이를 정도였으나 진리를 깨칠수 없었다. 그는 고행을 포기하기로 결단을 내렸다. 그러고 나서 보리수 아래 고요히 앉아서 선정에 들었다.

선정에 든 싯다르타는 정각(正覺)을 이루고 붓다(부처)가 되었다. 싯다르타의 이 깨달음은 인류 세계의 위대한 인본주의 종교의 탄생을 알리는 것이었다. 인류의 수많은 종교들이 인간 이외의 어떤 절대자에 귀의하여 믿음을 요구하지만, 싯다르타는 인간을 비롯한 우주 만물의 존재 원리를 깨달아 영원한 행복을 찾을 수 있다고 하는 것이다.

마침내 깨달음을 성취한 싯다르타는 가장 먼저 이전에 자신과 같이 수행한 다섯 비구를 찾아가서 첫 가르침을 폈다.

> "비구들이여, 세상에 두 변(二邊)이 있으니 수행자는 가까이하지 말지니라. … 비구들이여, 여래는 이 두 변을 버리고 중도(中道)를 바르게 깨달았느니라."

붓다의 이 첫 가르침을 불교사에서는 초전법륜이라 하기도 하고 중도 대선언이라 하기도 한다. 모든 인간이 생로병사의 고통에서 벗어나 영원한 행복을 찾으려면 쾌락과 고행이라는 양극단을 떠난 중도를 깨달아야 한다는 것을 첫 가르침으로 제시한 것이다. 이때부터 싯다르타는 붓다로서의 삶을 시작하게 된 것이다.

계속해서 붓다는 다섯 명의 수행자에게 사성제를 설하였다. 붓다에게서 사성제의 가르침을 듣고, 통찰력과 깨달음, 지혜와 광명을 얻게 된 수행자들은 붓다에게 귀의하게 된다.

붓다의 첫 제자들은 나중에 5비구로 불리는데, 아갸타카운디니야, 아슈와지트, 마하나만, 바드리카, 바슈파 등이었다.

그들은 붓다와 그의 가르침, 즉 불과 법에 귀의한 2귀의자로서 제자가 되었으나, 그 이후의 제자들은 불, 법, 승, 3보에 귀의하는 3귀의자로서 교단의 구성원이 되었다.

점차로 늘어가던 교단의 수행자가 붓다를 포함하여 61명에 이르렀을 때, 붓다는 제자들에게 다음과 같이 말했다.

"비구들아, 떠나라.
중생의 이익과 안락을 위해, 세간을 사랑하기 위해, 신들과 인간의 이익과 애정과 안락을 위해, 두 사람이 한 길을 가지 말아라.
처음도 좋고 중간도 좋고 끝도 좋은, 도리에 맞고 언설이 잘 정돈된 법을 설하라."

그리고 붓다의 가르침을 청하는 모든 계층의 사람들에게 친절하고도 세심하게 자신의 지혜를 나누어 주었다. 특히 붓다는 설법할 때마다 다른 이를 위해서 보시하고, 계를 지키면 하늘에 태어날 것이라는 요지의 가르침으로 인과의 법칙을 강조했다.

2. 교단의 성립과 발전

붓다 당시의 교단은 출가자를 중심으로 한 승가(僧伽)로 유행생활을 하는 것이 원칙이었다. 출가자들은 무소득(無所得)을 기본으로 하는 무소유 생활을 실천하였고, 어떠한 재물이나 가축, 노예 등도 소유할 수 없었다.

그런데 교단의 발전을 바라는 재가자의 보시물은 해를 거듭할수록 늘어만 갔으며, 붓다에게 귀의하는 자산가들이 기부한 토지와 금전을 토대로 하여 여러 곳에 정사와 사원이 세워지기에 이르렀다. 그러한 발전과정에서도 교단의 성장에 가장 큰 원동력이 되었던 것으로 다음 세 가지를 꼽는다.

첫째, 카쉬야파 3형제의 귀의이다. 우루빌바(Uluvilvā) 카쉬야파는 500명의 결발(結髮) 외도(jaṭila)들을 이끌던 수장이었고, 나디(Nadi) 카쉬야파는 300명의 교도를 이끌던 수장이었으며, 가야(Gayā) 카쉬야파는 200명의 교도를 이끌던 수장이었는데, 이 세 형제가 나란히 붓다에게 귀의하였다. 그들이 함께 이끌고 온 제자들이 모여 불교 교단은 그야말로 대도약을 하게 되었다.

둘째, 빔비사라(Bimbisāra) 왕의 외호이다. 붓다의 생존 당시에 마가다국의 왕이었던 빔비사라는 15세에 즉위하여 16세에 불법에 귀의했다고 전한다. 그의 아들 아자타샤투르의 왕위 찬탈로 인해 유폐된 뒤 죽음을 맞았던 빔비사라 왕은 재위 당시에 불교만 후원한 것은 아니었지만, 불교 교단에 대해 우호적으로 베풀었던 것은 교단의 발전에 크나큰 힘으로 작용했다. 붓다가 마가다국의 라자그리하에 머물 때, 빔비사라 왕은 12만 명에 이르는 브라만과 장자들과 함께 붓다를 찾아가서 설법을 듣고 나서 귀의했던 일은 매우 유명한 일화다. 그때 설법을 들었던 12만 명 중에서 11만 명이 법안(法眼)을 얻었고, 1만 명이 붓다에게 귀의했다고 경전에는 기록되어 있다.

셋째, 최초의 승원(僧園), 죽림정사의 설립이다. 라자그리하에 세워진 죽림정사는 그 당시 최강국이었던 마가다국의 수도에 자리함으로써 포교의 본거지로서 큰 역할을 다하였다. 빔비사라 왕이 죽림정사를 세울 때, 그 입지를 다음과 같은 기준으로 선정했다고 전한다.

'마을에서 너무 멀지도 않고 가깝지도 않고 오고 가기에 편하며, 이런저런 목적을 지닌 사람들이 찾아뵙기 좋고, 낮에는 지나치게 붐비지 않고 밤에는 소음이 없고 인적이 드물며, 혼자 지내기에 좋고 좌선하기에 적절한 곳, 바로 그런 곳.'

그 후로 이와 같은 입지가 바로 승원을 세우는 기준이 되었다. 승원은 구조적으로 정사(精舍) 평부옥(平覆屋), 전루(殿樓) 누방(樓房), 굴원(窟院) 등 다양한 양식을 따랐지만, 그중에서 정사와 굴원이 가장 오랫동안 사용되었다. 정사는 평지에 벽돌이나 돌로 건립되었고, 굴원은 고원의 암석 지대에 인공적인 굴을 뚫어서 만들었다.

현재 남아 있는 굴원과 정사의 흔적을 통해서 짐작할 수 있는 것은 초기교단의 원칙은 유행생활이었지만, 교단의 발전과 더불어서 정주생활이 비중을 더 많이 차지하게 되었다는 것이다. 그리고 후대에 정립된 교단의 구성원은 비구와 비구니, 사미와 사미니, 식차마나와 우바새, 우바이 등으로 세분되었다. 초기불교 이래로 불교의 교단은 다양한 구성원 간에도 상호 민주적이며 평등하게 유지되어 왔으며, 이러한 교단 운영법은 붓다 당시부터 현재까지 변함없이 지켜지고 있다.

일찍이 붓다는 선언했었다.

"아난다여, 여래에게는 '나는 비구 승가를 보살핀다'라든지 '비구 승가는 나의 지휘 아래 있다'라는 생각은 없다."

붓다 당시에도 중앙집권적인 형태로 교단이 운영되지 않았듯이, 후대의 불교교단사에서도 교단 구성원의 자율과 화합을 통해서 유지되었던 것은 당연한 추이였을 것이다.

이렇게 볼 때 붓다는 5비구의 출가를 계기로 승가(僧伽)를 형성하였고, 이후 여성의 출가를 받아들여 비구니를 포함한 승가 공동체가 되었다. 그리고 많은 재가 신도들의 시주와 귀의로 우바새, 우바이도 포함된 사부대중(四部大衆) 공동체를 붓다의 교단이라 부르게 된 것이다. 지금에 이르러 교단의 구성원은 흔히 비구, 비구니, 우바새, 우바이의 사부대중으로 보고 있다.

3. 경전의 결집

붓다의 가르침은 그로부터 직접 설법을 들었던 제자들에 의해서 구두로 전해졌다.

"나는 이렇게 들었노라(evaṃ mayā śrutam. 如是我聞)."

이와 같은 서두로 그들은 전법을 시작했다. 본래 붓다는 모든 가르침을 구술로 전달했다. 그의 전 생애 동안 자신이 글로 써서 남긴 것은 아무것도 없다. 하지만 그의 설법을 들었던 수많은 제자와 신자들은 그의 가르침을 오래도록 보존할 수 있기를 원했으며, 그러한 소망의 결과가 바로 경전으로 남게 된 것이다.

경전편찬은 '결집'을 통해 이루어졌는데, 결집은 합송(合誦), 합주(合奏), 집회(集會)라고도 한다. 결집의 원어인 상기티(saṁgīti)는 제자들이 한데 모여서 기억하고 있는 가르침을 일제히 읊는 것으로, 이의가 없음을 표시하여 불설(佛說)을 확정하였던 것을 가리킨다. 이러한 뜻에서 결집은 '성전의 편집'을 의미하게 되었다. 요컨대, 경전편찬을 위한 집회가 결집이다.

경전은 바구니에 담아서 보관하던 관습에 따라 세 종류의 바구니, 즉 삼장(三藏)이라 부른다. 삼장은 경장, 율장, 논장으로 구성되는데, 이러한 삼장의 형식으로 불교경전이 완성되기까지는 긴 세월이 걸렸다.

기본적인 경전은 서기 250년경까지 그 대부분이 완성되었는데, 무엇보다도 불교경전은 크리스트교의 바이블이나 이슬람교의 코란과는 비교할 수 없을 정도로 그 양이 방대한 것으로도 유명하다.

제1차 결집

가장 최초의 결집은 붓다의 열반 직후에 이루어졌다. 붓다가 입멸하자 몇 가지 우려가 있었다. 즉 그의 가르침이 차츰 없어진다든가, 잘못 전해진다든가, 이론(理口)이 제기된다든가 하는 등의 일이다. 그래서 이를 방지하기 위해, 또 교단의 권위를 확립하기 위해, 불제자들이 모여 각기 구전으로 기억하고 있던 교법을 함께 합창하여 서로 확인하고 가르침을 정리할 회의, 즉 결집이 이루어졌다.

제1차 결집은 라자그리하에서 500명의 제자들이 모여서 경장과 율장을 편찬하였다. 그래서 '500결집'이라고도 한다.

1차 결집은 라자그리하의 교외에 있던 칠엽굴(七葉窟)에서 이루어졌는데, 마하카쉬야파(mahākāśyapa)의 주도 아래 아난다(ānanda)가 경장을 암송하였고, 우팔리(Upāli)가 율장을 암송하였다고 전한다. 이때 편찬된 내용은 후대 불교사의 지침이 되는 근본 경전으로서 가장 중요시되었다.

경전을 보면, 붓다는 그 당시 귀족층이 사용하던 고급 언어였던 산스크리트어뿐 아니라 베다어까지 능숙하게 구사할 수 있었다는 것을 알 수 있다. 하지만 실제로 민중을 상대로 한 교화 설법에서는 주로 속어였던 마가다어를 사용했으리라고 추정하고 있다. 따라서 최초의 경전 결집, 즉 제1차 결집 당시에 사용된 언어 또한 마가다어라는 것이 합리적인 귀결일 것이다. 하지만 그에 따른 근거는 현재 발견되지 않고 있으며, 초기 경전 언어로서 기록이 남아 있는 팔리(pāli)어 속에 몇몇 잔형이 남아 있을 뿐이다.

제2차 결집

기원전 383년경 제2차 결집이 이루어졌다. 바이샬리(Vaiśālī)결집 또는 700결집이라고도 불린다.

붓다의 입멸 후 100년경, 아난다의 제자였던 야사(Yaśa, 耶舍) 비구는 바이샬리의 브리지(vṛji)족 출신의 비구들이 계율에 위반되는 10가지를 실행하고 있다는 것을 알았다. 그는 700명의 비구들을 바이샬리에 소집하여 그러한 10가지에 대해 심의했다. 그때 회의에서는 10가지의 사안, 즉 '10사(事)'가 옳지 않은 일이고, 그것을 행하는 자는 이단이라고 간주하였다. 하지만 팔리 율장에서는 10사를 심의했다는 기록만 남아 있을 뿐이다. 스리랑카의 왕통사(王統史)인 『디파방사(Dīpavaṃsa)』와 『마하방사(Mahāvaṃsa)』에는 이 심의 다음에 성전의 결집을 행했다고 기록하고 있으므로, 이때의 일을 제2차 결집이라고 부른다.

그 당시에 논의되었던 10사는 다음과 같다.

첫째, 소금을 뿔 속에 담아서 지니는 것.
둘째, 정오가 지난 뒤 공양하는 것.
셋째, 한 마을에서 탁발한 뒤 다른 동네에서 탁발하는 것.
넷째, 한 구역에서 포살을 두 곳 이상 나누어서 하는 것.
다섯째, 어떤 일을 하고 나서 나중에 허가를 받는 것.
여섯째, 선사(先師)들의 행적을 관행으로 삼아 따르는 것.
일곱째, 공양 후에 발효된 우유를 마시는 것.
여덟째, 발효된 과즙을 마시는 것.
아홉째, 앉거나 눕는 자리 깔개를 사용하는 것.
열째, 금이나 은을 시주받는 것.

이상의 열 가지가 모두 정법(淨法)으로서 범해도 죄가 되지 않는다고 주장하던 이들에 대해서, 결집을 통해서 모두 비법(非法)이라고 결의하였던 것이다. 다만 아난다의 직제자로서, 그 당시 법랍 120년에 이르던 최고의 장로 사르바카마는 9가지는 비법(非法)이지만, '선사(先師)들의 행적을 관행으로 삼아 따르는 것'은 경우에 따라 인정할 수도 있다고 판정하였다고 전한다. 이로써 그에 대한 논의가 얼마나 분분하였던가 짐작할 수 있다.

그리고 이를 계기로 하여 율에 대한 해석의 차이는 더욱 첨예한 대립을 낳았고, 분파를 야기시키는 큰 요인으로서 작용하게 되었다. 또한 제1차 결집은 단순히 경과 율의 결집이었으나, 제2차 결집은 율에 대한 해석이라는 점에서 그 성격상 차이가 난다.

제3차 결집

아쇼카 왕은 인도대륙 전역을 하의 통치권 아래 지배했던 최초의 제왕으로 유명하다. 그는 강력한 무력 통치권을 기반으로 하여 인도대륙을 하나의 정치적 통합체로 만드는 데 성공했다.

피비린내 나는 정복전쟁을 거듭하던 아쇼카왕은 기원전 260년경 불교도로 전향했다고 알려져 있다. 불교에 귀의하기 전에 아쇼카 왕은 부왕이었던 빈두사라 왕이 그랬듯이, 아지비카 교도였다고 전한다. 그러나 불교에 귀의한 뒤, 불살생의 원리를 실천하고 공평무사한 정책을 통해서 만인의 인심을 얻은 아쇼카 왕이 불교를 위해 공헌한 일들은 지대하다. 수많은 불교승원과 기념탑을 세웠고, 불교도를 위해서 후원을 아끼지 않았으며, 몸소 붓다의 유적을 찾아가서 참배하였다. 여러 왕비들이 낳은 자녀들은 출가하여 수행자가 되었는데, 그들을 곳곳에 전법사로 파견하였다.

　이와 같이 불법을 널리 펴던 아쇼카 왕이 즉위 17년째 되던 해, 마가다국의 수도였던 파탈리푸트라(Pāṭaliputra, 華氏城)에서 목갈리풋타팃사(Moggaliputtatissa)의 주도로 1,000명의 비구를 소집하여 결집을 행하였다. 이를 1,000결집, 화씨성 결집, 1,000집법(集法) 등으로 부른다.

　제3차 결집에서는 인도 자체와 스리랑카 등의 외국에 정통 교의를 전하는 성전을 편찬했으며, 논서들을 논장(口藏)으로 집성함으로써 비로소 3장이 갖추어지게 되었다. 이와 같이 3장을 편찬하는 데 총 9개월이 걸렸다고 한다. 특히 목갈리풋타팃사는 별도로 『카타밧투(Kathāvatthu, 論事)』를 지어서 그릇된 견해를 논박했다. 이러한 사실은 남전(南傳)의 율장(口藏)이나 『마하방사』와 『디파방사』 등에 기록되어 있다.

제4차 결집

　서북 인도를 지배하던 카니슈카 왕(서기 73~103년 재위) 시대에 『아비달마대비바사론』을 편집했던 일을 가리켜 제4차 결집이라 말한다. 현장(玄奘) 스님이 번역한 『아비달마대비바사론』의 「발(跋)」에 의하면, 제4차 결집은 불멸 400년경에 카슈미르(káśmīra)의 환림사(環林寺)에서 이루어졌다.

　파르슈와(Pārśva) 존자가 카니슈카 왕에게 건의하여 후원을 받아내서 3장에 정통한 500명의 비구들을 소집하여 결집을 행하였다. 그때 집대성된 것이 총 30만 송(頌) 660만 언(言)에 달하는 대주석서 『아비달마비바사론(阿毘達磨大毗婆沙口)』이었다.

부파불교

1. 교단의 분열

붓다의 입멸 이후 점차로 발전을 거듭하였던 불교교단은 기원전 3세기경에 이르러 마침내 분열되기 시작하였다. 본래 교단의 각 구성원이 평등하게 책임을 지고 서로 존경하는 일미화합(一味和合)을 이상으로 하는 교단이었지만 세월이 흐름에 따라서 차츰 대립과 분열의 모습이 나타났다.

근본 분열

교단의 분열에 대한 전승 내용은 남전(南傳)과 북전(北傳)에 차이가 있다. 남전의 문헌으로는 『디파방사(Dīpavaṃsa)』와 『마하방사(Mahāvaṃsa)』가 있으며, 북전의 기록들 가운데서 가장 중요한 문헌으로 인정받고 있는 것은 『이부종륜론(異部宗輪論)』이다.

인도의 학승 바수미트라(Vasumitra, 서기 1~2세기경)가 저술한 『이부종륜론』의 서두에서는 붓다가 입멸한 지 100여 년이 흐르자 여러 부파들이 일어나 이롭지 못한 주장으로 사람들을 미혹시키게 되자 붓다의 진정한 가르침을 얻기 위해서 논서를 저술한다고 밝히고 있다.

그에 따르면 붓다가 열반한 후 100여 년이 지난 뒤 아쇼카 왕이 재위할 당시에 처음으로 교단 분열이 일어나게 되었다고 전한다. 그 첫 번째 분파의 원인은 마하데바(Mahādeva)가 주장했던 다섯 가지에 있었다. 그 당시 교단은 용상중(龍象衆), 변비중(邊鄙衆), 다문중(多聞衆), 대덕중(大德衆) 등 네 부류로 나뉘어 논쟁을 거듭하였다. 그 결과 교단은 대중부(大衆部)와 상좌부(上座部)라는 두 파로 분열되고 말았다. 이를 가리켜 첫 번째 교단의 분열이라는 의미에서 근본 분열이라고 한다.

지말(支末) 분열

한 번 분열된 교단에서는 논쟁점이 있을 때마다 서로 다른 견해를 가진 사람들끼리 따로 갈라져 나와 별개의 부파를 이루었다.

상좌부와 대중부 가운데서 먼저 분열되기 시작한 쪽은 대중부였다고 전한다. 상좌부보다 훨씬 많은 사람들로 이루어졌던 대중부는 근본 분열 이후로 100년 사이에 총 4회의 분열을 거듭했다. 결국 8개 부파가 성립되었는데, 그 근본이었던 대중부와 지말 8부파를 합하여 '본말 9부파'라고 한다.

상좌부는 붓다의 입멸 후 300년이 지났을 때, 설일체유부(說一口有部)와 설산부(雪山部) 둘로 나누어진 것을 시작으로 하여, 100년 동안에 7회의 분열을 거듭하여 총 11개의 지말 부파로 나뉘었다.

그런데 대중부가 지말 분열을 거듭하는 동안에도 근본 부파로서의 명맥을 유지했던 것과는 달리, 상좌부의 지위가 어떠했는지에 대한 사료는 충분하지 않다. 따라서 근본과 지말을 합하여 부르는 숫자에도 차이가 나며, 근본 상좌부의 맥을 정하는 데에도 설이 나뉘고 있다. 대체로 설산부를 근본 상좌부와 동일시하고, '본말 11부파'라고 헤아린다.

그리하여 초기 교단은 모두 20개의 부파로 나뉘어졌으나, 그 밖에도 수 많은 분파가 이루어졌다는 사실을 남전과 북전의 문헌을 통해 알 수 있다.

2. 부파 간의 논쟁점과 공과

과연 분열에 분열을 거듭하였던 교단 내의 논쟁점들은 무엇이었을까? 가장 먼저 근본 분열을 초래했던 논쟁점, 즉 마하데바의 다섯 가지 주장들은 무엇이었는가?

> 첫째, 아르하트(arhat, 아라한)는 성욕을 일으킬 수 있다.
> 둘째, 아르하트는 무지(無知)가 남아 있다.
> 셋째, 아르하트는 의심이 남아 있다.
> 넷째, 아르하트는 다른 사람의 도움으로 깨달음을 얻을 수 있다.
> 다섯째, 불도(佛道) 즉 길은 소리로써 얻어진다.

마하데바는 이와 같은 다섯 가지가 붓다의 참된 가르침이라 주장하였으며, 그에 대한 논박과 논쟁으로 인해서 마침내 교단은 두 파로 나뉘게 되었다는 것이다.

그런데 이러한 논쟁의 이면에는 사회적 변화가 또 다른 이유로서 작용하였다고 본다. 교단이 지역적으로 확장되고 생활환경이나 사회적 상황들이 변화되면서 고정적인 율장의 내용만으로는 모두 대처할 수 없게 되자 교단 내부에서도 진보와 보수 사이에 의견 충돌이 발생했던 것이다.

그 후에도 승단 내에서 벌어졌던 온갖 논쟁의 전말을 상세히 알 길은 없다. 하지만 부파 분열 당시의 정황을 짐작할 수 있게 해 주는 문헌들에서 전하는 각 부파 간의 논쟁점들은 그 당시 교단의 최대 관심사가 바로 불법(佛法)에 대한 엄밀한 해석에 있었다는 것을 보여 준다. 각 부파 간의 분열은 상호간의 차이를 드러낼지언정 각자가 이해하는 대로 올바른 붓다의 가르침을 계승하고자 노력했던 결과였다.

각 부파의 논쟁 내용은 예컨대 취(聚), 심(心), 삼매(三昧), 천(天)의 4대(大) 등을 비롯하여, 업과 과보의 문제라든지, 출세간법의 문제, 무위법(無爲法)의 인정 여부, 과거와 미래의 실체성이라든지 사물의 실재성 여부, 그리고 깨달음의 문제 등을 비롯한 교리상의 쟁점들을 비롯하여 불탑신앙의 문제 등이다.

사실 『이부종륜론』 등의 문헌에서 전하는 각 부파의 주장점들은 언뜻 보기에 별반 차이가 없는 듯도 하다. 하지만 그들이 주장하고 논쟁하였던 교리상의 논점들은 대승불교의 성립에 지대한 영향을 주었다. 그리고 대승에 속하는 경전들에서 다루고 있는 내용들은 수많은 부파가 갈리는 논쟁점들이 훨씬 더 진전되고 체계화된 형태로 승화된 것들이라 해도 과언은 아니다.

부파불교시대에 이어서 발달한 대승불교의 씨앗이 무엇이었나에 대해서는 그 누구도 명료한 답을 내리기 어렵다. 하지만 대승불교의 원류가 부파시대에서 비롯되었다는 것을 부인할 수 없다. 아니 훨씬 더 적극적으로 대중부의 교리가 바로 대승불교의 내용을 이루고 있으며, 유부, 경량부, 화지부, 법장부 등 상좌부의 교리도 대승불교 속에서 큰 목소리를 내고 있다는 것을 간과해서는 안 된다.

어떠한 사상이 역사의 흐름 속에서 다른 사상적 조류와 상호작용을 주고받으며 하나의 물줄기를 이루어 가고, 또한 다시 갈리거나, 다시 또 합쳐지면서, 다른 또 하나의 대해(大海)를 이룬다. 불교라는 막막한 대해 속에서 여러 부파의 논쟁과 분파는 작은 개울이거나 아니면 강물이나 파도 거품과 같은 것이었을는지도 모른다.

하지만 너무나도 엄밀하고 치열하다 못해 번쇄하기 짝이 없다는 혹평까지 들어야만 했던 부파 논사들의 쟁론들이 '철학적 불교'라는 튼튼한 주춧돌을 놓고 '종교적 불교'라는 튼실한 기둥을 세우는 역할을 하였다는 것을 잊지 않아야 한다.

또한 무엇보다도 '부파 논사들의 불교'가 흔히 지칭하듯이 '소승(小乘)', 즉 작은 수레에 불과한 것이었다는 인식을 재고(再考)하는 것이 부파불교시대의 논쟁사를 올바로 보는 첩경일지도 모른다. 대승불교시대는 부파불교시대라는 알껍데기를 깨고 나온 거대한 붕새와 같기 때문이다.

대승불교

1. 대승불교의 원류

 대승(大乘, mahāyāna)이란, 깨달음을 향해 가는 커다란 탈것, 혹은 운반하는 방도를 의미하는데, 그런 뜻을 품고서 노력하면 출가와 재가를 불문하고 붓다와 동일한 깨달음에 도달한다고 가르치는 데서 그 명칭이 유래되었다.
 대승불교란 일반적으로 기원전 1세기경부터 발흥한 새로운 불교운동을 가리킨다. 대승경전을 신봉하고 그 교의에 따라 실천하는 불교수행의 한 체계로서, 현재 남방 불교권을 제외한 중국, 우리나라, 일본 등의 한역(漢譯) 문화권과 티베트계 문화권이 이에 해당한다.
 그런데 대승불교의 발원과 시기, 그 직접적인 동인이 무엇인지에 대해서는 명료한 정설이 없다. 수많은 설명 중 어느 것도 만족할 만한 것은 없다고 할 만큼 명확하지 않다.
 일설에서는 인도에서 대승의 싹이 트기 시작한 것은 기원전 250년경이라고 주장하기도 하는데, 이는 아쇼카 왕의 재위 시기에 대승불교

운동이 시작되었다고 보는 입장이다.

대승불교의 원류에 대한 설명은 크게 셋으로 나눌 수 있다.

첫째로 부파불교의 발전 양상에서 등장하게 된 운동이라는 설로서, 대중부와 경량부 등 여러 부파의 교리 및 활동이 대승불교의 성립에 큰 영향을 주었다고 본다.

둘째로 불탑신앙의 전개와 더불어서 대승불교가 발전한 것이라는 설로서, 붓다의 유골을 모신 불탑을 중심으로 모여서 붓다의 덕을 찬양하고, 그 힘으로 복과 공덕을 쌓기를 기원하고 있었던 재가 신자를 모체로 하며, 그들에게 붓다의 전기를 이야기하고 가르침을 베풀어 주는 법사들을 지도자로 하여 발흥했다고 한다.

셋째로 대승경전을 비롯한 불전(佛典)문학의 등장과 함께한다는 설이다. 새로운 운동이 주장하는 바를 널리 퍼뜨리는 법사들은 붓다의 덕을 찬탄하는 새로운 경전을 작성했는데, 그것이 대승경전이다. 초기의 대승경전은 불탑숭배를 설하고, 붓다 앞에서의 참회와 예배를 권하며, 보시 등의 이타행을 설하고 있다. 그러나 운동의 전개에 따라 경전 그 자체의 공덕을 고양하고 그에 대한 숭배를 강조하기에 이르렀다. 대승경전이 대승불교 그 자체가 되었던 것이다. 그러한 과정에서 대승불교의 독자적인 교리는 비약적으로 발달했으나 교단으로서는 독자적인 율장이 없는 점 등 그 모습을 명확히 추정하기는 쉽지 않다.

이상과 같이 대승불교의 성립에 대한 여러 가지 학설들을 요약하여 말하기를, 인간이 붓다를 믿어 온 역사라기보다는 오히려 인간이 붓다가 되어 간 역사라고 말하기도 한다. 이 점은 고타마 붓다 자신이 신이 아닌 인간으로서 자신의 사상을 몸소 실천하고 성취했던 것처럼, 보편적인 인간이라면 누구나 그와 같이 붓다가 될 수 있다는 길을 재차 확인하고 실천하는 길을 모색하는 과정의 역사라는 사실을 강조하는 것이기도 하다.

2. 대승의 사상과 실천

대승불교는 기존의 붓다관에 대해서 새로운 시각을 정립하였다는 점에서 크게 주목을 끌었다. 대승에서는 신앙의 대상인 붓다의 본원(本願)과 정토(淨土)를 설하고 자비를 찬탄하며, 불신론(佛身論)을 그 중심에 두었다.

대승의 불신론은 진리 그 자체로서의 붓다, 즉 법신(法身)과 중생제도를 위한 붓다의 시현, 즉 색신(色身)을 강조하는 것으로서 구체적으로는 시방삼세(十方三世)에 수많은 붓다들이 존재한다고 믿었다. 특히 삼신불(三身佛)이라 하여 불신을 3종으로 구분하였는데, 그 내용은 경우에 따라 다양한 조합으로써 설명된다.

    1) 자성신(自性身), 수용신(受用身), 변화신(變化身).
    2) 법신(法身), 보신(報身), 응신(應身).
    3) 법신(法身), 보신(報身), 화신(化身).
    4) 진신(眞身), 보신(報身), 응신(應身).

5) 법신(法身), 지신(智身), 대비신(大悲身).
6) 법신(法身), 응신(應身), 화신(化身).

그중에서 가장 보편적인 삼신불은 법신불, 보신불, 화신불 3불을 말한다. 일반적으로 보신은 아미타불, 법신은 비로자나불, 화신은 석가모니불을 꼽는다. 하지만 그 외에도 경전의 내용을 토대로 하여 다양한 쌍을 이룬 3불상이 봉안되기도 한다.

옛부터 브라마, 비슈누, 쉬바라는 3신(神)을 숭배하는 인도의 신앙적 전통의 영향으로 불교에서도 3신불을 숭배하는 신앙이 생겨났으며, 그에 따라 자연스럽게 사찰에서도 3신불을 봉안하게 된 것이라 한다.

그리고 대승불교에서는 이러한 신앙적 실천의 주체로서의 보살을 강조했다. 보살이란 보디삿트바(bodhisattva)라는 말을 음역한 것으로, '깨달음을 추구하는 중생'이라는 뜻이다. 보살은 원래 성불하기 이전의 붓다를 가리키는 말이었으나, 불교에 귀의하고 입문한 모든 사람을 가리키는 말로 승화시켰다. 여기에는 대승의 구도자에게 붓다를 닮으라는 뜻이 담겨 있다.

이와 같이 기존의 아라한이라는 이상을 보살로서 대신한 대승에서는 중생 모두가 해탈을 이룰 때까지 스스로 열반에 들기를 거부하고 중생들 속에서 함께 수행하며 그들의 해탈을 위해 진력한다고 강조했다.

대승의 주창자들은 모든 인간의 마음속에는 불성이 있기 때문에, 집착과 아집으로 인해서 가려진 불성을 드러내기 위해서는 부단한 수행을 쌓아야 한다고 설했다. 그들은 보살행(菩薩行)이라는 실천 덕목을 설하였는데, 여러 종류의 파라미타(pāramitā)는 말 그대로 피안에 도달하기 위해서 닦아야 할 수행법들을 총칭한다.

파라미타는 정(定)과 혜(慧)의 2파라미타를 비롯하여, 4파라미타, 6파라미타, 7파라미타, 10파라미타, 32파라미타 등 수없이 많은 조목들이 대승경전에 소개되어 있다. 그중 가장 널리 알려진 것은 6파라미타이다.

6파라미타는 보시(布施), 지계(持戒), 인욕(忍辱), 정진(精進), 선정(禪定), 지혜(智慧) 등으로서 불도수행에서 가장 기본이 되는 덕목들이다. 경전에서 말하기를 6파라미타는 모든 부처를 낳은 어머니이며 모든 부처가 의지하는 보배라고 말할 만큼 깨달음을 성취하는 데 가장 중요한 것이라 한다. 10파라미타는 6파라미타에 방편(方便), 원(願), 역(力), 지(智) 등 네 가지를 더한 것이다.

또한 이러한 파라미타 사상에 근거한 가장 이상적인 대보살들로서 문수(文殊), 보현(普賢), 관음(觀音) 등의 여러 보살들이 대승경전의 주인공으로 등장하고 있다.

파라미타를 실천하는 보살들의 수행에는 그 정도에 따른 단계가 있다는 사상도 정립되었는데, 바로 10지(地) 등의 보살 계위이다.

10지는 보살이 수행하여 성불하기까지 총 52단계의 수행이 있는데, 그중에서 제41부터 제50단계까지를 10지라 한다. 10지는 차례대로 초지(初地), 2지, 3지 등으로 부르기도 하고, 제1 환희지(歡喜地), 제2 이구지(口垢地), 제3 명지(明地), 제4 염지(焰地), 제5 난승지(難勝地), 제6 현전지(現前地), 제7 원행지(遠行地), 제8 부동지(不動地), 제9 선혜지(善慧地), 제10 법운지(法雲地) 등으로 부르기도 한다.

10지에 이르러서야 보살은 비로소 불성(佛性)을 보며 중생을 구제하고 지혜를 갖추기 때문에, 10성(聖)이라는 성인의 칭호를 받는다. 이러한 10지 보살사상은 파라미타의 덕목들과 함께 대승불교를 발전시키는 핵심 사상으로 자리 잡았다.

대승불교의 실천이 기반이 되었던 진리관은 생사 즉 열반(生死卽涅槃)이라고 설하는 공성(空性) 사상이 근간을 이룬다. 보살은 무주처(無住處) 열반을 이상으로 하여 이타행을 실천하며, 미혹과 깨달음의 동일한 근거로서의 마음에 대해서도 공성에 의해 본질이 해명되어, 여래장(如來藏)이라든가 유심(唯心) 또는 유식(唯識)의 이론을 낳았다. 또한 붓다의 깨달음을 원점으로 하여 제법(諸法)의 연기가 곧 진여(眞如)이며 법계(法界)라고 하며, 그 특색을 공(空) 내지 공성(空性)이라 파악하여, 반야바라밀에 의해 이것을 체득하는 것을 깨달음으로 삼는다.

이러한 사상을 토대로 한 대승불교에서는 그 이전 교단의 가르침이 스스로 아라한이 되어 열반하는 것을 최상 목표로 했던 것은 다른 중생의 이익을 고려하지 않은 편협한 가르침이라는 뜻에서 소승(小乘 hīnayāna)이라고 폄칭하였다.

3. 대승경전

대승불교의 발전과정에서 두드러진 특징은 붓다의 가르침을 재정비하여 다양한 경전들을 성립시키고 그에 대한 수많은 논서를 편찬했다는 점이다. 대승을 신봉하는 이들은 이러한 경전과 논서를 중심으로 사상을 정립하고 흐름을 확대해 나갔다.

대승경전은 거의 7, 8세기경까지 오랜 시일에 걸쳐서 편찬되었기 때문에 그 수를 헤아리기도 쉽지 않다. 일반적으로 현재 전해지는 한역(漢譯) 경전을 중심으로 볼 때 약 1,200부에 이르며, 티베트어 번역본으로는 약 1,900부에 이를 만큼 방대하다. 대부분의 대승경전은 프라크리트어를 포함한 광의의 산스크리트어로 이루어졌지만, 그중 대다수의 경전이 현재는 전하지 않으며, 그 일부만 원전이 전해지고 있다.

오랜 기간에 걸쳐서 형성된 다양한 대승경전을 시대적으로 구분할 때 다음과 같이 세 시기로 구분한다.

> 초기 : 1세기경까지로서, 용수(龍樹) 이전에 해당한다.
> 중기 : 용수 이후 세친(世親)까지, 2~5세기경까지를 말한다.
> 후기 : 세친 이후, 6세기부터 밀교, 즉 금강승의 성립기인 7세기경까지를 말한다.

이러한 세 단계의 발전을 거치면서 수많은 경전과 논서를 통해서 대승의 사상은 괄목할 만한 성과를 거두었다.

대승의 경전들을 내용면에서 구분해 보면, 반야부, 법화부, 화엄부, 보적부, 열반부, 대집부 등으로 나눌 수 있다. 그 주요 내용으로는 붓다와 보살의 지혜를 찬탄하고, 삼매의 수행과 가치를 강조하며, 대보살과 불제자, 재가 불자들의 실천수행 법공(法空)과 법선진여사상 등을 포함하고 있다. 그리고 이러한 경전의 편찬에서 그치지 않고, 논서를 통해서 그에 대한 치밀한 논의를 펼침으로써 각자의 논지를 주장하고 있다.

그러나 무엇보다도 대승경전이 아함부 경전과 다른 특징 중 하나는 아함부에서 고타마 붓다의 권위를 빌어서 경전을 서술했던 것과는 달리, 법사들 스스로 대승의 교리를 체계화하는 데 치중했으며 붓다의 권위에만 전적으로 기대지는 않았다는 점이다. 이는 대승이 부파불교 또는 원시불교와는 독립적으로 그 사상을 정립하게 된 계기를 만든 것이라고 평가되고 있다.

4. 대승교단의 성쇠

대승불교가 널리 퍼지게 되는 데 가장 큰 공헌을 한 주인공들은 바로 설법사(說法師)들이었다. 대승의 시대에 법사들은 스스로 보살도를 수행하면서 대중을 향해 법을 설하고, 대중들은 그 법문을 베껴 쓰고 외우며 널리 펴는 것이 공덕을 쌓는 길이었다. 법사들은 일반적으로 보살이라 불렸으며, 그들은 정법의 수호자이자 교법의 정통적인 전수자로서 그 역할을 다하였다.

1세기경부터 불교 전법사들은 힌두쿠쉬와 히말라야 산맥을 넘어 포교하기 시작했지만, 인도불교교단은 굽타 왕조의 성립 이후에는 차츰 쇠퇴의 길로 접어들기 시작하였다.

굽타 왕조는 중앙집권적인 체제를 확립하고 사회질서의 토대가 되는 브라만교를 국교로 정하였다. 그에 따라 브라만교, 즉 힌두교는 급속히 세력을 펼쳐 갔으며, 동시에 불교의 사회적 기반은 약화되었다. 불교교단에서는 중관, 유식학파와 불교논리학파 등의 학문적 성과는 활발히 이루어지고 있었지만, 민중들 사이에서는 힌두교가 중심 신앙으로 자리 잡았다.

힌두교의 지배적 위치는 불교를 비롯한 다른 인도 종교에도 많은 영향을 미치게 되는데, 그로 인하여 대승불교교단도 변화를 피할 수 없었다. 더구나 대승을 따르던 재가자들도 인도 일반의 민간신앙과 힌두교의 영향을 받아서 다라니와 무드라, 만다라 등을 신앙방식으로 채용하여 여러 의식을 통해서 실천하기 시작했다. 이러한 양상은 인도불교의 또 다른 발전 양상, 즉 밀교를 성립시키기에 이른다.

인도불교가 국경을 넘어서 드넓게 포교되었던 것과 반비례하여 인도 내에서는 그 세력이 약화되었고 내용 면에서도 변용될 수밖에 없었던 연유에 대해서 갖가지 요인들이 거론되고 있다. 하지만 가장 첫째로 꼽는 이유는 대승의 교의가 발전을 거듭할수록 보살 수행보다는 불법(佛法)에 대한 논의 자체에 치중하는 경향을 보임으로써 재가자 중심에서 다시 출가자 중심으로 전환되었고, 또한 전문화됨으로써 사실상 민중의 생활과 괴리되고 말았다는 점이다.

인도 국경을 넘어 전파된 대승의 교의는 각 나라의 사상과 결합하여 발전적 수용을 가져왔으나, 정작 인도에서는 소승불교가 그러했던 것처럼 대승불교 또한 쇠멸의 길을 걷게 되었던 것이다.

밀교

1. 성립 배경

　마우리야 왕조 때 아쇼카 왕의 두터운 보호를 받고 성장하기 시작했던 불교교단은 인도 내외로 확장되기에 이르지만, 다른 한편으로는 점차 인도의 토착 종교와 힌두교 등과 혼합되어 새로운 경향을 띠기 시작하였다. 그것이 바로 밀교이다.
　마우리야 왕조에 버금가는 통일국가를 이루었던 굽타 왕조 때부터 지배층의 종교로서 확고하게 자리매김한 힌두교는 사회 전반의 기본 질서로서 그 골격을 형성하였다. 그런데 8세기 중엽에 파탈리푸트리를 수도로하여 성립한 팔라왕조의 여러 왕들은 불교를 보호하여 지원을 아끼지 않았다. 그 당시 동인도와 벵갈 지역을 중심으로 하여 융성했던 불교는 기존의 대승불교와는 차별화된 교의 내용으로 보다 더 힌두교에 근접한 탄트라불교의 양상을 띠고 있었다. 이와 같이 힌두교와 습합된 탄트라 불교를 대승과 구별하여 금강승이라 하였다.
　금강승, 즉 밀교는 인도불교의 최종 발전 단계로서 대승불교의 인도적 변용이라 볼 수 있으나, 밀교교단에서는 자신들의 교의야말로 금강처럼 견고하고 유일 최상의 진리라는 뜻에서 그와 같이 명명한 것이라 한다.

밀교의 교의는 힌두교의 의례와 교의 내용을 상당히 많은 부분에서 채용함으로써 불교 고유의 특징을 상실함과 동시에 힌두교에 동화되는 결과를 초래하였다. 하지만 밀교의 성립 계기를 단순히 힌두교와의 습합에서만 찾을 수는 없다. 이미 대승경전에서 강조되기 시작하였던 다라니 등의 주력(呪力)은 밀교의 뿌리로서 인정되며, 더 나아가 인도사상의 일반적 토양에서 기인한다고 본다.

밀교의 배경으로서 거론되는 주요 원인은 다음과 같다.

첫째, 교주인 고타마 붓다의 역사적 실체가 퇴색되었다는 점이다. 부파시대와 대승불교를 거치면서 성립된 다불(多佛)사상, 삼신불설 등은 고타마 붓다를 역사적인 인물에서 멀어지게 만들었다. 그 결과 수많은 불보살들이 등장함으로써 인도 전래의 신들에게 접근하는 결과를 낳았으며, 급기야 힌두교의 만신전속으로 고타마 붓다가 편입되기에 이르렀다.

둘째, 출가의식을 거친 자들도 다시 재가자와 같은 위치로 돌아갈 만큼 교단의 기강이 해이해졌으며, 이는 교단의 지적 활동을 쇠퇴시키는 결과를 낳았다.

셋째, 밀교교단에서 출가비구는 주술사(siddha) 내지 마법사(vajrācārya)로서의 역할까지 수행하기에 이르렀는데, 이는 힌두교의 쉬바교 또는 비슈누교와 크게 다를 바 없었다.

탄트라(tantra)는 '규정하다, 집행하다, 유지하다, 부양하다'라는 뜻을 지닌 산스크리트어 '탄트리(tantṛ)'에서 파생된 말로서, '의식(儀式), 의례, 원칙, 밀교, 경사(經糸), 자손, 가족, 의류, 주문(呪文), 약(藥), 통치 방법, 군대' 등의 다양한 의미를 지닌다. 인도에서는 불교뿐만 아니라 힌두교나 자이나교 등에서도 밀교적인 색채, 즉 비의적(秘儀的)이고 의례적인 경향이 강한 교의가 담겨 있는 문헌을 가리켜 탄트라로 부른다.

이와 같이 밀교가 발전하는데 중심 역할을 하였던 곳은 마가다 지역의 사원들이었는데 8세기경에 건립되어 융성하다가 13세기기 초엽에 무슬림에 의해 파괴되어 해체되고 말았다. 그때까지는 인도에 명목상이나마 불교교단이 존속하고 있었다고 말할 수 있지만, 그 이후 민중의 불교신앙은 사실상 힌두교와 전혀 구별할 수 없는 상태에 이르고 말았다.

힌두교와 습합된 불교는 현재 네팔에 남아 있다. 네팔에서는 불교가 힌두교의 한 종파에 불과하다고 할 만큼 양자의 구별은 쉽지 않을 정도이다.

2. 교의와 수행법

일반적으로 대중을 향해 널리 개방되어 있으며 세계관 내지 종교적 이상에 도달하는 방법을 명료한 언어로 설하는 통상의 불교를 현교(顯教)라고 하는 반면에, 비공개적인 교의와 의례를 사자상승(師資相承)에 의해 전수하는 비밀 불교를 밀교라고 구분한다.

이러한 특성에 비추어 볼 때, 밀교의 범위를 명확히 구분하기란 쉽지 않다. 다만 통상적 구분에 따르자면, 그 범위는 '탄트라'라고 이름하는 문헌을 중심으로 하여 그에 따라 의례를 행하는 신앙집단을 총칭한다.

현존하는 불교의 문헌 중에서 '탄트라'라는 명칭을 지닌 최초의 것으로는 『초회금강정경(初會金剛頂經)』, 일명 일체여래진실섭경(一切如來眞實攝經)이라 불리는 문헌 중의 본분(本分)에 대한 부록에 해당하는 교리분이다. 이 경전에서는 일반적인 구성이라 할 수 있는 '저분, 본분, 유통분'이라는 수미일관된 원전 형식이 완비되어 있지 않으며, 개개의 교의 또는 실천, 행법 등에 대한 비교적 짧은 문단이 각각 '탄트라'라는 이름으로 불리고 있다.

하지만 밀교교단 내부에서는 7세기경에 성립되어 밀교의 2대 경전으로 꼽히는 『대일경(大日經)』과 『금강정경(金剛頂經)』의 경우와 같이 문헌 명칭상으로는 수트라를 채용함으로써 현교의 경전처럼 쓰이기도 한다. 따라서 명칭상의 탄트라라는 말에 국한하기보다는 그 내용에 따라 밀교 경전과 범위가 정해진다고 보아야 할 것이다.

밀교의 주요 교의는 대일 여래, 즉 대비로자나불(大毘盧遮那佛)을 중심으로 하여 붓다의 대비(大悲)와 지혜를 상징하는 태장계(胎藏界)와 금강계(金剛界)라는 양계(兩界) 만다라를 통해서, 불성을 지닌 중생이 성불하기 위한 과정과 의례에 집중하고 있다. 특히, 성불하기 위해서는 붓다의 법신(法身)과 한 몸이 되는 요가, 즉 유가(瑜伽)를 중요시하는데 그에 대해서는 『비밀집회 탄트라』에서 상세한 방법을 제시하고 있다.

초기 밀교는 흔히 잡밀(雜密)이라 하여 다양하고 잡다한 방식의 의례가 혼합되어 있는 상태였으나, 점차로 교의가 정립되어 순밀(純密)이라는 이름으로 불렸다.

이러한 밀교의 발달 과정은 일반적으로 다음 4단계로 정리한다.

첫째, 소작(所作) 탄트라(kriyā-tantra) 단계로서 잡밀경전들이 해당한다.

둘째, 행(行) 탄트라(caryā-tantra) 단계로서 순밀을 형성하는 양부(兩部) 대경(大經) 중에서 『대일경』 및 대일경 계통의 경전들이 해당한다.

셋째, 유가(瑜伽) 탄트라(yoga-tantra) 단계로서 『금강정경』 및 금강정경 계통의 경전들이 해당한다.

넷째, 무상유가(無上瑜伽) 탄트라(anuttarayoga-tantra) 단계로서 예외적인 소수의 경우를 제외하고 널리 전승된 적이 없으며, 다만 티베트에서 성행했다. 이는 다시 방편(方便) 부(父) 탄트라, 반야(般口) 모(母) 탄트라, 불이(不二) 탄트라 등으로 세분하기도 한다.

이와 같은 밀교의 교의에 따른 수행법 중 가장 중요한 것이 삼밀(三密) 수행법이다. 이는 법신불인 대일 여래가 설하는 세 가지의 비밀스러운 법문(法門)으로서 불교에서 가장 기본적으로 꼽는 세 가지 업, 즉 신(身), 구(口), 의(意)라는 세 가지 통로로써 짓게 되는 업을 기반으로 하여 수행을 쌓음으로써 성불(成佛)할 수 있다는 것이다. 삼밀수행법은 밀교 전반에 걸쳐서 강조되는 행법으로서, 7세기경에 인도에서 정립되어 점차 여러 나라로 퍼져나갔다.

요컨대 삼밀수행이란 입으로는 진언을 암송하고, 손으로는 다양한 수인(手印, mudrā)을 짓고, 마음으로는 불보살의 도상(圖像)을 염상(口想)하는 수행법을 말하는데, 이를 각각 구밀(口密), 신밀(身密), 의밀(意密)이라 한다. 밀교에서는 이와 같은 삼밀을 동시에 수행하라고 권장하였다.

그리고 밀교에서는 세속적인 무명(無明)과 초월적인 명(明)의 이원성을 극복하여 해소시킴으로써 즉신성불(卽身成佛)의 이상을 추구하였다. 더 나아가 가장 세속적인 성적 합일을 초월적인 깨달음으로 환원시키고자 했던 밀교의 의도는 종교적인 목적과 세속적인 소망을 동시에 달성하는 데 있었으나, 결과적으로는 불교 자체의 쇠멸을 초래하고 말았다.

인도불교의 쇠멸

인도에서 불교가 쇠퇴한 원인에 대해서는 갖가지 학설들이 제시되어 있으며, 그에 대한 명쾌한 해답을 구하기란 쉽지 않다.

라다크리슈난(Sarvepalli Radhakrishnan, 1888~1975년)은 "인도에서 불교가 사라지게 된 근본 원인은, 그 당시에 유행하던 비슈누교, 쉬바교, 탄트라 신앙 등과 같은 힌두교의 여러 종파들과 불교가 궁극적으로 아무런 차이가 없게 된 사실에 있다"고 하였다.

일반적으로 거론되는 원인으로서는 불교교단 자체의 쇠진, 왕족을 비롯한 정치적 지배계층의 후원이 감소한 것, 힌두교도의 박해, 이슬람교도의 침입, 교단 내부의 타락과 부패, 분파의 분열로 인한 교단의 쇠미, 재가 신도를 충분히 양성하지 못한 점 등이다.

그중에서도 첫째로 꼽히는 원인은 이슬람 세력의 인도 침공이다. 10세기 초엽에 터키 무슬림이 인도로 침입하기 시작한 이래로 이슬람교도들이 불교사원들을 파괴했던 데에는 그 나름대로 이유가 있었다. 그들의 신앙에 의하면 사원의 불상들은 한갓 우상에 불과했기 때문이었다.

이슬람교도들이 불교를 박해하였고, 그들이 인도불교의 조종(弔鐘)을 울린 주도 세력이었던 것은 의심할 나위가 없다. 하지만 이슬람의 공격에 대해서 불교는 아무런 저항도 하지 못했는데, 그 이유로서 불교가 금욕적이며 비폭력적인 종교였다는 점을 꼽기도 한다. 그렇지만 인도 땅에서 불교가 쇠퇴한 이유는 불교 내부에서 찾는 것이 훨씬 더 큰 설득력을 가질 것이다.

먼저, 초기 불교가 힌두교와 구별되는 가장 큰 특징은 제사 의식을 철저히 거부했다는 점이다. 붓다는 전법(傳法)의 초기부터 열반을 성취하는 데는 어떠한 의식이나 제의가 필요한 것은 아니라고 강조하였다. 그러한 가르침은 부파시대까지만 해도 교단 내부에서 행해지는 최소한의 의석 외에 특별한 제의를 행하지 않음으로써 잘 지켜져 왔다고 볼 수 있다. 그러나 대승을 거쳐서 밀교에 이르면서 불교에서도 의식은 매우 중시되었고, 힌두교와 크게 다를 바 없는 양상을 띠고 말았다.

또한 초기불교에서 부정되었던 유신론적 신앙은 점차로 퇴색되고 각종의 신격들이 불교 신앙의 한 자리를 차지하게 되었다. 더구나 대승의 보살신앙과 다불(多佛)사상은 자력신앙을 중시하던 불교를 타력신앙으로 바꾸어 놓는 결과를 낳았다.

붓다가 최후의 교설에서까지 오로지 강조했던 것은 각자 스스로에게 의지하여 자신을 구원하라는 것이었다. 바로 그러한 구원의 길을 제시했다는 점에서 구원자였던 붓다는, 세월의 변용을 거치면서 붓다 그 자신만이 중생을 구원해 주는 최상의 구원자로 등극하고 말았다.

불교는 그 최초에 그러했듯이 항상 민중의 관심과 더불어 성장 발전해왔다. 물론 상인층과 지배계급의 전폭적인 지지에 힘입어 성장했던 것도 사실이지만 불교교단과 교의의 핵심은 항상 민중의 마음을 읽는 데 있었다. 중생의 고통에서 눈 돌리지 않고 함께 아파하며 그 고통을 위로하고 없애기 위한 승단의 노력이 퇴색되어 갈수록 민중의 마음도 불교에서 멀어져 갔던 것이다.

현대 인도불교

1. 신불교 운등

인도에서 다시 불교가 부흥한 것은 20세기 중반에 들어서 신불교운동이 시작되면서부터였다.

신불교 운동을 주창했던 빔라오 람지 암베드카르(Dr. Bhimrao Ramji Ambedkar, 1891~1956년)는 마하라슈트라 주의 암바바데(Ambavade)에서 태어났다. 그는 사회적으로 가장 낮은 계층에 해당하는 마하르(Mahar) 카스트 출신이었다. 마하르 카스트란 거리 청소나 소각 등을 담당하던 소위 불가촉천민에 속하는 집단을 말한다.

힌두 사회에서, 불가촉천민은 다만 탄생함으로써 존재로 인정될 뿐이었고, 사회적으로는 상층의 힌두 계급과는 간접적으로도 접촉할 수 없을 만큼 열등한 신분을 지닌 집단이었다. 실제로 상층계급은 불가촉천민의 그림자조차 닿기를 꺼리는 것이 인도의 현실이다. 하지만 암베드카르는 정통적인 불교의 교리에 따라서 사회적인 신분차별은 부당하다는 것을 강조하였다.

암베드카르가 1956년 10월 14일에 마하라슈트라 주의 나그푸르 시에서 불교에 귀의하는 개종식을 주도했던 첫째 동기도 바로 불교의 인간 평등사상에 있었다. 그 당시 집단 개종식에 참여했던 사람들은 80만 명에 이르렀는데, 그 대부분은 하층계급에 속했다. 그중 50만 명 정도가 불교로 개종했다고 전하는데, 그토록 많은 사람들이 일시에 개종했던 것은 유례에 없는 일로서 역사적인 기록으로 남아 있다.

암베드카르는 개종식에서 다음과 같은 내용의 22가지 서약을 선포하였다.

1) 나는 브라만, 비슈누, 마하데바의 신을 인정하지 않고 예배하지 않는다.
2) 나는 라마와 크리슈나의 신을 인정하지 않고 예배하지 않는다.
3) 나는 가우리, 가나파티, 그 외 힌두교의 여러 남신, 여신을 인정하지 않고 예배하지 않는다.
4) '신은 화신으로 나타난다'라는 것을 믿지 않는다.
5) '붓다가 비슈누의 화신'이라는 것을 인정하지 않는다. 이 전승은 오류이다.
6) 나는 조령제(祖靈祭)를 행하지 않는다.
7) 나는 불교에 반하는 어떠한 말과 행위도 하지 않는다.
8) 나는 어떤 의식도 브라만의 손을 빌리지 않는다.
9) 나는 전 인류는 평등하다는 주장을 인정한다.
10) 나는 평등사회를 이룩하기 위하여 노력한다.

11) 나는 8정도(正道)를 준수한다.

12) 나는 10바라밀을 준수한다.

13) 나는 일체중생에 대한 연민의 마음으로 불살생을 준수한다.

14) 나는 도둑질을 하지 않는다.

15) 나는 헛된 말을 하지 않는다.

16) 나는 삿된 음행을 범하지 않는다.

17) 나는 술을 마시지 않는다.

18) 나는 불교의 지혜, 지계, 삼매에 따라 생활하고자 노력한다.

19) 나는 인간을 불평등하게 취급하는 힌두교를 버리고 불교를 받아들인다.

20) 불교만이 참된 종교라는 것이 나의 신념이다.

21) 나는 이제 다시 태어났다는 것을 인정한다.

22) 나는 붓다의 가르침에 따라 행동한다는 것을 신성하게 맹세한다.

　이와 같은 서약을 외친 암베드카르가 "나와 함께 불교로 귀의할 사람은 일어서시오"라고 말하자 회의장의 참석자 전원이 일어나서 서약을 반복하고 개종하였다고 전한다.

　신불교 운동을 주도했던 암베드카르의 궁극적 목적은 불가촉천민이 인간으로서의 기본권을 향유하는 데 있었다. 슈드라의 신분이나 여성으로서는 신에게 가까이 갈 수 없다고 규정하는 힌두교의 불평등을 비판하고, 불교의 평등주의를 고양시킨 암베드카르의 주창은 전국적으로 큰 반향을 일으켰다.

그를 따라서 개종한 하층민들의 불교를 지칭하는 말로서 신불교(NeoBuddhism)라는 새로운 용어가 생겼지만, 이는 고타마 붓다의 사상과 다르다는 뜻은 아니었다.

암베드카르는 "현대사회에서 수용할 만한 종교는 오직 불교뿐이다. 만약 현대사회가 불교를 수용하지 않는다면 멸망을 면치 못할 것이다. 다른 어떠한 종교도 붓다의 가르침 이상으로 지적이고 과학적인 현대인의 마음에 파고들지 못할 것이다"라고 선언하였다.

개종식을 마친 암베드카르는 행사를 마치자마자 네팔의 카트만두에서 개최되는 세계불교도연맹의 개회식에 참석하여 연설하고 나서, 불교 유적지를 순례한 후 뭄바이로 돌아왔다. 그런데 1956년 12월 6일 아침, 그는 시체로 발견되었다.

그의 타계로 인해 하층민들 사이에서 열렬했던 불교로의 개종이 멈출 것으로 예상되었으나, 오히려 나그푸르, 푸나, 아메다바드, 아그라 등지에서 집단적 개종은 계속되었고, 그의 영향력은 생전보다도 사후에 더 크게 발휘되었다.

현재, 신불교 교도들은 암베드카르의 이름인 빔라오(Bhimrao)를 따서 '비맘 샤라남 갓차미(Bhimam śaraṇam gacchami)'라고 귀경게의 목록에 편입시켰다. 불·법·승 3보에의 귀의만이 아니라 암베드카르에게도 귀의한다는 4보 귀의로 바뀐 것이다.

인도의 불교도들은 암베드카르가 보살과 같다고 여긴다. 인도불교도의 개종에 큰 역할을 했던 그의 공적을 인정한 결과이다. 현재 마하라슈트라 주를 중심으로 암베드카르의 유업을 잇고 있으며 불교로의 개종은 확산되어 가는 추세이다.

2. 현대 인도불교의 부흥

불교의 발상지 인도에서는 근년에 들어서 불교신자가 급속히 증가하는 추세에 있다. 엄밀하게 말하자면, 암베드카르의 신불교 운동은 불교 자체의 부흥이라기보다는 불교를 통해 천민들의 사회적 지위를 개혁하고자 했던 사회운동이었다는 평가를 면할 수 없었다. 그런데 최근 인도 곳곳에서 펼쳐지고 있는 불교 개종식을 비롯한 불교 집회는 인도뿐만 아니라 세계의 이목을 집중시키고 있다.

2001년 11월 4일에는 인도의 수도 뉴델리에서 '전 인도 불가촉민 연합회'의 의장인 람 라즈(Ram Raj)가 주도하는 집단 개종집회가 열렸다. 이때 운집했던 100만 명에 달하는 하층민들이 불교로 개종하고자 했으나 그중 80퍼센트 이상의 사람들이 경찰의 제지를 받고 집회장에 들어가지 못하는 사태가 벌어지기도 하였다.

그 집회에서 "우리는 더 이상 힌두의 신들에게 기도하지 않을 것이다. 모든 인간은 평등하다는 것이 불교의 가르침이다"라는 선언이 낭독됨으로써 암베드카르의 신불교 운동의 정신을 계승하고 있다는 점을 분명히 하였다.

그러나 힌두교도와의 충돌을 우려한 정부 측의 강압적인 대응으로 인하여 개종의식이 순조롭게 성사되지 못하고 있는 것이 인도의 현실이다.

하지만 이에 굴하지 않고 '인도불교청년회', 불교도발전협회' 등 여러 불교단체를 중심으로 다양한 집회와 의식, 축제 등을 거행하고 있다.

그중에서도 특히 우타르프라데쉬 주의 상카시아 지역에 거주하고 있는 석가족의 후손들이 매년 음력 9월 보름에 개최하는 상카시아불교대축제의 경우는 20년이 넘도록 이어지고 있는 행사로서 고타마 붓다의 가르침을 널리 고양시키는 계기가 되고 있다.

또한 이러한 추세에 힘입어서 인도에 불교사원을 세우기 위한 각종 모금행사가 펼쳐지고 있으며, 해외 불교도의 도움을 간절히 요청하고 있는 것이 현실이다.

그런데 최근 인도의 불교부흥에는 또 다른 요인이 덧붙여진다. 바로 티베트인들의 유입과도 무관하지 않다는 점이다.

티베트지역을 중국이 점령한 뒤 거세지는 박해를 피하고자 티베트인들은 국경을 넘기 시작했으며, 1959년에는 약 10만 명의 티베트인들이 인도로 피난하기에 이르렀다. 그 후로도 이어지고 있는 티베트불교도들의 인도 이주는 사실상 인도불교의 재확산에 도화선을 당기는 역할을 하였으며, 암베드카르의 신불교 운동보다도 훨씬 더 강한 영향을 주고 있는 것이 실제 현실이라고 본다.

고향에서 추방당한 신분임에도 불구하고 티베트불교의 스승들은 인도뿐만 아니라 세계 각지에 불교사상을 전파하는 데 큰 역할을 하고 있다.

그중에서도 특히 인도는 티베트불교의 직접적인 수혜자로서 새로운 인도불교사를 쓰고 있는 중이다.

흔히 인도에서 지속적이고 살아 있는 불교로서의 전통은 끊겼다고는 말해 왔지만, 여러 가지 정황으로 볼 때 이제 불교의 산실에서 재생하는 기미가 확연하다는 것 또한 부인할 수 없을 것이다.

제2장

중국불교

역사적 배경
불교의 전래
귀족불교의 발전
수·당 시대의 불교 부흥기
불교사상의 융합 쇠퇴기
현대 중국의 불교

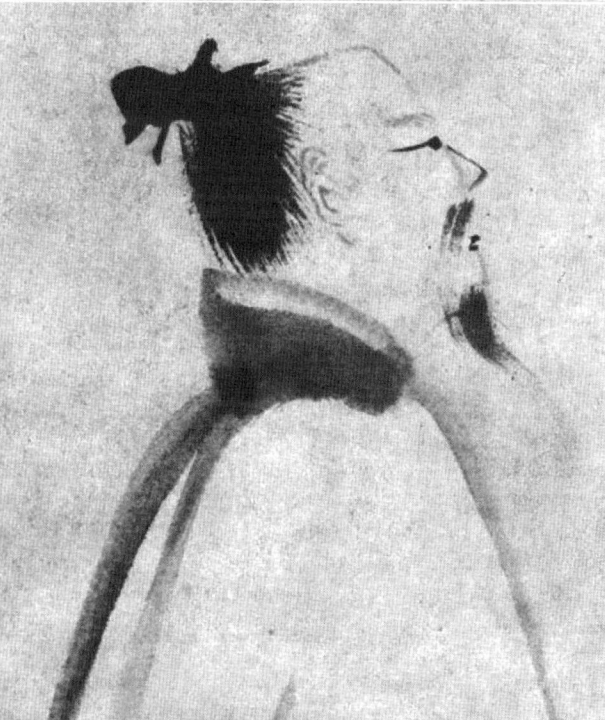

인도불교는 기원전 1세기경에 간다라 지역을 거쳐 파미르고원을 넘어 중국의 서부 지역에 유입되었다. 중국 땅에 들어온 불교는 중구 고유의 사상과 결합하여 고도의 불교문화를 형성, 발전함으로써 동양 문화의 중추적 역할을 하였다. 특히 보리 달마가 전수하여 중국에서 꽃피운 선종은 인류 문화사에서도 유래가 없을 만큼 위대한 결실을 맺었으며, 우리나라에도 지대한 영향을 미쳤다.

역사적 배경

한(漢)나라가 오늘날 '중국 본토'라 불리는 거의 전 지역을 통치하면서, 동시에 실크로드 주변의 오아시스 왕국들에 대해 일종의 군사적 섭정을 실시하고 있을 때, 다른 한쪽에서는 인도 스키타이 종족인 월지족(月支族)이 소그디아나(Sogdiana)로부터 북인도와 아프가니스탄에 이르는 중앙아시아 서부의 광활한 지역에 대하여 지배력을 확장하고 있었다.

중앙아시아는 이와 같이 양쪽의 지배와 문화적 영향에 노출되어 있었고, 실크로드의 두 갈래 길을 따라 번성한 소왕국들, 예를 들어 북로의 카쉬가르, 쿠차, 투르판과 남로의 코탄은 중국과 인도의 문화가 뒤섞인 혼성 문화의 중심지가 되어 가고 있었다.

불교는 쿠샤나(Kuśāna) 제국과 더 서쪽으로 나아가서는 파르티아로부터 중앙아시아를 거쳐 중국으로 전수되었는데, 그 주역들은 무역로의 대상(隊商)들과 합류한 승려들과 불교 경전에 정통한 재가 신도들이었다.

중앙아시아 전역에서는 커다란 장애에 봉착함이 없이 점진적인 과정을 거쳐 불교가 널리 퍼져나갔는데, 이는 국가들이 작았고 그 지리적 위치 때문에 외국의 영향을 받지 않을 수 없었기 때문이다. 하지만 불교가 중국 서쪽 끝에 있는 '옥문관(玉門關)'이라는 관문을 통과하게 되자 양상은 크게 달라졌다.

한나라의 문명은 수 세기를 거치면서 형성해 온 매우 명확히 규정된 정치적·사회적 이념과 규범들에 의해 지배되고 있었다. 문화적 동질감과 우월감을 강하게 구축한 교육받은 지식층이 통치하고 있던 한나라는 정치와 사회에 있어서 총체적 질서라는 이상을 바탕에 깔고 있었기 때문에, 개인적 해탈이라는 교의가 스며들 여지가 거의 없었다. 더구나 그 교의가 '이방인'에게서 비롯된 경우라면, 더욱더 스며들 여지가 없었다.

그리고 사회와 정치가 사상적으로 결합된 중국의 지배적 전통과 불교 사이의 긴장은 중국의 불교사 전체에 있어서 지속적이면서 가장 중요한 요인이 될 수밖에 없었다.

220년에 한나라가 멸망할 때까지만 하더라도 최소한 150년 동안은 그다지 영향력을 갖지 못하던 불교가, 중국 땅의 대부분이 와해되고 이방의 왕조들에 의해 통치되던 분열의 시대(311~589년)에 이르자 강력한 종교운동으로 발전하고 성장을 이루었던 것은 분명히 우연의 일치가 아니다.

중국 땅에서의 공식적인 이념은 바로 그 성격 자체가 제국적 통일과 우주적 권력이라는 이상의 굴레에서 벗어나지 못하고 있었는데, 이러한 이상 실현에 실패하게 되자, 정치적 혼돈과 다(多)중심주의를 배경으로 하여 불교는 힘을 얻게 되었던 것이다.

589년에 제국이 재통일되자, 중국불교는 정신적, 경제적으로뿐만 아니라 정치적으로도 완전히 가장 중요한 구실을 하는 국면을 맞이하였다. 불교교단은 수(隋) 왕조와 당(唐) 왕조시대(589~906년)의 통치자들이 무시할 수 없는 위치를 차지하게 되었던 것이다.

그러나 중국이 분열되어 있을 당시에도 전통적인 정치 이념을 이루는 기본적 이상과 규범들, 그리고 이들로부터 유래하는 도덕원리들이 교육받은 지식층의 대다수에 의해서 생생히 고수되고 있었다.

유교의 이상세계는 매우 뿌리가 깊고 보편적으로 인정된 신화에 바탕을 두고 있었다. 즉 인간 세상은 천상과 지상이 공존하는 하나의 유기적 전체를 형성하는데, '하늘의 명령'에 의해 그 직을 수여받은 통치자는 자신의 제의적(祭儀的), 윤리적, 행정적 의무를 완전히 수행함으로써 우주의 평형상태를 유지할 책임을 지닌다는 것이다. 따라서 제국정부의 권위는 원리상 무한하다. 또 그것은 사회 전체 그리고 필요하다면 그의 시민 전체의 개인 생활도 포용한다.

그리고 이상적인 사회는 두 계층으로 이루어진다. 생산을 담당하는 다수의 인민과, 이들을 온정으로 대하면서도 권위주의적인 방식으로 다스리는 '학자 관료'인 지식층이다. 이 지식층에게는 그들의 윤리적 자질과 학문적 성취 때문에 일체의 권력과 특권 그리고 보다 높은 문화를 독점할 자격이 주어져 있다. 기본이 되는 가치는 안정, 계층적 질서, 인간관계에 있어서 조화, 그리고 행위의 의례를 근면하게 준수하는 것인데, 이러한 가치들을 도덕교육에 의해서, 또는 필요하다면 강압에 의해서라도 가르쳐야 한다고 보았다.

그런데 불교는 그 자체의 성격상 이러한 지배적 이념과 충돌하지 않을 수 없었다. 일반적으로 중국의 전통적인 세계관은 유신론적인 성향을 내포하고 있음에도 불구하고 본질적으로는 실용적이고 세속적이었다. 다시 말해서 그러한 이상은 이 세상에서 충족되어야 하는 것이며, 교의는 그 형이상학적인 질에 대해서 평가되는 것이 아니라, 그 실질적인 적용력과 사회·정치적인 효력에 따라 평가되는 것이다. 이러한 태도는 또한 중국의 종교적, 철학적 사고에 있어서 유교가 아닌 고유한 전통인 도교를 앞세운다. 예를 들어, 육신의 불멸성을 획득한다거나 자연의 구체적인 힘과 조화를 이룬다는 실질적인 목표를 보다 개인주의적인 방식으로 지향했던 도교의 전통을 강조하는 것이다.

대중적 종교는 이러한 일반적인 태도를 공유하고 있었다. 신성시되는 조상의 망에 대해 그 지역의 지신(地神)을 받들어 모신 제사가 그러했듯이, 조상에 대한 제사는 자연스럽게 가족과 씨족을 통합했다. 모든 존재에 대한 불교의 거부, 특히 모든 현상이 완전히 비실재임을 주장하는 대승의 교의는 일종의 병적인 허무주의적인 것으로 쉽게 간주되었으며, 어둠과 죽음의 원리인 음(陰)과 동일시되었다.

업, 윤회, 개인 해탈과 같은 관념들이 인도에서는 종교문화의 일부로서 보편적으로 인정되었지만, 중국에서는 이것들이 잘 정돈된 중국인의 개념과는 근본적으로 다르고 좀처럼 양립할 수 없는 기묘하고 색다른 것이 되었다.

그래서 일반적으로 불교는 깨달음, 열반, 성불이라는 형이상학적인 이치를 목표로 삼아 추구해 들어갔지만, 추상적이고 비실질적인 성격 때문에 유교권에서는 쉽사리 승인을 받을 수 없었다.

제도적인 측면에서도 그 긴장이 한층 더 두드러졌다. 불교는 그 시초부터 확고하게 사원생활을 이상으로 삼고 있었다. 사원생활은 일체의 사회적 굴레와 의무, 특히 가정생활과 관련된 것들을 거부하므로, 불교는 중국인들이 고수하는 사회윤리의 가장 근본적인 원리와 상충될 수밖에 없었다.

중국인의 사회윤리에 의하면, 인간으로서의 첫째 의무는 자식으로서의 효도에 있었고, 가문의 대를 이을 자식을 낳는 데에 있었던 것이다. 또한 생산적인 노동에 중요성을 부여하고, 따라서 거지나 부랑자를 사회적 기생충이라 보았다는 점에서, 중국의 전통적 체계는 성직자의 사회라는 것을 받아들일 준비가 거의 갖추어져 있지 않았다고 할 것이다. 농사짓는 것이 허락되지 않았던 성직 사회의 구성원들은 그들 삶의 일부를 방랑으로 보내야 했으므로 음식을 얻어먹을 수밖에 없기 때문이다.

그런데 불교교단은 출세간적인 조직으로서 세속의 권력이 부가한 의무, 즉 부역과 세금의 의무 등에 구애받지 않았다. 군역을 면제받고 정부의 감독으로부터 벗어나 있었다. 그렇지만 이러한 사실은 정부의 권위는 원칙적으로 모든 것을 내포한다고 믿고 있던 중국인의 사고와 정면으로 부딪치는 결과를 낳았다.

중국인의 고유 이념과 불교 사이의 이러한 긴장이 결국 불안정한 공존의 상황을 이끌었다. 여기서 불교는 정해진 한계 내에서 어떠한 역할을 담당하도록 허락되었다. 불교는 중국문화의 보조물로서 당국에 의해 인정받았다. 자국의 문화에 유익하고, 어쩌면 자국의 문화를 돋보이게 할 수도 있다는 입장에서 유교의 사회적이고 정치적인 가르침을 형이상학적으로 완성시킨다는 것이었다. 결국 불교는 왕조와 국가와 사회를 주술적으로 보호하는 가치로서 인정받았다.

그러나 시간이 지남에 따라서 그러한 긴장은 과격한 박해의 양상으로 표면화되었다. 수나라와 당나라의 초기에 불교가 절정에 이르렀던 당시에도, 결국 불교국이 되었던 타이나 미얀마의 경우와는 달리, 중국은 결코 불교국이 되지 않았다. 불교는 언제나 중국인에게 있어서 중심이 되는 전통의 그늘 속에서 발전해야만 했다.

하지만 완전히 적대적인 환경이었다면, 불교가 중국에 있는 주요 종교들 중의 하나로서도 발전할 수는 없었을 것이다. 앞서 말한 긴장과 투쟁의 영역과는 달리, 중국문명은 불교의 영향에 그 자신을 더 쉽게 내맡기는 여러 가지 요소를 간직하고 있기도 했다.

중국불교는 오히려 수렴과 혼합이라는 극히 복잡한 과정의 결과라고 하는 것이 더 정확할지도 모른다. 이 과정에서 불교적 요소들이 중국적인 관념과 실천과 제도와 접목되고 융합되었다. 그리고 중국불교가 독특한 창조성을 지니게 된 주요한 원천도 그러한 복합적 성격에서 비롯되었다.

예를 들자면, 사원생활의 이상과 중국인의 은둔주의, 불교의 명상과 도교에서 말하는 자연과의 합일, 회향(廻向)에 대한 대승의 믿음과 중국인의 조상에 대한 제례의식, 불교에 있어서 재가 신도의 집회와 중국에 있어서 전통적인 농민의 조합, 밀교적 의식과 도교의 주술 등 수많은 요소들이 서로 끊이지 않고 다양하게 결합함으로써 중국불교를 형성하였다.

그리고 중국불교의 성격을 결정짓는 또 다른 요인은 지리적 상황이었다.

3세기 이후 불교는 남쪽의 해상 통로를 거쳐서도 중국으로 전래되었다. 인도의 탐랄립티(Tāmralipti)에서 스리랑카를 거쳐 인도차이나를 지나 중국의 광동(廣東)에 이르는 해상로는 다시 육로로 장사(長沙)에 이르거나, 해안을 따라 양자강의 하류에 이른다.

그러나 이 통로를 통한 불교와 중국문화의 접촉은 경전과 불상을 지니고서 실크로드를 거쳐 끊임없이 흘러들어온 전법사의 유입과는 비교할 수 없을 정도로 미미했다. 실크로드는 중국의 북부를 오늘날의 신강성 밖에 있는 카쉬카르, 쿠차, 투르판, 코탄 등과 같은 불교의 중심지와 연결해주었고, 더 멀리 인도의 북서지방과 소그디아나 지역을 이어주었다.

이러한 지리적 상황은 중국불교의 발전에 깊은 영향을 끼쳤는데, 한족(漢族) 출신이 아닌 왕조가 중국북부의 전지역을 지배하고 있을 때 그 영향이 특히 심했다. 이와 같은 상황은 중국불교의 전형적인 지역화를 초래한 원인으로 작용하였다.

북중국을 장악한 비(非)한족 출신의 통치자들은 쉽게 개종하였고, 그러한 왕조들의 지배 아래서는 왕실과 승려들 사이에 밀접한 관계가 유지되었다. 또한 불교경전에 대한 많은 번역이 이루어진 곳도 북방이었다.

이 시기에 중국의 남반부는 한족의 왕조들이 지배하고 있었다. 여기서 중앙아시아와 인도의 영향은 간접적으로만 미쳐 훨씬 더 중국화된 불교가 발전하였고, 고유한 종교적 철학적 전통에 근거하여 불교를 해석하는 데에 보다 더 초점을 맞추고 있었다.

그리고 중국불교의 또 다른 특징 하나는, 인도불교의 다양한 부파와 대승운동의 영향을 지속적으로 받고 있었다는 점이다.

2세기에는 공(空)의 교의를 담은『대지도론(大智度論)』, 400년 무렵에는 중관학(中觀學), 600년 무렵에는 유식학(唯識學), 8세기에는 밀교 등이 파도처럼 아시아 대륙으로 밀려 들어와 결국에는 중국불교 속으로 흡수되었다.

이러한 흡수의 과정이 마침내 중국의 불교인들 자신에게는 커다란 문제를 야기하였다. 그들은 가장 다양하면서도 간혹 투쟁적이기도 한 관념과 실천에 직면하였던 것이다.

더욱이 불교는 한 지역으로부터 중국에 전래된 것이 아니었다. 서로 멀리 떨어져 있는 사마르칸드와 인도의 날란다처럼 전파의 중심지가 매우 많았다. 이러한 사실 때문에 불교 내의 다양성은 심화되었다. 이렇게 계속 성장한 교의적 다양성이 중국불교의 한 특징으로 자리 잡게 되었다.

그리고 중국에서는 불교의 모든 가르침을 '교판(敎判)'으로 조화하고 통합하고자 시도하였는데, 교판이란 붓다가 설한 가르침을 '시기와 수준으로 구별하여 모든 것을 포용하는 체계를 말한다. 이러한 학구적인 연구방식과 함께, 모든 불전의 전통을 근본적으로 뛰어넘어 곧바로 깨달음에 이르는 선종(禪宗) 중국불교의 가장 큰 성과로 꼽을 수 있을 것이다.

불교의 전래

중국에 불교가 전래된 계기에 대해서는 여러 가지 설이 있다. 그중에서도, 한나라의 명제(明帝, 58~75년 재위)와 관련된 설화가 가장 널리 전해져 오고 있다.

어느 날 명제가 꿈속에서 금인(金人)의 모습을 한 성인을 만났다. 명제는 그 사람이 붓다라고 불리는 외국의 신(神)임이 틀림없다는 말을 듣고서 인도에 특사를 파견하였다. 몇 년이 지나서 그 특사는 한 사람(일설에서는 두 사람)의 인도인 승려를 대동하고서 한 필의 백마와 『사십이장경』을 가지고 돌아왔다. 황제는 이들을 극진히 환대하고 수도인 낙양 근처에 백마사(白馬寺)를 건립하였다.

하지만 여러 학자들은 불교가 이 설화에서처럼 인도로부터 직접 중국으로 전해졌다는 사실에 대해서 의문을 제기한다. 불교가 인도에서 중국으로 직접 전해진 것이 아니라, 쿠샤나 제국과 파르티아, 중앙아시아 등지로부터 전래되었으며, 실크로드의 동쪽을 계속 거쳐 오면서 점차 여과되었으리라는 것이다.

그러나 앞의 전설에는 역사적 증거를 통해 확신할 만한 약간의 정보를 내포하고 있다.

역사적 기록에 따르면, 불교에 대해 언급한 것으로서 신뢰할 만한 최초의 것은 서기 65년에 황태자가 취한 불교신앙에 대한 법령이다. 이 기록은 1세기 중엽의 중국에는 불교식의 어떤 의식(儀式)이 있었음을 입증하는 것이며, 더욱이 명제 치하에서 황실의 일부에서는 불교를 알고 있었음을 말해 준다.

또한 『사십이장경』이 알려진 것은 오로지 후대의 개정판 덕분이지만, 그 내용의 일부를 통해서 원래의 판본은 매우 오래된 것이며, 그 연대도 아마 명제의 시대와 같은 시기였을 것임을 알 수 있다.

현재의 백마사 건물은 훨씬 후대에 건립된 것이기는 하지만, 중국에서는 아직까지도 불교의 요람으로서 방문객들에게 안내되고 있으며, 적어도 3세기의 문헌에서는 그 존재가 언급되고 있다.

서기 65년 황태자의 불교활동을 다루는 부분 이외에도 후한(後漢) 시대의 사서(史書)에서는 한나라 황실과 관련된 불교에 대해서는 종종 산발적으로 언급하고 있다. 이 언급들은 모두 성스러운 존재로서의 붓다에 대한 의식이 종교적인 도교와 매우 밀접한 관계가 있음을 지적하고 있다. 도교에서는 육신을 불멸하게 한다는 도술(道術)을 연구하고 실천하며, 그러한 불별성을 획득하여 이제는 자신들이 거주하는 천국과 같은 장소에서 신자들의 운명을 인도한다고 믿어지는 어떤 신적 존재들에 대해서 의식을 행하는데, 이러한 점들이 불교와 유사하다고 본

것이다.

도교는 영감을 너무 강조하는 것으로 보이는데, 이에 의존하는 다양한 의식은 도교의 외래적 변형이라고 간주할 수 있다. 몇 가지 흥미 있는 고고학적 자료가 그러한 결론을 확신하게 한다.

한나라의 부조물에는 불상이 엄니를 가진 코끼리에 둘러싸여 있는 장면이 있다. 코끼리는 붓다의 전기에 등장하는 동물로서 불교예술에서는 매우 대중화된 소재이다. 그런데 이들 속에는 중국의 신화에서 유래하는 다른 초자연적 생물들도 있다. 불교의 몇몇 관념들이 중국에 맨 처음 출현하게 된 데에는 도교의 종교적 입장이 매개체로서 작용하였다. 관념과 실천에 있어서 불교와 도교 사이에는 표면상 많은 유사점이 있다는 점에서 그러한 결합이 결코 부자연스러운 것은 아니었다. 중국에서 일찍이 성립된 불교 문헌들은 불교의 관념을 표현하는 경우에 흔히 도교의 용어를 사용하는데, 이는 불교에 대한 오해를 깊게 할 뿐이었다. 때로는 두 종교의 창시자가 동일인이라고 볼 정도로 혼동되기도 하였다.

한나라 때의 문헌에서는 '노자화호설(老子化胡說)'이라는 이론을 최초로 언급하고 있다. 그 내용은 노자가 서역으로 떠나서 인도 노예들의 낮은 지적 수준을 채택하여 그 자신이 만든 원래의 교의로 그들을 개종시키기 위해 스스로 붓다의 모습으로 그들 사이에 화현하였다는 것이다.

이러한 설화는 두 종교 사이에 닮아 보이는 것을 설명하려던 의도에서 비롯되었을지도 모른다. 하지만 이 이론은 불교적 요소를 도교에 편입시키는 것을 정당화하였고, 또 '외국에 있는 도교의 지파로서 불교를 중국에 전파하는 것을 정당화시켰다.

그러나 몇 세기가 지나서 불교와 도교가 서로 경쟁 상대가 되자, 이 이론은 불교의 전파를 반대하는 근본 쟁점들 중의 하나가 되는 가운데, 노자가 서역에서 화현했다는 설화는 계속 확대되어갔다. 이러한 대립은 천 년 이상 지속되었고, 결국 13세기에 불교 측의 입장을 지지하는 것으로 해결되었다.

불교의 확대는 대규모의 번역 활동으로부터 시작되었다. 그런데 번역 작업에서 가장 큰 문제는 언어였다. 불교의 무수한 전문어에 상당하는 중국어를 새로 조성해내야 했고, 또는 중국의 전통적 종교, 주로 도교의 용어에서 차용해야 했다. 외국의 전법사들은 중국어에 거의 익숙하지 못했고, 산스크리트어나 인도의 방언인 프라크리트어를 아는 중국인이 거의 없었기 때문에, 일반적으로 직접적인 번역은 불가능했다. 그래서 이 문제는 '역경원'을 구성하여 해결했다. 원어에 정통한 외국의 승려가 문헌을 암송하거나 저술하면, 대개 2개 국어를 사용하는 해석가의 도움으로 1차 번역이 완성되는데, 이것을 나중에 중국인 보조원이 다듬고 교정하여 한자로 기록하여 나갔다.

4세기1기 말엽까지는 외국의 전법사와 그 제자들에 의해 집단작업이 유지되고 있었으며, 전법사의 작업을 돕는 제자들은 승려와 속인들로 구성되었다.

그러나 불교가 황실과 고급 관료의 후원을 받게 된 5세기 초엽부터는 간혹 12명의 인원이 참여하는 대규모의 번역이 활성화되기도 하였다. 이 시기에 이르러서는 수세대에 걸쳐 대를 이어 번역 활동에 노력하는 사람들이 등장함으로써 불교 번역가라는 특수한 부류가 형성되었다. 이들은 말하자면 중국인들로 구성된 단순 문필가였다. 이들의 번역에는 최초의 판본을 특징짓는 도교의 어휘들을 그대로 차용하는 등, 통속적인 요소들이 뒤섞여 있었다. 그러나 초기 판본의 그러한 어휘들은 점차 더 정확하고 새롭게 바뀌어 갔다. 수천에 이르는 불교 경전과 논서들이 이런 식으로 번역되었고 종종 재번역되기도 했다. 이미 730년에는 그 수가 2,000종 이상의 문헌들로 증가하였으며, 이들 중의 일부는 네 차례 또는 다섯 차례나 연이어 번역되었다.

후한시대에 '낙양(口陽)의 교단'에서 번역을 위해 선택한 문헌의 범위는 보다 한정되어 있었다. 많은 주의를 쏟았던 것은 선정(禪定)을 다루는 짤막한 문헌들이었다. 정신수행에 대한 고대의 불교적 체계는 명상과 호흡 조절에 있어서 도교의 정신적 육체적 기술과 외형상 뭔가 닮은 점이 있었기 때문이다. 하지만 그 시대에는 대승경전에 대한 최초의 한역본도 있었다. 즉 여러 부처들과 보살들의 장엄함과 구제력을 다루는 신앙적 문헌들 공(空)의 교의나 모든 현상의 보편적 비실재성을 설하는 경전들이었다. 이 중 후자는 후대에 꽃피울 중국불교의 철학에 무한한 영향을 끼치게 될 교의를 담고 있었다.

중국 땅에 형성된 초기불교교단의 실제 조직과 사회적 구성에 대해서는 거의 알려진 바가 없다. 다만 '낙양 교단'의 존재를 알리는 유일한 유물이 봉헌 비명(碑銘)으로서 부분적으로 남아 있는데, 중국어가 아닌 중부 인도의 방언으로 새겨져 있다. 3세기 중엽 이전에는 율장(律藏)

에 대한 번역이 이루어지지 않았으나, 가장 근본적인 계율들은 구전되었을 것이라 여겨진다.

한 가지 특기할 만한 국면은 중국불교의 특징을 유지하게 될 교의를 전파하는 데 있어서 재가 신도가 중요한 역할을 하였다는 사실이다.

한나라 시대의 불교는 거의 같은 시기에 로마제국에 널리 퍼져 있던 동방화된 종교들과 비교할 수 있는데, 그 교의상 다소 외래적이고 이질적인 종류의 문화였다. 하지만 전국적으로 몰아닥친 소요와 군벌주의로 인해 말세적 감정과 불확실성이 뒤섞여 있던 후한시대에 와서는 불교가 상당히 매력적인 종교로 다가왔다.

왜냐하면 불교가 강조한 것이 모든 사물이 무상하고, 모든 존재가 헛것이며, 온갖 위험과 슬픔에서 벗어나지 못하는 삶은 덧없다는 것이기 때문이다. 그뿐만 아니라 정신적 수행과 정화만이 여기서 벗어날 수 있는 유일한 길임을 강조하였기 때문이다.

제례의 의무를 중시하는 유교와 기괴한 술법을 중시하는 도교의 종교적 입장과 비교할 때, 불교가 제시하는 방법은 비교적 단순했고, 불교를 따르는 사람들은 강력하고 자애로운 초자연적 존재에 의해 자신이 보호된다고 믿었다. 아울러 승려들은 독신 생활을 고수하면서 자신의 정신활동을 조절하고 점차 모든 형태의 집착을 제거하기 위해 요가와 같이 명상이나 정신집중의 기술을 실수(實修)하도록 되어 있었다.

이러한 내용은 수 세기 동안 중국의 불교적 종교생활의 기본 내용을 이루어 왔다. 교단 전반의 조직이 안정되고 포교가 일반화되기 시작한 것은 4세기 말엽으로, 이때가 되어서야 불교는 중국사회의 교양있는 상위 계급 속으로 확산되기 시작하였다.

한편, 정치적 상황은 극적으로 전개되어 갔다. 몇십 년 동안 지속된 혼돈과 내란으로 서기 220년 한나라는 결국 멸망하였다. 이어서 약 50년 동안 세 지역을 각각 거점으로 하여 경쟁하고 있던 정치 권력들 사이의 끊임없는 전쟁이 계속되었는데, 이 시기를 삼국시대라 한다.

서진(西晉, 265~316년)에 의해 중국은 재통일되었지만, 이 기간은 짧았고 불안정했다. 하지만 불교 입장에서 이러한 상황은 다행이었다. 정치적 다중심주의가 불교의 전파를 자극했기 때문이다. 한나라시대의 불교는 중국의 북부에 한정되어 있었지만, 이제 불교는 다른 지역으로 유포되기 시작하였다. 특히 오늘날 남경(南京), 소주(蘇州), 항주(杭州)를 잇는 양자강 하류의 비옥하고 인구가 조밀한 삼각지까지 퍼져나갔다.

북부에서의 불교 전파와 사원 건립은 주로 다르마라크샤(Dharma rakṣa, 竺法護)의 활약 덕분이었다. 위대한 번역가요, 전법사인 그는 돈황에서 온 중국화된 인도 스키타이인이었는데, 제자들의 도움으로 3세기 후반에 대규모로 대중을 개종시켰다고 한다.

이 시대에는 이제까지 언급해 온 지리적 특수화의 전형적인 양상이 등장함을 엿볼 수 있다. 즉 북부와 남부의 대조적인 양상이다.

황하를 젖줄로 하여 고대로부터 중국 문명의 중심지가 된 북부는 평원과 황토에 자리 잡고 나름대로 불교 유형을 형성하였다.

남부 역시 양자강의 중류와 하류를 따라 더 남쪽으로 내려가면서 발전하여 독자적인 불교유형을 형성하였다. 특히 남부는 3세기가 되어서야 겨우 처음으로 개발의 국면에 들어선 광대한 지역으로, 중국의 역사에서 경제적으로나 문화적으로나 풍부한 유산을 창출하는 역할을 하였다.

북부에서 불교는 중앙아시아와 그 너머의 지역으로부터 밀려온 신선한 충격에 의해 계속 양분과 자극을 받고 있었다. 대륙을 곧게 뚫은 통로를 따라 동쪽으로 확장하면서 불교의 주요 공동체들이 성장하였다. 서쪽으로 돈황(敦煌)으로부터 동쪽의 낙양과 산동(山東)을 잇는 것이 그 주요 통로였다. 온갖 정치적 소요에도 불구하고 무역과 교통은 지속되었고, 북부의 대도시들이 외국 상인들의 중요한 거점을 구축하였다.

260년경, 불교의 경전을 구하고자 서역으로 가는 중국인 순례자가 처음으로 등장하였다는 사실 역시 우연의 일치가 아니다. 이러한 여행의 선구자는 코탄으로 갔던 주사행(朱士行)이었다. 그는 후대에 5세기의 법현(法顯)이나 7세기의 현장(玄奘)과 같은 뛰어난 순례자들이 훨씬 더 광대한 탐험을 할 수 있도록 길을 열어 주었다.

번역 활동이 대규모로 추진되었던 곳도 역시 북부였다. 다르마라크샤는 혼자서 약 150여 종의 한역경전을 완성했다고 전해지는데, 그중의 일부는 대승의 가장 중요한 고전이다.

무엇보다도 중대한 사실은 『정법화경(正法華經)』이 최초로 완역된 일이다. 법화경은 모든 신자에게 성불의 길을 개방한 '일불승(一佛乘)'의 교의를 담고서 붓다의 영원성과 전지성을 강조하며 상징과 비유를 매우 풍부하게 싣고 있는데, 이는 곧 중국불교에서 단연 가장 대중적이고 가장 공경받는 경전이 되었다. 다른 모든 대승의 교의를 초월한다고 주장하는 특별한 계시로서 그것은 독보적인 위치를 차지하는 것으로 생각되었다. 이러한 생각은 6세기에 성립된 천태종(天台宗)에서 최종적으로 표명되었다. 천태종에서는 법화경을 법(法)의 궁극적인 성취라고 간주하여, 그들의 오시(五時) 교판 중 진리의 가장 완성된 위치인 다섯 번째에 두게 되었던 것이다.

중국의 북부에서 승려들의 공동체가 성장하였음을 알려주는 또 다른 증거는 3세기 중엽에 계율의 논서에 대한 한역이 처음으로 등장하였다는 사실이다. 이는 분명히 그 시기에 이르러서는 사원 생활을 위해 훨씬 더 신빙성이 있고 세세한 규율의 규범이 필요하다고 느꼈기 때문이었다.

양자강 하류 지역에서는 상황이 아주 달랐다. 거기에는 중앙아시아와 접촉한 징후가 전혀 없고, 사원 중심의 불교에 대한 강조가 훨씬 약하다. 실제 남부에서 가장 많은 작품을 남긴 번역가로서 지겸(支謙)은 중국에 귀화한 인도 스키타이 출신의 재가 신도였다. 그가 완성한 많은 문헌들은 정확성보다는 문학적 우아함과 가독성(可讀性)을 추구한 세련된 번역이었다. 그의 작품들 중에서 중국불교에 중요한 영향을 주었던 두 경전을 고르자면, 바로 아미타경과 유마경이다.

산스크리트어로는 아미타바(Amitābha)라고 하는 아미타는 서방의 극락에 있다고 하는 자비의 부처이다. 후대 중국에서는 이 서방의 극락을 정토(淨土)라고 하며, 성심성의를 다하여 아미타를 염원하고 그 성스러운 이름을 반복하여 부르는 모든 신자들을 받아들일 것이라고 믿었다.

재가 신도에게 각별한 호소력을 지닌 또 다른 근본 경전은 유마경이었다. 이는 대승경전의 대표적인 걸작으로서, 너무나 대중화되어 일곱 차례나 한역이 되었다. 이 경전에서의 중심 인물은 신심이 돈독하고 부유한 재가 신도이다. 그는 초월의 경지요, 공(傑)인 모든 현상을 꿰뚫어 보는 깊은 통찰력 때문에 일련의 형이상학적 논쟁에서 가장 뛰어난 성자들까지도 이길 수 있었다. 4세기부터 이 경전은 교양 있는 속인들에게 매우 중요한 역할을 하게 되었다. 그들에게 매력을 끌었던 점은 이 경전에 나타난 주인공의 성격과 신분이었고 철학적 논쟁의 깊이와 높은 문학적 기품이었다.

북부와 남부의 불교 사이에 나타나는 대조는 남부의 불교가 제국의 최남단과 접촉한 데에서 기인한다. 이 최남단은 오늘날의 베트남에 속하는 하노이이다. 베트남의 북방지역은 기원전 111년에 한나라에 편입되었다. 이로부터 약 1,000년 동안 이 지역은 중국인에 의해 지배되었다. 이 과정에서 중국인과 베트남인으로 혼성된 귀족 지식층이 등장하였고, 철저히 중국화되어 갔다. 한나라가 멸망한 후 이 지역은 이론적으로는 그 최남단에 위치한 제후국이었지만, 중세 초기에 이르러 중국인 통치자는 멀리 떨어진 수도로부터 실질상의 독립을 계속 유지하고 있었다. 하지만 중국인 이주자들의 끊임없는 유입으로 중국화의 과정은 촉진되었는데, 이들은 중국 본토에 소요가 계속되던 시기에 새로운 길을 찾아 조용하고 반식민지인 이 지역으로 몰려왔던 것이다.

그러나 베트남인이 거주한 중국 영토는 오늘날의 다낭 너머로까지는 확장되지 않았다. 현재의 베트남의 남반부에서는 인도화된 두 개의 국가가 흥기하였다. 하나는 푸난 왕국이었는데, 이는 메콩강의 삼각주와 오늘날 캄푸치아의 대부분을 장악했다. 다른 하나는 참파 왕국으로 인도차이나의 남동지역을 지배했다. 이처럼 베트남에서 메콩강의 분지는 중국문명과 인도문명의 중심지가 접하는 중간 지역이었다.

중국불교 초기의 것으로서 가장 흥미 있는 문서들 중의 하나가 발견된 것도 이 지역에서였다. 달리 자세한 인적 사항은 전해지지 않고 단지 어떤 스승이라고 불리는 사람이 쓴 논서인데, 여기서 그는 전통을 고수하는 반대자의 공격에 대해 불교를 방어한다. 이 책은 유교권에 있었던 불교에 대한 부정적인 반응과 그렇게 상투적인 반불교적 주장들이 완강했음을 생생하게 묘사하고 있다. 유교권의 완강한 태도는 이후 몇 세기에 걸쳐 쏟아진 많은 양의 반박서와 변론서를 통해서 계속 반복된다.

반불교적 논쟁은 주로 승려직에 대한 반대로, 사원제도를 고수하는 불교의 성격과 주장을 정면으로 부정하는 것이다. 어떤 경우에는 불교의 종교적 믿음을 공격하기도 하는데, 불교는 극락과 지옥을 보답으로 약속함으로써 순박한 대중을 미신으로 이끌고 호도하는 '이단'이라고 낙인을 찍는 것이다.

그러나 불교에서 그러한 교의적 배려는 드문 경우에만 주요한 역할을 해왔을 뿐이다. 일반적으로 불교와 유교 사이의 쟁론을 담은 논서는 앞에서 설명한 근본적인 긴장을 반영한다. 불교의 성직에 대한 견해와 관심, 그리고 속세의 권위에 대한 견해와 관심의 양자 사이에 빚어진 이념적 대립이다.

포괄적으로 말해서 승려에 대해 반대하는 논쟁을 세 가지 유형으로 구분할 수 있다. 즉 윤리적·공리적·정치, 경제적 측면이다. 윤리적 주장은 사원생활이 가정의 의무를 거부함으로써 사회적 행위라는 신성한 규범을 부자연스럽게 위반하는 것이라는 점을 내용으로 한다. 공리적 견지에서는 승려의 생활이 비생산적이며 공동체에 무익하다고 비난하며, 평민들이 저마다 밭을 일구지 않고 천을 짜지 않는다면 사람들은 굶주림과 추위에 시달릴 것이라고 한다. 끝으로 자치적 구조를 형성한다는 교단의 주장은 정치적으로 용납할 수 없으며, 또 사원은 범죄를 저지른 반사회적 분자들의 피난처가 될 수 있기 때문에 위험하다는 것이다.

한편 승려들의 재정적 특권과 재산은 국가의 경제적 기반을 침식했다고 주장한다. 교단의 존립권 자체에 대해 의문을 제기한 그들의 이러한 비난은 근본적이고 위협적이었기 때문에 불교 측에서는 승려든지 속인이든지 이에 대해 대응책을 강구하고 반박을 제기할 절박한 필요성을 느꼈다.

이 경우 윤리적 문제가 가장 곤란한 점이었을 것이다. 승려는 교단에 합류함으로써 자기 가족과 완전히 끈을 끊을 수밖에 없어, 중국인의 전통적 윤리 중 가장 기본적인 원리에 위배된다는 점은 누구도 부정할 수 없었기 때문이다. 따라서 불교의 옹호자들은 '궁극적으로 분석해 들어가면 불교와 유교의 가르침 사이에는 아무런 모순이 없음'을 증명하고자 하였다. 불교나 유교나 모두 인간의 완성을 추구하며, 교단에 집적된 무한한 공덕은 사회 전체에 이득이 될 것이고, 따라서 도덕과 질서의 유지에 간접적으로 도움이 된다는 것이었다.

또한 공리적 입장의 공격에 대해서도 사원생활은 정신적 해탈이 속세의 것이 아니라 하더라도 결코 무익하지는 않다는 것이다. 그래서 공자 자신도 '사람은 이득을 위해서가 아니라 덕을 쌓기 위해 노력해야 한다'고 말하기도 했다고 반박했다.

끝으로 정치·경제적 책임에 대해서 승려들은 속세의 권위에 복종하지 않더라도 법에 어긋남이 없이 충실하게 살아가며, 기본적으로 교단은 평화와 번영을 유지하는 통치자를 지지한다고 했다. 하지만 때때로 구성원 중 일부에 의해 권력과 부가 남용되는 경우가 발생하더라도, 전체 교단을 비난할 수만은 없다는 입장을 견지했다.

귀족불교의 발전

 서기 300년 무렵에는 전쟁과 혼란이 국가 전역으로 확산되었으며, 얼마 지나지 않아서 중국의 북부는 비(非)한족의 왕조에 의해 지배되었다. 북부의 지식층이 남쪽으로 대거 탈출을 시작하자 많은 승려들도 이에 뒤따랐다. 이는 더 말할 필요도 없이 승려들과 지배계급 사이에 이미 확고한 유대가 형성되었기 때문이다.

 이러한 사실은 이후 전개될 중국불교의 역사 전체에 있어서 매우 중대한 요인으로 작용하게 된다. 바로 불교가 교양 있는 지식층에 파고듦으로써 전형적인 혼성의 고급불교가 형성될 수 있었던 것이다. 이와 같이 불교는 4세기 초기에 양자강 하류 지역으로 이식되었고, 이내 귀족들의 지적 생활에서 중요한 역할을 하게 되었다.

 중국 중세의 지배계급은 소수의 '대가족'으로 구성되었다. 이들은 재산과 권력을 세습 받는 씨족이었다. 이 대가족의 우두머리들은 관료 조직의 고위 관직을 독점하고, 왕실을 지배하며, 하위 직책은 친척들과 가신들에게 나눠 주었다. 이들 집단에서는 유교가 그 영향력을 크게 상실하고 있었다. 실제 정치에는 별로 관심을 두지 않고 현학적인 여가를 즐기려는 것이 이 계층의 분위기였으며, 형이상학적이고 철학적인 문제에 대해서도 열렬한 관심을 나타냈다.

도교의 철학적 입장과 종교적 입장이 모두 지식층 사이에서 많은 추종자들을 확보하였으며, 난해한 논의가 유행하고 있었는데, 대승불교, 특히 공의 심오한 교의를 언제라도 들어줄 수 있는 청중을 발견한 것은 바로 이러한 분위기에서였다. 특히 지둔(支遁, 314~366년)과 같은 학승은 전통적인 중국사상의 용어를 통해 대승의 심오한 뜻을 설명했는데, 이것이 전형적인 중국불교철학의 초석이 되었다.

이처럼 학식이 깊고 존경받는 승려들이 등장함으로써 교단 자체는 하나의 전환점을 맞이하였다. 이전까지는 어느 정도 중국화된 외국인이 주로 불교를 전파해 왔지만, 이때부터 중국인 승려가 배출되기 시작했다.

그들 중 대부분은 정신적인 이유로 교단에 참여하였으며, 그들에게는 불교가 아직 우월하지는 않지만 자신들의 철학적 전통과 연관이 있는 것으로 보았다. 그러나 다른 이들에게는 사원이 은둔 생활의 새로운 형태로 비쳤을지 모른다. 결국 계급의 장벽이 엄격한 중세의 중국 사회에서는 원칙적으로 그러한 사회적 차별을 인정하지 않았던 불교의 교단이 교양을 갖추고 있으면서도 상대적으로 가난했던 가문의 구성원들에게 매력을 끌었을 것이다.

그 결과로서 4세기 이후에는 몇몇 대사찰들이 학문과 문화의 중심지로 발전하게 되었다. 4세기를 거치면서 이런 유형의 불교가 양자강의 하류지역에서 번창하였고 동진(東晉)이 장악한 영토의 다른 지역으로 확장되어 나갔다.

불전의 번역은 부차적인 역할만을 하였을 뿐이고, 장안(長安)에 거주하였던 구라마집(Kumārajrīva, 鳩摩羅什)과 그의 학파와 같은 북부의 몇몇 대가들이 이룩한 방대한 저술 활동과는 결코 비교될 수 없었다. 남부의 번역가들 중에서는 순례승인 법현(法顯 317~420년)에 대해 언급할 필요가 있다. 그는 인도에 6년 동안 체류하면서 경전을 수집하였고, 매우 가치 있는 여행기를 남겼다.

황실의 호의와 귀족의 지지로 불교는 계속 번창했는데, 380년경 진나라의 황제는 중국의 통치자로서는 최초로 수계를 받고 공식적인 재가 신도가 되었다. 400년경 진나라의 영토에서는 1,700곳 이상의 사찰과 비구니를 포함하여 80,000여 명 이상의 승려가 집계되었다. 그러나 보수적인 집단에서는 반발도 증가하고 있었다. 이들 집단 내에서는 유명한 모든 쟁점을 이용하여 경우에 따라서는 교단을 차단하거나 국가의 관리 아래 두려는 모종의 시도가 진행되기도 하였다.

하지만 남부의 왕조에서는 결코 강력한 억압책을 유도하지는 못했다. 즉 남부에서 불교교단은 계속 성장하였고, 550년에 승려의 숫자는 82,000여 명으로 증가했다.

황실의 후원은 갈수록 두터워졌는데, 열광적인 불교 신자였던 양(梁)나라의 무제(武帝, 502~549년 재위) 치하에서 불교는 그 정점에 이르렀다. 무제는 의식적으로 인도의 유명한 아쇼카 왕을 자신의 모범으로 삼았다. 그는 도교를 금지했을 뿐만 아니라 신하들을 채근하여 사찰을 건립할 막대한 기금을 조성하고, 공적인 기부금을 내어 사찰에 봉사하였으며, 방대한 종교적 집회를 조직하여 거기서 개인적으로 '보살의 서원'을 취하고 경전을 강설하였다. 유교 측에서 편찬한 사서에서는 황제의 이러한 열정에 대해 무책임한 바보라고 비난했을 정도였지만, 반면에 불교의 문헌에서는 극구 칭송되었음은 더 말할 나위가 없다.

북부의 왕조에서 불교는 여러 가지 이유에서 대개 한족 출신이 아닌 통치자의 후원을 받았다. 이 후원자들은 불교 승려들을 새로운 유형의 왕실 주법사로서 환영하였다. 승려들이 기도와 주문으로써 그들의 번영과 군사적 승리를 보장해 주리라 믿었던 것이다. 그들은 또한 승려들을 고문으로 고용하여, 유교의 영향을 적절히 규제할 수단으로서 불교의 교의를 이용하였다.

중국의 역사를 보건대, 이방의 정복자들은 항상 자신의 문화적·민족적 동질성을 보존하는 일과 완전한 동화라는 상반된 목표 사이에서 시달렸다. 그런데 유교의 사회-정치적 교의는 가장 강력한 중국화의 힘이었다. 이러한 상황이 국가와 교단 사이의 유착을 이끌었다. 정부는 불교를 방대한 규모로 후원하였지만, 동시에 승려를 관료화시킴으로써 교단을 관리하였다. 그리고 도교는 통치자의 후원으로 불교의 강력한 경쟁 상대가 되기도 했으며, 도사(道師)들의 책략은 불교의 박해를 야기하였다.

교의적으로 가장 중요한 사건은 구마라집의 등장이었다. 쿠차 출신의 위대한 전법사였던 그는 402년에 당시 수도였던 장안에 도착하였다. 그는 중국에 중관철학을 소개하였으며, 대규모의 국가적 지원을 받으며 역경원의 도움으로 방대한 양의 한역경전을 완성하였다.

황실의 후원과 국가의 감독은 북위(北魏)의 통치하에서 정점에 이르렀다. 이들은 중국 북부 전역과 중앙아시아 일부를 장악하였는데, 처음에는 산서(山西)의 북쪽 변경에 수도를 정했다가 494년에는 고대의 수도인 낙양으로 옮겼다.

그 이후로 수많은 사찰이 건립되었다. 518년에는 낙양 외곽에 1,300개 이상의 사찰이 자리 잡고 있었다고 전하지만 이 사찰들 중 현재까지 남아 있는 것은 없다. 중국인의 전통에 따라 목조건물로 건축되었기 때문에 그 규모가 대단했음에도 불구하고 허물어지거나 파괴되고 말았다. 그 거대한 사찰들을 묘사한 기록들을 살펴보면, 중세의 큰 성당도 왜소해 보일 정도의 탑과 전당을 갖추고 있으며 무궁한 부와 사치를 누렸음을 알 수 있다. 사찰은 인도의 초기 양식과 중국적 양식에 바탕을 둔 혼성 형태의 탑으로 조성되었는데, 낙양에 있었던 가장 유명한 탑은 그 높이가 거의 200미터에 달했다고 한다.

그러나 놀랄 만한 다른 기념물들은 아직도 남아 있다. 바로 거대한 석굴사원들이다. 이들중 가장 유명한 것이 북위의 두 수도 근처에 위치해 있는 대동(大同) 근처의 운강(雲崗) 석굴과 낙양 근처의 용문(龍門) 사원이다.

석굴 사원들은 400년경 북서쪽 끝에 위치한 돈황에서부터 조성되기 시작하였다. 석굴사원들은 위나라와 그 이후의 왕조 치하에서 중국 북부의 10여 군데에 더 장대한 규모로 계속 조성되었다. 이러한 석굴사원이야말로 중국과 인도와 중앙아시아의 각 요소들이 종합된 종교예술의 진정한 보고(寶庫)이다.

교단에 있어서는 후원과 국가통제의 복합이 적어도 물질적으로는 이득일 수 있었다. 교단의 경제적 기반은 사원의 지주가 되는 일종의 소작제도에 의해 강화되었다. 이 소작인들은 '교단 가족 또는 붓다 가족'이라 불렸는데, 수많은 농민과 농노로 구성되었으며 대규모의 사찰에 배치되어 사찰의 농지에서 일하거나 잡일을 맡아 하였다. 이 제도가 사찰에 고정수입을 제공하였으며, 토지는 면세되었으므로 사원의 경제는 날로 증진되었다. 그래서 얼마 가지 않아 대규모의 사찰들은 사원의 요긴한 부동산으로 발전하였으며, 토지 개간이나 금융 활동 등 다양한 유형의 상업에도 참여하였다.

점차로 불교교단은 폭발적인 성장을 이루어 나갔다. 477년에 위나라에는 약 6,500여 곳의 사찰과 77,000여 명의 승려가 있는 것으로 집계되었는데, 40년 후에 그 숫자는 각각 30,000여 곳의 사찰과 2,000,000여 명으로 증가하였다.

그런데 이와 같은 교세의 확장은 지나친 현세주의와 물질적 이득의 추구, 정치적 갈등으로 이어졌다. 결국 불교교단은 규범을 내세우는 유교적 전통주의자들과 도교의 경쟁자들에 의해서, 그리고 각각 446년과 574년에 있었던 제1, 2차 법난으로 인해 가혹한 박해를 받아야 했다.

그리고 이 시대의 불교에 대한 공식적인 후원은 특권이 부여된 소수에 국한되었고, 교양 있는 승려와 교단의 관리자들로 구성된 지식층이 대규모의 사찰들을 이끌었다.

교단은 두 부분으로 이루어졌는데, 하나는 상급기관을 이루는 상위

충으로서 황실이나 통치를 담당하는 지식층과의 밀접한 유대를 맺었고, 또 다른 하나는 소규모의 사찰이나 포교당이라는 방대한 조직에 소수의 승려들이 배치되어 서민들 사이에서 활동했다. 그러는 가운데 불교는 비불교적인 지역적 의례와 종교적 활동이 융합되었고, 경전 연구나 지적 논쟁의 세계에서는 그 활동이 점차 감소하였다.

결국 불교의 의식 속에 전통적인 조상숭배의 의례와 대중적인 구세적 운동이 혼합되고 말았던 것이다. 특히 후자는 이 고통의 세계가 결국은 번영과 정의의 이상세계를 세워 줄 미래의 부처인 미륵의 출현을 기약할 수 있을 것이라는 믿음에 기반을 두었다. 그러한 운동은 쉽게 정치화될 수 있었다. 중국의 역사에 점철된 숱한 반란 운동들에 승려들이 참여하게 된 까닭이 거기에 있다. 그들은 항상 예언자이거나 미륵의 화신임을 자처했다. 불교에 영감을 입은 그러한 모반이 5세기와 6세기 초에 아홉 차례나 기록되어 있는데, 이들은 모두 철저히 탄압되었다.

불교교단에 대한 정부의 관리와 통제 또한 더욱 거세어져 갔다. 정부는 큰 사찰의 지식층에 대해서는 후원을 하되, 여기에는 제도적인 통제와 경우에 따라서는 경제적 성격을 지닌 가혹한 억제 수단이 뒤따랐다. 그렇지만 교단의 대중에 대해서는 방임하는 태도를 취하였다. 이러한 상황은 기본적으로 현대까지 견지되었다.

수 세기에 걸친 정치적 분열 끝에 589년 중국은 재통일되는데, 이 시점이 중국불교가 정착된 시기로 볼 수 있다.

요컨대 북부에서나 남부에서나 불교는 온갖 분야에서 중국 사회에 고루 전파되었으며, 불교교단은 놀랄 만한 정신적, 물질적 영향력으로 그 나름대로의 사회적 위상을 확보하였다. 교의적으로는 가장 중요한 경전들과 논서 및 율장(口藏)이 번역되었으며, 중국인 대가들은 이를 근거로 독자적인 교의체계를 세우기 시작했다. 이 시기를 토대로 하여 중국불교의 절정기라 할 수 있는 수나라와 당나라 시대의 창조적 발전이 이루어진다.

수·당 시대의 불교 부흥기

수 왕조(589~618년)와 당 왕조(618~906년)의 치하에서 중국의 중세 문명은 절정에 이르렀다. 다시 한번 강력한 중앙정부가 그 위력을 중앙아시아까지 확장하였으며, 한국이나 베트남, 티베트 같은 주변 국가들에 대하여 자국의 종주권을 강요하였다. 수도인 장안(長安, 현재의 西安)은 재건되어 세계 제패의 상징이 되었다. 100만 명의 주민이 거주하는 거대한 직사각형의 수도에는 거대한 궁전과 일찍이 없었던 대규모의 관료조직으로 구성된 중앙 행정 기구가 들어섰다.

수와 당 시대에는 사람의 수에 따라 토지를 할당하는 제도를 통해 농업경제가 통제되었으며, 이러한 농업경제가 대장원을 소유한 귀족 지식층에 의해 여전히 지배되는 국가를 유지하고 있었다. 이러한 체제에서 불교는 이전보다 더 큰 번영을 누렸다. 대부분의 황제들은 불교교단을 후원하였는데, 때로는 정치적인 이유가 고려되기도 했다.

수나라의 개창자는 의식적으로 불교의 전통에서 성왕(聖王)이라고 추앙되는 전륜왕(轉輪王)인 양 행세하였다. 측천무후(則天武后, 623~705년)는 능력은 있었으나 무자비한 전제군주로서 15년 동안(690~705년) 중국을 통치하였는데, 무후는 자신이 미륵의 화신이라고 주장하면서 권력을 장악하기 위해 불교를 이용하였다.

그 뒤를 이은 통치자들은 국가와 왕조의 안녕을 위해 의식을 집전하도록 설립된 국가사찰이라는 제도를 운용하였고, 일부 통치자들은 많은 귀족들이 그랬듯이 유명한 승려들과 밀접한 유대를 맺었다. 그러나 북위(北魏)의 치하에서처럼 후원은 항상 교단을 관료의 통제 아래 두려는 시도와 결부되어 있었다. 당나라 시대에는 속인 관리들까지도 이를 실행하였다. 그래서 사원의 규모를 억제하고 승려직의 시험제도를 두어 그 순수성을 확인하고자 했던 것이다.

다시 중국인의 통제 아래 들어간 중앙아시아는, 7세기 후반까지 중국과 인도 사이에서 그 매개 지역으로서의 기능을 계속 발휘하게 되었다. 이로 인해 당나라 시대의 초기에는 인도 순례자가 급증하였다.

그들 중에서 가장 대표적인 인물이 현장(玄奘, 596~664년경)이다. 그가 중국불교의 독보적인 인물이 된 것은 그의 엄청난 여행 경력(629~645년)과 뛰어난 관찰력 때문만은 아니다. 그는 위대한 학자이자 번역가였으며, 일찍이 산스크리트어에 정통한 예가 없었던 중국에서 산스크리트어에 정통했던 극히 드문 중국인이었기 때문이다. 현장의 번역팀이 이룩한 작품들은 이 분야에 있어서 중국인의 활동으로서는 양적으로나 질적으로나 최고를 기록한다.

7세기 후반에 아랍의 정복자들이 인도로 통하는 육로를 차단하자 순례자들은 점점 중국의 남부 해안에서 현재의 캘커타 근처에 있는 탐랄립티(Tāmralipti)와 스리랑카로 통하는 해상 통로를 택하였다.

불교는 그 시대의 종교적이고 지적인 생활에 있어서 보다 창조적인 운동으로 나아갔다. 6세기부터 9세기에 걸쳐 번창했던 일부 학파와 종파들은 인도의 입김을 직접적으로 받았다. 현장은 인도의 유식학을 받아들여 중국에 학파를 설립하였고, 이보다 약간 후대에는 인도의 승려들에 의해 비교(秘敎)적인 밀교의 다양한 유형이 소개되었다. 그러나 다른 학파들은 근본적으로 중국적이었다. 중국으로 이식되었든지, 아니면 중국에서 발전하였든지, 이들 모두는 무수한 주석서들을 저술하였다. 그중 일부는 번역된 경전에 의거하였고, 또 일부는 위대한 독창성을 지닌 독립된 이론들로 이루어졌다.

정토종(淨土宗)과 같은 일부 종파들은 해탈에 이르는 수단으로서 아미타의 자비에 의탁하는 헌신적이고 전파력이 강한 신앙 형태를 나타내기도 하였다.

다른 종파들은 '교의의 분류'인 판석(判釋)의 원리에 기반을 두고 있었다. 판석이란 하나의 특별한 경전이 최상의 진리를 담고 있고, 다른 경전들은 모두 계시의 연속적인 준비 단계에 속하며, 그 각각은 가르치는 방법을 달리하여 각기 다른 청중에게 설해지고 있다는 개념이다.

그에 따라서 천태종은 교설의 구조가 다섯 단계로 이루어진다고 보았다. 그리고 모든 것은 법화경의 일승(一乘)이라는 교의로 귀결된다고 하였다. 하지만 천태종에 못지않은 영향력을 발휘한 화엄종에서는 그 귀착점을 화엄경(華嚴經)으로 삼았다.

대승적인 관념과 실천이 중국에서 가장 발전한 것이 선종(禪宗)이다. 선종은 7세기경 중국에서 형성되었다.

본래 선(禪)의 발생지는 인도이다. 선은 불교 수행의 중요한 수행법의 하나이지만 불교 발생 이전부터 인도에 있었다. 인도는 환경적인 요인 때문에 고대부터 명상법이 발달하였다. 한낮의 지독한 더위는 사람들로 하여금 아무것도 할 수 없게 만들었다. 사람들은 더위를 피해 숲속의 나무 그늘에 앉아 명상하게 되었다. 명상이 일상의 한 부분이 되자 이들은 명상을 통해 우주와 인생의 근본 문제까지도 사색하게 되었다.

고타마 붓다도 당시 다양한 수행법을 다 경험해 보았지만, 그것으로는 생사를 해결할 수 없다는 결론에 도달하고 붓다가야의 보리수 아래에서 선정에 들어 마침내 정각을 깨친 것이다.

중국에서 선의 기원은 남북조시대에 보리 달마(Bodhidharma, 6세기 초 생존)가 인도에서 동쪽으로 와서 선을 전래한 것이다. 달마는 인도의 남천축국 향지왕의 왕자로, 출가하여 부처님 법을 이어 27대조가 되었는데 '중국에 가서 크게 법을 펴도록 하라'는 스승의 지시로 중국으로 왔다.

당시 인도의 고승이 중국으로 왔다는 소식을 들은 양나라 무제는 궁으로 달마를 초빙하여 문답을 나누었다.

무제가 달마에게 물었다.
"내가 왕위에 오른 뒤 수많은 절을 짓고 스님이 되고자 원하는 이들을 도왔으며, 경전을 간행하거나 복사하는 일을 헤아릴 수 없이 많이 하였는데 그 공덕이 얼마나 되겠습니까?"

"아무 공덕이 없습니다."

"어찌 아무 공덕이 없습니까?"

"그러한 일들은 모두가 다만 중생세계에서의 조금 나은 결과를 얻어서, 생사에 윤회하는 원인이 될 뿐입니다. 마치 모양을 따르는 그림자가 비록 있기는 하나 실체가 아닌 것과 같기 때문입니다."

"그렇다면 어떤 것이 진실한 공덕입니까?"

"청정하고 원만하게 밝은 지혜를 얻는 공덕이 참된 것이나, 이것은 세속의 공덕으로는 얻지 못하는 것입니다."

무제가 다시 물었다.

"불법의 가장 거룩한 근본 의의는 무엇입니까?"

근본 자체가 공적(空寂)하여 거룩한 것까지도 없습니다."

"그러면 나를 대면하고 있는 사람은 누구입니까?"

"모릅니다."

양 무제는 그 뜻을 깨닫지 못했다.

달마는 선의 오묘한 뜻을 전하기에는 아직 이르다 판단하고 북쪽 낙양의 숭산 소림굴로 들어가 9년 동안 면벽 수도하며 때를 기다렸다. 이 무렵 선종 2조가 되는 혜가가 소림굴을 찾아 문답하던 중 깨치고 법을 이어받았다.

이어서 3조 승찬, 4조 도신, 5조 홍인으로 이어진 부처님의 교외별전 법은 당나라 시대 6조 조계 혜능(曹溪惠能, 638~713년) 대에 이르러 선종이라는 독자적인 종파의 위상을 갖추게 된다.

5조 홍인에게는 신수와 혜능이라는 걸출한 제자가 있었는데 신수는 장안, 낙양을 비롯한 북방을 중심으로, 혜능은 호남, 강서 등 남방을 중심으로 법을 펼쳐 각각 북종·남종으로 불리며 중국 전역에 확산되었다. 이중에서도 특히 남종선은 후대에 북종선을 흡수하여 중국 조사선의 정통성을 확립하게 되는데, 북종의 점오(漸悟)가 선의 본질을 훼손시켰다는 점과 정치적 후원 세력이었던 측천무후의 몰락 등이 그 배경이었다.

이에 반하여 남종은 돈오(頓悟)사상을 제창하여 선의 정통성을 확립하였고, 사회·정치적으로도 측천무후 이후 현종대의 개혁파 관료들의 지지를 받았다. 또한 6조 조계 혜능의 문하에는 남악 회향과 청원 행사, 하택 신회, 영가 현각, 남양 혜충 등 걸출한 선지식들이 배출되었다. 특히 남악은 문하에 마조 도일이라는 대선지식이 나와 강서를 중심으로 법을 폈고, 또한 청원 문하에 석두 희천은 호남지방에 선풍을 드날리었는데, 강서의 마조와 호남의 석두가 조사선 또는 중국 남종선의 융성기를 열었다. 여기에서 '강호(江湖)'라는 말이 유래되어 천하의 선지식들이 법을 각축하는 것을 일컫게 되었다.

달마가 전파한 선은 6조 조계 혜능대에 이르러 한 종파로 위상을 확립하였고, 마조대에 이르러 선종이 중국의 중심사상으로 뿌리내리게 되었다. 마조는 성품이 인자하며 소걸음에 호랑이 눈길이었다고 하는데, 마조 문하에는 139명의 대선지식이 있었고, 그중에서도 88명이 천하에 흩어져 조계 혜능의 조사선을 천하에 전파하였다고 한다. 그리하여 마조는 '천하에 선을 유포시킨 제일 공로자로 평가된다. 특히 한국에 남종선을 최초로 전하여 오늘날 대한불교조계종의 종조로 추앙된 도의선사도 마조의 제자인 서당 지장선사의 법을 이었다. 또한 고려 중엽에 태고 보우는 중국 선종의 여러 법맥 중에서 조계 혜능 - 마조 도일 - 임제 의현으로 이어진 임제 법맥을 이어 임제 선풍이 한국의 중심이 되게 하였다.

마조 문하에 기라성 같은 선지식들이 있었지만, 그중에서도 백장 회해가 선종의 발전에 기여한 것은 주목할 만하다. 선이 천하에 널리 알려진 당시까지도 선종은 가람을 따로 정하지 않고 대개 율종 사찰에서 더부살이로 지냈으며 특별한 규율도 없었다고 한다. 그런데 백장은 백장산에 살면서 대중들이 많아지자 질서를 잡기 위해 경·율을 참조하여 '백장청규(百丈淸規)'를 만들고 총림(叢林)이라 하게 되니, 이것이 선종 최초의 법규와 도량이 되었다. 백장은 선종의 청규를 만들고 몸소 모범을 세웠는데 '하루 일하지 않으면 하루 먹지 않는다(一日不作 一日不食)'라는 유명한 교훈을 남겼다.

이와 같이 중국 선종은 당나라 시대에 황금기를 구가하였는데 육조 혜능을 정점으로 선승들이 선사상과 법맥, 지리적 요인을 계기로 위앙종·임제종·조동종·운문종·법안종으로 이름 지은 선종 5가를 이루었다.

이처럼 중국에서 인도와 달리 선이 꽃 피우게 된 데에는 달마 이후 역대 조사에 의하여 수도와 전법이 끊이지 않았고 북방에 맞는 토양과 풍토에서 새로운 법규를 세워나갔기 때문이다. 중국에서 꽃피운 선을 특별히 '달마선' 또는 '조사선(祖師禪)'이라 부르기도 하는데, 이것은 부처님 선과 다른것이 아니며, 단지 북방선종에 대한 강조의 뜻이 담겨 있다.

선종에서 말하는 바는 부처님이 깨친 법, 즉 중도연기(中道緣起)는 우주에 가득차 있는 바, 누구나 스스로 불성(佛性)을 가지고 있는데 이것을 마음으로 깨치면 바로 부처가 될 수 있다는 것이다. 흔히 부처님과 가섭 사이에 전해지는 '염화시중의 미소'가 바로 부처님이 이심전심, 불립문자, 교외별전으로 전한 선의 시원이라 한다. 그러므로 선종에서는 경전이나 이론과 말로 하는 것을 달을 가리키는 손가락으로 비유한다. 팔만대장경조차도 달을 가리키는 손가락이므로 팔만대장경의 진리를 자기 마음에서 깨쳐야 한다는 것이다. 그래서 선에서는 부처님 교법과 원리를 제대로 이해하고 신심, 발심이 된 사람이라면 경전에 의지하지 않더라도 깨칠 수가 있고, 오히려 마음을 깨치는 수행에는 문자로 된 어떤 것도 알음알이를 조장함으로 걸림이 된다는 것이다.

당·송 시대에는 선 종이 융성하면서 교종은 위축되었는데, 이 무렵 선종은 최고의 융성기가 되어 중국의 중심사상으로 자리 잡았다. 선종의 선지식들은 부처님과 같이 제자와의 문답을 통해 가르침을 폈는데 이것이 '간화선(看話禪)'이라는 수행법으로 발전하였다. 그리고 깨달음을 추구하는 수행자와 선지식이 부처님 법에 대하여 문답하는 중 선지식이 깨치라고 한 말을 수행자가 깨치지 못하고 의심하게 되어 이것이 '화두(話頭)'로 발전한 것이다. 원오 극근, 대혜 종고가 간화선을 정립하였다. 당·송 시대에 융성한 선종은 이후 한국, 일본에도 전파되어 큰 영향을 주었다.

중국인들은 전형적으로 가계(家系)의 내력을 분명히 하기를 좋아했으므로, 이에 따라 몇몇 종파들에서는 나중에 그들의 초기 역사를 조사(祖師)들의 계보로서 재정리하였다. 이러한 경향은 선종에서 특히 두드러졌다. 그래서 중국에 있어서의 정신적 혈통을 전설이 가미된 달마에서 기원하는 것으로 추적하고, 나아가서는 고타마 붓다까지 거슬러 올라갔다. 결과적으로는 이것이 선종 자체 내에 수 많은 종파들과 그에 부수되는 종파들이 생성되는 결과를 야기하였다.

당나라 시대에는 승단의 규모가 어느 정도였는지는 몇몇 공식적인 기록이 있음에도 불구하고 정확히 알려져 있지 않다. 729년에 모든 승려들을 각 현(縣)의 단위로 등록케 하였다. 이에 의하면 승려는 126,100여 명, 사원은 5,385여 곳으로 집계되었다. 그런데 불교에 대한 큰 박해가 있을 당시(842~845년)의 공식 문서에서는 4,600여 곳의 사원과 40,000여 곳 이상의 작은 사찰 및 암자가 있었다고 하며, 그 당시 강압에 의해 환속한 비구와 비구니가 260,500여 명이었다고 한다. 이러한 기록은 아마도 구족계를 받은 비구와 비구니들만을 언급한 것이었으리라 짐작된다. 그러므로 종종 비정상적인 방법으로 교단에 입문한 수많은 '대중 속의 승려'들까지 포함하면 그 수는 기록된 것보다 훨씬 많을 것이다. 당시에는 간혹 수계증을 사서 교단에 입문하기도 했다고 전한다.

당나라 시대에 교단은 사회생활에 있어서 매우 중요한 역할을 담당하였다. 승려와 속인이 혼연일체가 된 교단은 헌신과 선행, 현실적인 협동으로 번창하였다.

대승의 관념인 자비는 구체적이고, 현세적인 행위를 선호하는 중국인의 전통에 의해 더욱 강화되었고, 사원과 세속 사회가 주창한 공공복지 활동의 전분야를 고무시켰다. 그리하여 병원과 진료소를 지어 가난한 사람들을 돕고, 기근이 닥칠 때는 식량을 나누어 주었다. 경우에 따라서는 승려들이 도로, 다리, 우물, 목욕탕 등의 공공시설을 건립하는 일에 참여하기도 하였다.

또한 불교의 경축일이나 행사는 대중적인 민속의 일부가 되었고, 사찰을 위한 장이 개설되었다. 본래 이 장은 향(香)이나 불상(佛像)과 같은 종교적인 물품만을 거래하도록 한정되어 있었는데 정기적인 시장으로 발전하여, 엄격하게 규제되고 정부가 관리하였던 당나라 초기의 시장체계를 와해시키는 데 공헌하였다.

문화의 분야에서 불교가 중국문화, 그리고 실제로 세계의 문화에 끼친 물질적 공헌은 보다 지대한 것이었다. 무엇보다도 중요한 것은 인쇄술의 발명이었다. 그것은 불교권에서 불화나 부적 같은 것을 값싸고 효과적으로 재생하는 방법으로 개발하여 급기야는 완전한 경전을 재생하게 되었다. 이 기술은 8세기 혹은 그 이전에 처음으로 개발되었다.

현존하는 인쇄본으로서 가장 오래된 868년의 『금강경(金剛經)』은 인쇄술의 완성된 기술을 보여 주고 있다. 이는 그 이전부터 오랫동안 개발된 결과로 완성될 수 있었던 것이다. 972년에는 황제의 명령으로 불교의 문헌 전체가 인쇄되었다. 그 무렵 이 인쇄술은 일상적인 목적으로도 이용되기 시작했다.

사회에 대해 이처럼 위대하고 긍정적인 불교교단의 역할은 사실상 쉽게 경제활동과 분리될 수는 없었다. 대사원의 부는 항상 증진되고 있었다.

그 부는 기본적으로 토지라는 부동산과 사찰의 경작지에 딸린 소작인의 인력에 바탕을 두고 있었다. 그중의 일부는 정부가 할당하거나 기부한 것으로서 합법적으로 확보되었다. 그러나 사원의 부는 다소 비합법적인 수단으로 지속적으로 확대되었다. 즉 부유한 지주가 세금을 피하기 위해 순전히 형식적인 복전(福田)을 기부함으로써 수익이 생겼고, 당나라 초기의 법규에 따라 원칙적으로는 토지의 거래가 금지되었음에도 불구하고 토지를 매입하여 사원의 장원으로 포함시키는 방식으로 부를 증대했다.

대사원은 소위 '무진장(無盡藏)'이라는 형태로 거대한 부를 축적했다. 이 무진장이란 일종의 집합적으로 소유된 자본인데, 이는 대부나 전당포업과 같은 세속적인 목적에 이용되었고, 그뿐만 아니라 물레방앗간이나 기름 압착업을 개발하는 등의 다양한 종류의 상업체를 운영하는 데에도 이용되었다. 특히 전당포업과 관련하여, 사원은 중국의 금융발전에 중요한 역할을 해왔다. 그러나 무엇보다도 비판의 대상이 되었던 것은, 동과 귀금속을 종교적인 조상(彫像)이나 의식의 집전에 필요하다는 이유로 매점(買占)한 것이었다. 결국 715년, 정부는 모든 동상과 청동상을 몰수하고 현금으로 바꾸도록 명하였다.

8세기 중엽, 당나라는 민란등으로 흔들리고 있었다. 국가는 곤궁에 시달렸고, 온갖 수단을 동원하여 국고를 채우는 데 혈안이 되어 있었다. 이러한 상황은 9세기경 정부와 불교교단 사이의 긴장을 고조시키는 요인이 되었다.

후기로 접어든 당나라는 지적인 분위기가 전반적으로 변하고 있었다. 중국 전통의 근본을 회복하자는 경향이 고조되고 있었는데, 이는 관직에 등용하는 가장 신빙성 있는 방법으로써 유교적 시험제도가 강화되었다. 그러한 분위기 속에서 불교의 근원이 이방국이라는 낡은 논쟁이 재연되었다.

무종(武宗, 841~847년 재위)의 치하에서 결국 문제가 발생했다. 이때 취한 조치의 성격을 살펴보면 그 주요 동기는 경제적인 문제였다. 그 조치는 불교사원의 힘을 분쇄하고 그 부를 몰수하려는 급진적인 시도였다. 박해는 통제적이고 억압적인 조치들이 지속적으로 취해졌는데, 842년에 시작되어 이후 3년 동안 극에 달했다. 이것이 불교의 문헌에서는 '제3 법난'이라고 알려져 있다.

845년에는 불교의 모든 설비를 파괴하고, 모든 승려를 환속시키며, 약 150,000여 명으로 추정되는 사찰에 딸린 모든 노비들을 해방하고, 사찰의 모든 토지와 교단의 다른 유형재산도 몰수하라는 명령이 있었다. 적어도 중부지방에서는 이 칙령이 엄격히 집행되었다.

842년에서 845년까지의 억압은 조직화된 승단의 저항을 불러일으켰다. 그러나 재가 신도로부터는 별다른 저항이 없었다. 어느 시대에도 불교가 그처럼 금지된 적은 없었다. 그러나 이러한 억압은 오래가지 않았다. 무종의 계승자는 반불교의 칙령을 폐지하였고, 교단은 다시 기능을 회복하기 시작하였다. 하지만 이 박해로 교단은 회복하기 어려운 타격을 입었다.

물질적 파괴의 결과와는 별도로 9세기 후반 이후 불교의 일반적 쇠퇴는 훨씬 더 근본적인 다른 원인도 지니고 있었다. 그 원인들은 그 당시 힘을 얻기 시작한 경제적, 사회적, 문화적 변화라는 거대한 흐름과 밀접하게 연관되어 있다. 그러한 흐름들이 중세 중국사회의 구조와 제도를 점진적으로 변형시켰다. 그러한 변화 이전에 극도로 번창했던 당시 불교교단은 중국사회의 새로운 변화에 당연히 영향을 받았다.

수와 당의 치하에서 발전했던 불교는 너무 강대했으므로, 황제의 법령에 의해 일격으로 분쇄될 수는 없었고 점진적인 쇠퇴가 진행되었다. 힘이 다하여 서서히 그 지적 활력과 창조력, 그리고 그 사회적 지위를 상실하여 갔다. 교육을 받은 지식층은 점점 불교로부터 고개를 돌리고, 우수한 인재들은 사원보다는 과거시험을 통한 세속적 출세에 마음이 끌렸기 때문이다.

불교사상의 융합 쇠퇴기

10세기경 중국에서는 귀족이 지배하던 준(準)봉건 제도는 쇠퇴하고 점차 관료제도가 그 중심을 차지하게 되었다. 관료제도에서 정부의 관직은 경쟁이 극심한 시험제도를 통해 모집된 큰 집단의 구성원인 문관들로 채워졌다. 이 새로운 상류계급은 생활방식이나 문화적 표현에 있어서 매우 세련되어 있었다.

같은 시기에 경제의 중심은 건조하고 전쟁으로 신음하는 북부로부터 쌀이 풍부하게 생산되는 중부와 남동부지역으로 점차 옮겨 갔다. 거대한 도시들은 문관과 부유한 상인들로 이루어진 지식층이 공유하는 독특한 도시문화의 발전을 맞이하였다. 그 도시문화는 상류계급의 전형적인 표현이었으며, 상류계급이 관심을 쏟아 추구한 것은 평화를 표현하는 문학과 예술이었다. 말의 등에 올라탄 당나라 초기의 호전적인 귀족과 후기 중국의 우아하지만 다소 냉혹한 문관학자는 매우 큰 대조를 이루고 있다. 유교적인 문관은 문헌 연구와 관료적 야망과 도덕적 격률의 자기 세계에 빠져, 책에 둘러싸인 채 꼬치꼬치 캐내길 좋아하고 있었다. 유교의 가치와 태도는 전보다 훨씬 더 우세한 지위를 확보했던 것이다.

11세기와 12세기는 강력한 신(新)유교의 부흥기였다. 여기서는 도덕적, 정치적 사상에 대한 과거의 제도가 모든 것을 포용하는 학문적 교의로서 최고의 이론이 되었으며, 14세기에는 공식적으로 정통이 되었다. 가족제도와 씨족제도는 유교의 행동규범과 더불어 대중 속에 널리 퍼졌으며, 중국 사회는 철저히 유교화되었다.

이 시기의 중국의 전반적인 모습은 특히 정치적 제도에 있어서 놀라울 정도의 지속과 안정을 유지했다는 점이다. 절정에 이르렀던 독재와 절대주의의 경향과는 달리 정부의 기본 구조는 전 시대에 걸쳐 유지되었다. 물론 예외적으로 몽골족이 지배했던 원나라 때(1267~1368년)는 약간 틀에서 벗어난 시기가 있었지만, 법개념과 정당한 절차는 동일하게 유지되었고, 과거제도는 전보다 더욱 강화된 형태로 1905년까지 존속되었다.

중국이 영토를 확장한 시기는 이국 출신의 왕조가 중국을 지배한 시기와 일치한다. 송(宋) 왕조(960~1279년)는 나약하고 방어적이었으므로, 결국은 중국의 북부를 정복자들에게 내 주어야 했다. 그 이후의 송은 남송(南宋, 1126~1279년)이라 불린다. 몽골족 치하에서 위대한 칸이라 불리는 몽골족의 통치자는 북경(北京)을 거처로 정했다. 그는 명목상으로 몽골세계제국의 다른 지역에 대해서도 최고 주권을 행사했다. 그래서 쿠빌라이도 더 멀리 정복하려는 야심적인 정책을 착수하였다. 명(明) 왕조(1368~1644년) 치하에서는 다시 중국 본토로 거의 축소되었다.

반면에 북동으로부터 내려온 만주족 정복자들이 세운 마지막 왕조 청(淸, 1644~1912년)은 다시 그 위력을 중앙아시아의 초원지대로 확장하는 데에 성공하였다. 이 초원지대는 오래 전부터 이슬람화되어 있었다. 그러나 청의 치하에서는 중국이 티베트와 몽골 부족의 대부분에 대해 종주권을 행사함으로써, 라마교가 지배하던 곳까지 결국 손아귀에 집어넣었다.

그러나 18세기 후반부터 경제적 침체와 인구의 극적 팽창 등의 이유로 쇠퇴의 길로 접어든 중국은, 19세기에 들어서자 만연된 타락과 반란이 갈수록 심화되어 불안정한 국가가 되었다. 중국이 서구의 확장에 의한 충격에 직면하게 된 것은 그러한 내적인 위기 상황 때문이었다. 그와 결부된 압박 아래서 과거의 질서는 와해되기 시작하였다.

이 시기의 전반에 걸쳐 불교는 끊임없이 기울어져 가고, 보편적 교의로서 유교가 부활되고 체계화되면서 상류계급의 생활을 지배하게 되었다. 이 신유교의 정통은 과거제도의 기반이 되었고, 문관의 표준적 이념이 되었다. 그리고 중국 고대의 전통으로 복귀하려는 경향이 고조된 것이 불교가 쇠퇴한 또 다른 요인이었다.

그런데 역설적으로 신유교의 체계화는 불교의 영향에 힘입은 바가 많았다. 중국불교의 다양한 종파들 속에서 전개된 가장 근본적인 형이상학적 개념들의 일부는 그 형태가 사회화되고 정치화되기는 하였지만, 새로운 유교 속으로 통합되었던 것이다. 유교는 단순히 인계된 것이 아니라, 그 경쟁 상대인 불교가 취한 가장 강력한 입장의 일부를 소화함으로써 발전하였던 것이다. 이러한 의미에서 불교의 가장 큰 공헌은 현대에 이르기까지 중국인의 문화를 지배하게 될 신유교의 이념을 형성하는 데 도움을 준 것으로 볼 수 있다.

그러나 중국에서 불교의 전반적인 쇠퇴가 양적인 면에서 곧바로 나타나지는 않았다. 통속종교는 언제나 그래왔듯이 일반인들 사이에서 번성하였다. 일반인들 사이에서 갈라져 나간 종파들은 때때로 매우 활동적이었다. 이들 중에는 간혹 질적인 면에서 선동적인 유형이 있었고, 이런 유형은 몽골족의 지배를 전복시키는 데 도움이 된 종교적 모반을 일으키기도 하였다.

교단의 규모는 좀처럼 축소되지 않았고, 사찰과 사원은 계속 설립되었다. 대규모의 사찰이나 사원에 대한 황실의 후원이 끊기는 예는 별로 없었다.

그러나 불교의 쇠락은 무엇보다도 먼저 지식인 계층에서 비롯되었다. 지식인 계층과 승단에 대한 사회적 존경심의 하락은 여러 가지 방식으로 나타났다. 공식적인 포고문이나 이보다 약한 차원의 가훈과 씨족의 규율에서 불교를 폄하하고, 대중적인 책에서는 흔히 승려들을 탐욕스럽고 무지한 인물로, 사원을 도덕적으로 타락한 곳으로 묘사하고 있다. 이와 같은 현상은 세 가지의 부정적인 결과를 초래하였다.

첫째, 지식인 계층이 승려가 된 예는 극히 드물었고, 교단의 지위는 하락하였다.

둘째, 교단은 더욱더 교양 없는 대중의 요구에 따라 변질되었다.

셋째, 진지한 경전 연구와 학문 활동을 좌절시켰다.

그리고 또 다른 요인은 더 말할 것도 없이, 인도와 중앙아시아에서 불교가 소멸한 것이었다. 이로써 중국에서의 외국 전법사의 활동도 종식을 고했다.

중국에서의 마지막 번역 활동은 10세기 말에 일어났는데, 인도의 승려와 중국의 보조원으로 구성된 공식적인 번역관이 이 작업을 맡았다. 당나라 시대의 불교를 다시 부흥시키고자 시도하였지만, 신심에 바탕을 두지 않은 시도여서 번역작업의 위대한 전통은 종말에 이르렀다.

그러나 중국불교의 교의적인 불모 상태는 수와 당의 시대에 발전했던 종파 중 선종과 정토신앙을 제외하고 대부분 소멸한 데서 보다 여실히 나타난다. 그러나 이 두 종파도 절충되어 그 특색을 잃어 갔다. 그리하여 유교와 불교와 도교의 '3교 통합'이라는 과거의 관념이 크게 대중성을 확보하였다.

특히 명과 청의 치하에서는 그러한 절충주의적 이론을 재가 신도들이 발전시킨 경우가 많았다. 교단의 역할이 사양길로 접어들자 재가 선도의 역할이 보다 중요시되었던 것이다. 무수한 종교적 집단이나 모임이 있었고, 승려들이 결혼식이나 장례식에서 조상들의 공덕을 기리는 의식을 집전하고 기우제를 지내거나 악령을 내쫓는 일도 맡음으로써, 불교는 가정생활과 밀착하게 되었다.

가장 대중적인 축일 중의 하나로 음력 7월 보름날에 행하는 백중(百中)이 있다. 이날은 승려와 재가신도가 함께 행사를 통하여 얻은 공덕을 고통에 시달리는 모든 사람들을 구하는 데로 돌리는 의식이었다. 그렇게 건전한 행위는 다른 생물에게도 확대되었는데, 생물을 사서 자유롭게 풀어주는 방생(放生)이 그 대표적인 예이다. 많은 대사원들은 이러한 목적을 위해 연못을 갖추기도 하였다.

중국에서의 종교정책이 언제나 변함없이 견지했던 특징은 임의적인 통제와 후원을 적절히 구사하는 것이었다. 몽골족의 치하에서는 예외가 있었지만, 대규모의 박해는 더 이상 자행되지 않았으며, 간혹 주술적으로 보호받겠다는 생각과 결부된 황제의 후원도 결코 과도한 정도에 이르지는 않았다. 그리고 티베트의 라마교가 몽골에 전해졌는데, 원과 명, 청의 세 왕조는 정치적인 이유에 근거하여 한결같이 라마교를 광범위하게 후원하였다.

이 시기의 전반에 걸쳐서 몇몇 종파들은 비밀스럽고 파괴적인 성격을 드러내기도 하였는데, 유명한 백련사(白蓮社)가 이에 해당한다. 구세적 성격을 지니고 요세기에 성립된 백련사는 원나라 말기의 반몽골 반란에서 중요한 역할을 하였다. 그리고 이후의 몇 세기에 걸쳐 온갖 분야의 비밀결사로 분파하였는데, 그중 일부는 오늘날까지도 존재한다.

명과 청 시대에는 그러한 운동의 종교적 성격이 훨씬 더 두드러졌다. 용감하고 영웅적인 승려들이 비밀결사를 주제로 한 이야기 속의 주인공이 되고, 투쟁하는 승려가 통속적인 이야기 속에서 즐겨 다루어졌던 것은 전혀 근거 없는 허구만은 아니었던 것이다. 특히 하남(河南)에 있는 소림사(小林寺)의 승려들이 그 대표적인 예이다. 그들은 권법(拳法)이라 불리는 독특한 유형의 무예를 수련하였으며, 아직도 전수되고 있다. 이들의 이야기는 아직도 전설적으로 회자되는 유명한 예화 중의 하나이다.

그 밖에도 불교의 구세주의에 영향을 받은 폭동들이 명과 청 왕조를 괴롭혔다.

19세기의 전반에 있었던 대규모의 반란들은 실제로 백련교의 모반이라는 대중봉기로 출범하여 청 왕조를 거의 와해시킬 정도로 거셌다. 정부가 이 반란을 진압하는 데 10년이 걸렸다.

이러한 현상들은 불교가 사원 내부에서뿐만 아니라 광범위한 대중 속에서 실천적으로 작용하였다는 사실을 보여 준다.

청나라 시대의 말기에는 불교가 흡수, 변형된 마지막 단계를 보여 준다.

이는 성인(聖人)들과 그들에 관한 이야기에 대해 중국인들이 전형적으로 발전시킨 몇몇 표현 속에서 가장 여실히 나타난다. 무시무시한 고통에 시달려야 하는 불교의 지옥은 통속적인 종교가 즐겨 찾는 주제가 되었고, 불교의 신화에서 사후세계의 심판관인 염라대왕은 자연스럽게 청나라 시대 전형적인 관리의 모자와 옷을 입은 중국인 치안판사의 모습을 취했다.

본래 아미타불의 보처보살인 관세음보살은 여성의 모습을 취하여 일종의 불교적 여신처럼 끝없이 대중화되어 갔다. 즉 온갖 종류의 재앙과 위험과 질병으로부터 사람들을 구제하고, 자식을 갖게 하여 후손을 번창케 해 주리라고 믿었다.

또한 불교적 구세주인 미륵은 놀라운 모습으로 변형되었다. 대중들의 인상 속에서는 미륵이 '포대(包袋)'라 불리는 10세기의 괴짜 승려와 동일시되었다. 당시 몇몇 괴짜승들은 자신이 미륵의 화신이라고 자처하고 있었다. 그 결과 초기의 많은 조각상에서 표현된 홀쭉하고 위엄 있는 모습이, 포대를 옆에 차고 누구에게나 호감 있게 싱글거리면서 친숙하게 웃는 모습으로 바뀌었다.

그러한 경우에 성인들은 전형적으로 중국인의 모습을 취했다. 그러나 이국적 성격이 강조된 다른 형상도 있었다.

중국에 선을 전한 인도 출신의 달마는 검은 피부에 무서운 얼굴을 지닌 이방의 선사로, 커다란 눈을 굴리는 사나운 표정으로 묘사되었다.

그리고 나한전(羅漢殿)에서 보듯이, 중국 사람들은 종교의 수호자라고 믿은 부처님의 주요 제자들에 대해 이국풍의 모습을 더욱더 강조하였다. 나한들의 활약상과 관련하여 그들에 대한 신앙이 발전하여 나한신앙으로 자리 잡기도 하였다.

선종은 보다 현학적인 수준에서 나아갔지만, 이 역시 교의와 제도의 양면에서 많이 변하였다. 송나라 시대 이후 선은 더욱더 형식화되었고 성문화되었다. 역설적으로, 무언(無言)의 교의가 거대하고 고도로 전문화된 문헌을 발전시켰던 것이다. 이것이 현대의 시와 회화에 깊이 영향을 끼쳤던 심미화된 구두선(口頭禪)이다.

선종사원은 수백 명의 승려들이 거주하고 복잡한 승단 내의 계급을 갖춘 커다란 기구가 된 예도 종종 있다. 선방(禪房)을 중심에 배치한 그러한 사원들에는 정신집중을 위해 완전히 형식화된 기술로서 선이 실수(實修)되었다. 그리고 이 기술에는 온갖 세부사항이 정확히 규정되었다. 즉 선사와 수행자가 나누는 질의응답, 신체의 자세와 동작, 일상의 활동 계획 등이 포함되어 있다. 심지어는 식사도 완전히 의식화(意識化)되어 있다. 또 북, 종, 목탁, 운판 등의 소리를 통한 신호법으로 이들을 규정하였다. 사회적 행위의 기준으로서 예(禮)는 극히 의례화된 행동규범 속에 외면으로 표현되었던 것이다.

정기적인 수계는 장엄하고 집합적인 의식을 통하여 이루어졌는데, 이는 보통 '계단(戒壇)'에서 사원의 원장과 전문화된 다른 행정승들에 의해 집전되었다. 전통적으로 전해 온 250계를 한꺼번에 받아들이고 정식 승려가 된 후, 당사자들은 흔히 대승의 이념에 따라 모든 중생의 안녕을 위해 헌신하겠다는 자신들의 결심을 상징하는 보살의 원(願)을 세우기도 하였다. 의식에 참석한 경건한 재가 신도들도 이러한 서원을 받아들이기도 하였다.

　수계를 통해 정식 승려가 되면, 당사자는 인쇄된 수계증을 받았다. 이 절차는 이미 당나라 때부터 실시되어 왔다. 그런데 이는 본래 교단을 보다 잘 통제하기 위해, 관료제도에 의해 강요되어 온 것이었다. 승려들은 일종의 승려증으로 이 문서를 지니고 다녀야 했다. 그리고 이 문서는 정식 승려가 되도록 자신을 이끌어 준 은사의 이름과 자선이 속하는 정신적 계위를 나타내는 다른 특기 사항을 기재함으로써, 종교적 기능을 발휘하기도 하였다.

현대 중국의 불교

20세기가 시작될 무렵 중국에서는 두 가지의 억압적인 세력에 대한 대응으로서 민족의 갱신을 위한 전반적인 운동이 일어났다. 지적으로나 도덕적으로나 쇠락한 불교교단을 부흥하려는 현대의 시도는 그러한 전반적인 운동의 일부였다. 두 가지 억압적 세력이란, 중국 봉건사회의 전반적 퇴조와 서양의 충격이었다.

불교교단을 부흥하려는 시도는 국제적 분위기 속에서 발생했다. 불교의 복고주의자들은 일본, 인도, 동남아시아의 불교국, 심지어는 서양의 불교단체들과도 접촉하였다. 그들 중의 일부는 중국 역사상 최초로 상좌의 전승인 팔리어 경전을 연구했고, 산스크리트 문헌을 연구하기 시작했다.

불교 부흥의 시도는 서양의 지배가 낳은 한 가지 양상, 즉 기독교의 충격에 대한 반동으로서 제기되었다. 잘 조직된 천주교와 개신교의 선교회가 중국에 등장한 데서 크게 영향을 받았던 것이다. 개혁주의자들은 양측의 선교회의 영향을 받아 그들과 유사한 제도와 전교 방법을 스스로 조직하고 개발하기 시작했다.

불교의 부흥에 앞장서 나아간 이들은 교양 있는 재가 신도들이었다. 이들은 현대의 인쇄기술을 이용하여 불교의 경전과 논서들을 발행하는 운동을 착수하였고, 불교연구회를 설립하여 교단의 문화적 수준을 끌어올렸다.

하지만 정치적 상황은 불교계에 불리했다. 말기의 청나라 정부가 그랬듯이 초기의 공화국 정부도 승단을 다루기 쉬운 표적이라 간주하여, 주저하지 않고 불교의 시설들을 몰수하여 학교를 짓거나, 사원의 부동산을 전유하여 현대화 계획을 추진하는 데 필요한 재정을 보충하였다.

정부의 정책과 기독교의 선교회가 결부된 압박에 보다 효과적으로 저항하기 위해 민족적 규모로 교단을 재정비하려는 다양한 시도는 1929년에 전국적인 중국불교회의 설립을 이끌어 냈다. 이 단체를 설립한 부흥운동의 지도자는 태허(太虛, 1899~1947년)와 원영(圓瑛, 1878~1953년)이었다. 태허는 진보적인 진영을 대표했고, 원영은 보수적인 진영을 대표했다.

그 후 몇십 년 동안 이 불교회가 진행한 수많은 활동으로 불교학이 부흥했고, 불교의 가치에 대한 인식이 고조되었다. 특히 불교학은 천태종이나 화엄종, 유식학 등과 같은 과거의 전통적인 중국학파에 대한 연구가 이루어졌다. 그러나 진정한 대규모의 부흥은 일어나지 않았다. 민족주의, 대대적인 현대화, 마르크스 레닌주의와 같은 세속적 이념의 위력에 지배된 중국의 일반적인 정치적, 사회적 분위기는 종교적 행동주의의 여지를 거의 남기지 않았기 때문이다.

그나마 불교를 부흥시키려는 시도는 승려와 교양 있는 재가 신도가 주축을 이루는 소규모의 지식층에 국한된 상태였을 뿐, 교단의 압도적인 다수는 전혀 관여하지 않았다. 더욱이 새로운 불교조직들은 대개가 세련되지 못한 지도력과 개인적인 반목, 기금의 부족에 시달렸다. 또한 중국과 일본의 불교 기구들이 밀착된 관계를 유지함으로써 그 시도에 결정적으로 좋지 않은 인상을 남겼다. 왜냐하면 일본 정부가 정치적 침투와 일본의 신장을 위해 의식적으로 이용하였기 때문이다.

1949년에 중화인민공화국이 설립된 후, 그 갈등은 악화되었다. 새로운 정권은 초기에는 직접적인 억압은 하지 않았다. 왜냐하면 과거의 봉건제도가 남긴 다른 찌꺼기의 현상처럼 불교도 저절로 사멸할 것이라고 기대하였기 때문이다.

그러나 문화혁명 기간에는 승단에 대한 과격한 행위와 문화예술 전반에 걸친 파괴가 정치적 대중운동으로 자행되었다. 그리고 1959년에 있었던 티베트의 폭동 때에도 라마교에 대한 극심한 탄압 조치가 있었다.

그 후로 불교교단에는 새로 입문하는 승려가 거의 없게 되었고, 기존의 승려마저 환속함으로써 사양길에 접어들었다. 1950년대 초기 이래로 불교교단의 경제적 기반은 완전히 무너지고 말았다. 사원의 토지는 몰수되어 재분배되었고, 역사적 기념물로서 최소한으로 보전되고 있는 소수의 고대 사찰을 제외한 대부분의 불교 시설들은 전적으로 신도의 보시에 의존하여 명맥을 잇고 있었다.

1949년 이후 정책적으로 설립된 중국불교협회는 종교정책을 이행하기 위한 매개체로서, 또 해외의 불교단체와 공식적인 접촉을 맺는 대표적인 인민조직으로서 역할을 해오고 있다.

다만, 1976년 이후부터 중국에 불고 있는 자유화의 기류에 따라 불교계에도 부흥의 바람이 불고 있는 실정이다. 하지만 어느 정도 조직화되어 교단으로서 정립될지는 지금으로서는 예측할수 없는 상황이다.

제3장

한국불교

삼국시대의 불교
통일신라시대의 불교
고려시대의 불교
조선시대의 불교
근대 이후의 불교

한반도에 불교가 전래된 이래로 두 조류, 즉 교학과 선종은 서로 양립 또는 융화되면서 한국불교의 축을 이루어 왔다. 먼저 불교가 유입되기 시작한 때부터 선종이 전래되기 전까지는 '교학 시대'라고 할 수 있는데, 경전을 중심으로 한 연구가 주를 이루었다. 통일신라 말기부터 선종이 전래된 이후 천태종이 성립되기 전까지는 '교선 병립 시대'라 하여, 양자가 나란히 발전하였다. 고려시대 천태종과 조계종이 성립된 이후로부터 고려 말기까지는 '선교 융섭시대'라 하며, 숭유억불의 조선시대에는 서산과 사명의 활약으로 '선교 겸학 시대'가 열림으로써, 한국불교의 특징으로 손꼽히는 '원융불이의 통불교'라는 회통불교의 기반을 다지게 되었다.

삼국시대의 불교

1. 불교의 전래와 수용

불교가 한반도에 전래된 것은 삼국시대이다. 『삼국사기』와 『삼국유사』 등의 문헌에 따르면, 고구려와 백제는 4세기 후반에 중국을 통하여 불교를 받아들였고, 신라는 그보다 150년 정도 늦은 6세기 전반에 공식적으로 불교를 받아들였다. 신라에서 불교 수용이 늦어진 이유는 지리적인 여건 때문에 중국과의 교류가 활발하지 못했고, 불교를 수용할 수 있는 정치체제가 늦게 정비되었기 때문이라고 보고 있다.

고구려의 불교

서기 372년, 소수림왕 2년에 전진(前秦)의 왕 부견(符堅)은 승려 순도(順道)를 고구려에 보내서 불상과 불경을 전해 주었는데, 이는 한반도에 불교가 전래된 최초의 일이라고 한다.

그로부터 2년 후에 승려 아도(阿道)가 고구려에 들어왔다. 이에 소수림왕 5년에는 성문사(省門寺)와 이불란사(伊弗蘭寺)를 건립하여, 순도와 아도가 머물게 하고 불교를 공식적으로 수용하였다.

그 당시 부견왕은 불교를 숭상하여 유명한 승려를 초빙하고 불경을 수집하는 데 열성이었다. 그가 고구려에 순도를 보내서 불교를 전한 것도 이러한 신심에서 비롯된 것이다.

그리고 고구려에서도 국가체제를 정비하기 위해서 중국의 선진제도와 문물을 받아들이고자 노력하는 과정에서 불교를 접하였고 이를 적극적으로 수용하게 되었다.

그런데 순도가 불교를 전해 주기 이전에 고구려 사회에서는 이미 불교를 알고 신앙하고 있었던 것으로 보인다. 예컨대 소수림왕이 즉위하기 이전에 고구려 출신의 승려가 있었는데, 그가 당시 유명한 중국 강남지방의 승려 지둔(支遁, 314~366년)과 교류한 사실이 중국의 『고승전』에 기록되어 있다.

따라서 소수림왕대의 불교 수용은 왕실에서의 공식적인 불교의 수용을 기록한 것으로 생각되며, 그 이전에 민간에서는 이미 불교를 받아들이고 있었던 것을 알 수 있다. 한편 광개토왕대(391~412년) 초기에는 중국의 승려 담시(曇始)가 경과 율, 10여 부를 가지고 고구려에 와서 불교의 가르침을 전하였다고 한다.

백제의 불교

백제의 불교 수용은 침류왕 때에 이루어졌다. 서기 384년, 침류왕 원년에 남중국의 동진(東晉)에서 서역 출산의 승려 마라난타(摩羅難陀)가 오자 국왕은 궁궐로 맞아들여서 극진히 공경하였다. 그리고 다음 해에는 수도 근처의 한산(漢山)에 절을 건립하고 열 명을 출가시켜 거주하게 함으로써 불교를 공식적으로 수용하였다.

역사 문헌에는 마라난타가 순도처럼 중국의 황제에 의해 파견된 것인지 아니면 개인 차원에서 백제에 온 것인지 명확하게 기록되어 있지 않다. 하지만 동진에서도 전진과 마찬가지로 불교에 대한 신앙이 활발하였고, 백제가 동진을 통하여 중국의 제도와 문물을 수용하려고 노력했던 상황으로 보건대, 마라난타 역시 동진 황제에 의해 파견되었을 가능성이 높다. 『해동고승전』에서는 인도 출신인 마라난타가 교화를 위해 각지를 돌아다니다 중국을 거쳐 백제에 왔다는 고기(古記)의 내용을 인용하고 있다.

백제의 경우에도 중국 남조와의 교류가 활발하였기 때문에 침류왕 때 불교의 공식적 수용 이전에 이미 민간에 들어왔을 가능성이 있지만 아직 구체적인 자료는 발견되지 않고 있다.

신라의 불교

신라에는 5세기 초부터 고구려를 통해 불교가 전해진 것으로 보이지만 고구려나 백제처럼 쉽게 수용되지 못하다가, 6세기 전반에 이르러서야 비로소 공식적으로 수용될 수 있었다. 이에 대한 전래설화가 몇 가지 전해오고 있다.

> 1) 위(魏, 220~265년)나라의 굴마(堀摩)가 고구려에 사신으로 왔다가 고도령(高道寧)과 관계하여 아도(阿道)를 낳았다. 아도는 다섯 살에 머리를 깎고 열여섯 살에 위나라로 가서 현창(玄彰) 화상

에게 배운 후 열아홉 살에 귀국하였다. 고도령은 아도에게 3천여 달이 지나면 신라에 불법을 보호하는 왕이 나와서 불사를 크게 일으키게 되며, 신라의 수도에 일곱 곳의 가람 터가 있다는 것을 말해 주고 신라에 가서 불법을 전하라고 하였다. 미추왕 2년(263), 아도가 신라에 도착하여 궁궐로 들어가서 불교를 믿을 것을 청하자 사람들은 처음 보는 것이라고 꺼리고 죽이려는 사람까지 있었다. 이에 아도는 속촌(續村, 현재 경북 선산 지역)의 모록(毛祿)의 집에 숨어서 3년을 보냈다. 그때 공주가 병이 났는데, 아도가 치료해 주었다. 그에 대한 보답으로 천경림(天鏡林)에 가람을 지을 수 있도록 허락을 받았다. 하지만 미추왕이 세상을 떠난 뒤 불교를 없애려는 사람들이 있어서 다시 속촌으로 돌아가 스스로 무덤을 만들고 그 안에서 입적하였다.

2) 눌지왕(417~457년) 때 승려 묵호자(墨胡子)가 고구려에서 일선군(一善郡, 현재 경북 선산 지역)으로 와서 모례(毛禮)의 집 뒤쪽 굴속에 머물렀다. 그때 양(梁, 502~557년)나라에서 향을 보내왔지만, 신라의 왕과 신하들은 그것이 무엇인지 알지 못하였다. 그러자 묵호자가 그 이름과 사용법을 알려 주고, 그 향으로 삼보(三寶)에 기원하여 공주의 병을 낫게 하였다. 그 후에 묵호자는 행방을 감추었다.

3) 비처왕(479~499년, 소지왕이라고도 함) 때 아도가 시자 세 명과 함께 모례의 집에 왔는데 모습이 묵호자와 비슷하였다. 여러 해 동안

머물다가 아무런 병 없이 죽었는데, 그 시자들이 남아서 경(經)과 율(律)을 강독하니 종종 믿고 따르는 사람들이 있었다.

4) 법흥왕 14년(527년)에 아도가 일선군 모례의 집에 이르니 모례가 놀라서 고구려에서 온 승려 정방(正方)과 멸구자(滅垢疵)가 살해되었다는 것을 알려 주고 밀실에 숨어 있게 했다. 그때 오(吳)나라에서 향을 보내왔지만, 왕이 그 사용법을 몰라서 아는 사람을 찾았다. 그러자 아도가 불에 태워 부처님께 공양을 올리는 물건이라는 것을 알려 주었다. 나중에 아도가 신라의 서울로 왔을 때 중국의 사신이 그에게 예배하는 것을 보고서, 법흥왕이 불교를 믿는 것을 허락하였다.

이와 같이 전설적 성격이 강한 이 전래설화를 그대로 역사적 사실로 받아들일 수는 없지만, 여기에 공통적으로 나타나는 몇 가지 내용들은 신라에 처음 불교가 수용되는 모습을 이해하는 데 중요한 실마리를 제공하고 있다.

다시 말해서, 처음 신라에 불교를 전해 준 것은 고구려에서 온 승려들이었으며, 그들은 당시 신라와 고구려의 국경지대였던 경북 선산 지역을 거점으로 하여 불교를 전파하였다. 이후 불교에 대한 소문이 신라의 수도에도 알려져서 왕실의 인정을 받게 되었지만, 한편으로 불교를 반대하는 사람들에 의해서 일부 승려들이 죽임을 당하기도 하였다. 이러한 내용은 실제로 신라에 불교가 수용되던 당시의 상황을 반영한 것으로 보인다.

고구려의 불교 수용 시기를 고려해 볼 때, 1)과 같이 미추왕 때에 불교가 소개되었다고는 생각하기 힘들며, 대체로 2)에서 이야기하는 눌지왕 때를 전후한 시기에 처음 불교가 전래되었을 것으로 본다.

신라에서 공식적으로 불교가 수용된 것은 법흥왕 15년(528)으로, 이때 신라 최초의 가람인 흥륜사(興輪寺)의 건립이 시작되었다.

가야의 불교

가야에도 불교가 전해졌지만 전래된 시기와 그 경로에 대해서는 잘 알려져 있지 않다.

『삼국유사』에 수록된 「가락국기」에서는 가야 건국 직후에 인도 출신인 수로왕의 부인 허 왕후와 함께 불교가 전래되었으며, 현재 수로왕릉의 앞에 놓여 있는 파사석탑이 그때 인도에서 가져온 것이라고 한다.

파사석탑은 재질이나 형태 면에서도 한국의 다른 탑과는 구별되는데, 인도와 동남아시아 지역의 불교문화권에서 만들어진 것으로 알려져 있다. 따라서 가야의 불교가 삼국과 달리 중국이 아닌 남방불교를 받아들였을 가능성도 있다. 하지만 파사석탑이 만들어진 시기를 정확히 알 수 없으며, 가야불교에 대한 자료들도 충분하지 않기 때문에 역사적 사실을 밝히는 데는 어려운 점이 많다.

최근에 그동안 미진했던 동남아시아 지역과의 문화 교류에 대한 연구가 진행되고 있으므로 앞으로 가야불교에 대한 이해 또한 보다 더 진전될 수 있을 것이다.

불교의 수용과 갈등

삼국 중 고구려와 백제는 불교를 받아들이는 데 있어서 별다른 갈등이 없었던 반면에, 신라에서는 이차돈의 순교 사건에서 알 수 있는 것처럼 불교 수용을 추진하는 세력과 반대하는 세력 사이에 심각한 갈등이 있었던 것으로 전해지고 있다. 이러한 차이는 고구려와 백제가 이른 시기에 왕실을 중심으로 하는 집권적인 통치체제를 정비했던 것과 달리, 신라는 6세기 초까지도 왕권이 확립되지 못한 연맹체적인 정치체제를 탈피하지 못하였기 때문으로 생각된다. 고구려와 백제는 일찍이 율령을 반포하고 국왕을 보좌하는 관료체제를 갖추었으므로 국왕이 불교를 수용하려는 정책을 취했을 때 별다른 어려움 없이 이를 시행할 수 있었지만, 신라의 경우에는 국왕의 불교 수용 의지에도 불구하고 귀족 세력들이 이에 반대하여 불교 수용 정책이 쉽게 추진될 수 없었던 것이다.

이러한 상황 때문에 신라에서의 불교 공인은 귀족세력에 대하여 왕권을 강화하고 중앙집권적 통치체제를 정비하려는 정책들과 동시에 추진되었다. 불교를 공인한 법흥왕 때 율령이 반포되었고 백관의 공복을 제정하는 등 관료체제의 기본 골격이 갖춰졌다. 또한 귀족의 대표로서 상대등(上大等)을 두고 왕은 귀족들을 능가하는 초월적인 존재로 위상을 높이고자 하였다. 불교의 공인은 이처럼 왕의 권한이 강화된 시점에서야 비로소 가능했던 것이다.

불교가 전래된 초기에 삼국의 국왕들이 불교를 수용하는 데 적극적이었던 것은 불교가 국왕을 정점으로 하는 고대국가의 통치체제에 부응하는 면이 있기 때문이었다. 고대국가가 성립되기 이전의 부족 연맹체 단계에서는 각 부족은 각기 독자적인 전통과 신앙을 가지고서 독립적인 위상을 확보하고 있었다.

그런데 삼국이 고대국가로 발전하는 과정에서는 이러한 부족적 자율성을 해체하고 전체 사회 구성원이 하나의 단위가 되어 보다 강하게 결합될 필요가 있었다. 이를 위해서는 부족마다 독자적인 전통이나 신앙을 모든 구성원들이 공감할 수 있는 보편적인 전통과 신앙으로 대체해야 했는데, 불교가 바로 이러한 보편적 전통과 신앙에 적합한 사상체계였던 것이다.

불교는 본래 고대인도에서 부족적 전통과 신앙을 부정하고 보편적이고 합리적인 사상을 추구했기 때문에, 한국의 고대국가 형성에도 중요한 사상적 기반으로 작용할 수 있었다. 또한 같은 이유 때문에 종래 각 부족의 지배자로서 자신들의 부족적 전통을 유지하기 원하던 귀족들은 불교의 수용에 반대하는 입장을 취하였다. 불교의 수용에 의해 자신들의 부족적 전통이 갖는 사회적 비중이 축소되는 것을 원하지 않았기 때문이다. 이차돈의 순교 사건은 왕과 귀족 사이의 이해관계의 대립에서 국왕의 권위를 강화하기 위해서 발생한 사건이었다.

법흥왕은 불교를 받들고자 하였지만 종래의 전통을 고수하려는 귀족들의 반대 때문에 뜻을 이룰 수 없었다. 이에 왕의 측근이었던 이차돈이 자신을 희생하여 왕의 권위를 높이고, 귀족들의 반대를 꺾고 불교를 받들게 했던 것이다.

이차돈의 목을 베었을 때 일어난 여러 이변들은 신앙의 차원에서 이해될 것이지만, 이차돈의 순교 이후 귀족들이 불교 수용에 반대하지 못한 것은 이변에 대한 놀라움 때문만이 아니라 이차돈을 처벌하는 과정에서 보여 준 왕의 강력한 권한 행사에 대한 두려움이 있었기 때문이었다. 드디어 왕은 자신들과 대등한 귀족집단의 일원이 아니라 신민(臣民)들의 목숨을 마음대로 할 수 있는 초월적인 존재로 여겨지게 되었던 것이다.

신라의 불교 수용과 비슷한 상황이 일본에서 불교를 수용하는 과정에서도 발생했다. 신라에서는 이차돈 한 사람의 순교로 마무리된 것과 달리 일본에서는 왕실과 귀족 사이의 대대적인 투쟁을 거친 후에야 비로소 불교에 대한 수용이 인정될 수 있었다. 이는 두 나라의 고대국가 체제의 진전 정도의 차이를 반영하는 것이라고 할 수 있다. 또한 고구려와 백제에서 별다른 마찰 없이 불교가 수용된 것은 4세기 전반에 이미 고대국가 체제를 완성해 놓았다는 것을 반증해 주는 것이기도 하다.

2. 불교적 정치 이념

전륜성왕

불교가 수용된 이후 삼국에서는 고대국가의 통치체제, 특히 국왕의 존엄성을 정당화하기 위하여 불교의 사상이나 이론을 정치 이념으로 이용하는 모습들이 나타났다. 이러한 모습은 특히 불교의 수용과 고대국가 체제의 정비가 함께 이뤄진 신라 사회에서 두드러지지만, 고구려나 백제에서도 불교를 이용하여 국왕의 권위를 높이려는 모습들이 일부 보이고 있다.

불교의 정치이론을 현실의 정치 이념으로 사용한 대표적인 예로서 전륜성왕의 이념을 들 수 있다.

전륜성왕은 본래 인도의 이상적이며 신화적인 군주로서, 그 통치방식에 따라서 금륜(金輪)과 은륜(銀輪), 동륜(銅輪) 철륜(鐵輪) 등으로 구분되며 이들이 지상에 출현하면 분열된 나라들이 하나로 통합되고 평화로운 세계가 건설된다고 믿었다.

그런데 부처님께서 입멸한 후에 북인도에서 아쇼카왕이 출현하여 분열된 나라들을 통합한 후에 덕에 의한 통치를 실현하자 그를 가리켜서 전륜성왕 중의 철륜성왕에 해당한다고 하는 생각이 널리 퍼지게 되었다. 특히 도덕과 법에 의한 통치를 강조한 아쇼카 왕이 불교의 가르침에 공감하여 불교교단을 보호하고 주변 지역에 불교의 포교를 지원하였기 때문에 불교계에서는 그를 모델로 하여 불교적 전륜성왕의 이상형을 만들어냈다.

『아육왕경』 등의 경전에 묘사된 불교의 전륜성왕은 불법에 의거하여 세상을 통합하고, 백성들을 행복하게 하며 불법이 미치지 못하는 곳에 널리 불법을 전하고, 노년에는 출가하여 깨달음을 추구하는 존재였다. 또한 전륜성왕이 출현하여 세상에 평화가 이루어졌을 때 내세불인 미륵이 지상에서 성불하여 중생들을 구원한다고 이야기되었다.

신라 법흥왕을 계승하여 왕위에 오른 진흥왕은 이와 같은 전륜성왕의 이념을 가장 적극적으로 받아들인 군주였다. 아들의 이름을 전륜성왕의 이름을 딴 동륜과 금륜이라고 하였고, 그가 창건한 황룡사의 장륙

불상은 원래 인도의 아쇼카왕이 불상을 만들기 위하여 발원한 철과 금을 사용하여 주조한 것이라고 전해진다.

　진흥왕이 이처럼 전륜성왕이라는 이념적 존재에 대해서 관심을 가졌던 것은 가야를 병합하고 한강 유역과 함경도지역까지 영역을 넓혀가던 그의 팽창정책과 관련이 있는 것으로 보인다. 자신의 정책을 단순한 정복전쟁이 아니라 분열을 통합하고 평화를 가져오기 위한 것이라고 명분을 세우고, 이 점을 불경에 묘사된 아쇼카 왕의 통치와 동일시했던 것으로 보인다. 진흥왕은 자신이 정복전쟁을 일단락 지은 후 새로 개척한 영토를 순행하면서 도덕에 의한 통치로 백성들을 평안하게 하며 새로 편입된 지역의 백성들도 차별 없이 대할 것을 선언한 순수비를 세웠다. 이것은 그 형식과 내용에 있어서 아쇼카왕이 새로 개척한 지역에 건립한 아쇼카 법칙(法勅)의 돌기둥과 성격을 같이 하는 것이었다. 진흥왕은 넓은 영토를 개척하고 안정된 통치기반을 확립하였으며 불교를 적극적으로 신앙하였다는 점에서 불경에 나타난 전륜성왕에 부합되는 인물이라고 할 수 있을 것이다.

　그런데 이와 같은 전륜성왕 이념은 신라의 진흥왕과 비슷한 시기에 활약하였던 백제의 성왕에 의해서도 활용되었던 것으로 보인다. 성왕이라는 왕호 자체가 전륜성왕에서 비롯한 것으로 보일 뿐 아니라 불교를 장려하고 일본에 불교를 전파하였다는 점에서 전륜성왕과 비슷한 점이 있다. 웅진으로 천도한 이후 위축되어 있던 국가체제를 재정비하여 백제의 부흥을 도모하고자 한 성왕에게 전륜성왕은 매우 이상적인 모델로 비쳤을 것이다.

진종(眞種)의식

전륜성왕 이념과 함께 왕실의 권위를 높이기 위해 사용된 정치이론 중에 신라 왕실의 진종의식이 있다.

진종이란 말은 불경에서 유래한 것으로 원래의 의미는 인도의 네 계급 중 크샤트리야 계급을 뜻한다. 크샤트리야를 한문으로 옮길 때 발음을 따서 찰제리종(刹帝利種)이라고 하거나 참된 종족이라는 의미를 부여하여 진종(眞種)이라고 번역했으며, 여기에서의 종(種)은 신분이 아니라 혈족으로 이해되었다.

신라의 왕실은 이러한 한문 번역어에 기초하여서 진종을 부처님이 속했던 석가족과 같은 것으로 이해하고 자신들도 진종에 속한다고 주장하였다. 이러한 주장은 경전에 묘사된 석가족의 신성함을 이용하여 왕실이 자신들의 혈통을 일반 백성들과 구별되는 신성한 혈통으로 내세우려 한 것이었다. 또한 이러한 진종의식은 신라의 국가적 신성함을 보장해 주는 논리로 활용되기도 하였다.

진흥왕 이후 진덕여왕에 이르는 왕실에서 진(眞)이라는 글자를 붙인 왕호를 빈번하게 사용한 것도 이러한 진종의식에서 비롯된 것이었다. 또한 왕실을 진골(眞骨)이라고 하여 두품(頭品)을 갖는 일반인들과 구분하는 의식도 이 시기에 생겨난 것으로 이해되고 있는데, 이 역시 진종의식에서 비롯된 것이다.

이와 같은 신라 왕실의 진종의식은 불교에 대한 신앙을 더욱 심화, 발전시켰다. 자신들을 석가족과 동일시하는 것에서 더 나아가 부처님의 가족과 동일시하고 나중에는 국왕을 부처와 같은 존재로 간주하기도 하였다.

예컨대 진평왕의 이름은 경전에 부처님 아버지의 이름으로 나오는 백정(白淨)이었으며, 진평왕의 형제들 이름도 부처님의 삼촌들 이름을 따서 백반(伯飯), 국반(國飯) 등이었다. 또한 왕비 이름 역시 부처님의 어머니의 이름인 마야(摩耶) 부인으로 불렸다. 이러한 이름들은 국왕 일가가 자산들을 부처님의 가족과 동일시하기 위하여 붙인 것으로, 이러한 가족에게서 부처님과 같은 국왕이 태어나기를 기대하였다고 생각된다. 진평왕에게는 아들이 없어 딸이 왕위에 올랐는데 그녀의 왕호인 선덕여왕은 경전에 나오는 동방세계의 부처의 이름인 선덕여래(善德如來)에서 유래한 것이었다. 또한 선덕여왕의 사촌 진덕여왕의 이름 승만(勝鬘)은 『승만경』의 주인공으로서 장래에 부처가 될 것을 약속받은 승만 부인의 이름에서 딴 것이었다.

이처럼 왕실 중에서도 특별히 국왕의 가족들을 진골 왕실과 구분할 필요성이 생겨났는데, 성골(聖骨)로 불리는 집단이 바로 이러한 제한된 국왕의 가족들을 지칭하는 것으로 이해되고 있다. 진덕여왕 이후 성골이 사라졌다는 것은 이처럼 국왕의 가족을 부처님의 가족과 동일시하였던 진평왕의 가계가 끊긴 것을 의미한다고 할 수 있다.

이와 같이 불교를 받아들인 후 왕실에서는 불교의 사상이나 이론을 이용하여 국왕의 권위를 높이려 하였는데, 이는 역대 국왕의 왕호나 이름을 불교식으로 한 것에서도 상징적으로 나타나고 있다.

신라의 경우 법흥왕은 불법을 일으킨 왕을 뜻하고, 진흥왕은 '진실로 불법을 일으킨 왕'이라는 의미를 갖는 것으로 해석되며 이들은 말년에 왕위를 내놓고 출가하여 각기 법공(法空)과 법운(法雲)이라는 법명을 가지기도 하였다. 특히 법흥왕에서부터 진덕여왕에 이르는 시기의 국왕들은 모두 불교와 관련되는 왕호나 이름을 가지고 있어서 이 시기를 '불교식 왕명시대'라고 부르기도 한다.

신라처럼 두드러지지는 않지만, 백제와 고구려에서도 불교적인 국왕의 이름이 보인다. 백제의 경우 성왕에서 법왕까지의 국왕들의 왕호가 불교적이다. 성왕은 전륜성왕의 약칭이며, 위덕왕은 불경에 보이는 위덕불(威德佛)에서 딴 것이고, 혜왕(惠王)과 법왕(法王)은 불교의 가르침을 상징하는 것이었다. 이 시기는 신라의 '불교식 왕명시대'와 겹치는 시기로 비슷한 시기에 백제와 신라가 국왕에게 불교적인 이름을 붙였음을 알 수 있다.

한편 고구려에서는 국왕의 왕호나 이름을 불교적으로 붙인 사례는 발견되지 않고 있지만 죽은 국왕을 추모하여 만든 탑에서 발견된 금동판에서 국왕을 원각(圓覺)대왕이라는 불교용어를 사용한 모습이 보인다.

3. 불교교학의 수용

고구려의 불교학

이른 시기에 고대국가 체제를 완성하고 중국의 왕조와 교류하였던 고구려는 불교학의 연구에서도 선진적이었던 것으로 보인다. 불교를 공식적으로 수용하기 이전에 이미 고구려 출신의 승려가 남중국의 고승 지둔과 교류한 것은 이미 당시에 불교학의 이해 수준이 상당한 정도에 이르렀음을 보여 준다고 할 수 있다. 하지만 현재 고구려 불교학의 내용을 보여 주는 자료는 많지 않다. 고구려 국내에서 활동한 승려들에 관한 자료는 극히 제한되어 있어서 주로 외국의 불교계에서 활동한 승려들에 관한 기록을 통하여 고구려 불교학의 내용을 엿볼 수밖에 없다.

고구려의 초기 불교학을 대표하는 인물은 중국에서 삼론학(三論學)을 집대성한 승랑(僧朗)이다. 5세기 후반에 중국으로 유학한 그는 처음 북중국에서 삼론학을 공부하였고, 얼마 후 강남지방으로 옮겨 섭산(攝山)의 서하사(棲霞寺)에 머물며 삼론학을 강의하였다. 당시 중국에서는 구마라집이 전한 대승중관사상의 삼론학이 제대로 이해되지 못하여 쇠퇴하고 있었고 대신 소승적 교학이라고 할 수 있는 아비달마 교학과 성실학(成實學)이 각기 화북지방과 강남지방에서 유행하고 있었다. 이런 상황에서 승랑은 삼론학의 이론을 깊이 연구하여 재정비함으로써 중국에서 중관사상이 다시 부흥할 수 있는 기초를 마련하였다.

승랑의 삼론학은 이후 문도들에 의해 계승되었으며 수(隋)나라 때에는 천태학과 함께 불교계를 대표하는 사상으로 자리 잡게 되었다. 수나라 때 삼론학을 집대성한 길장(吉藏, 549~623년)은 승랑에 의해 중국의 삼론학이 사라지지 않게 되었다고 평가하였으며, 스스로 그의 사상을 계승한 것을 자부하였다. 승랑은 고구려로 귀국하지는 않았지만 승랑에 의해 발전하게 된 삼론학은 이후 고구려 불교계에 많은 영향을 미쳤던 것으로 보인다.

수나라 초기에 중국에서 활동한 고구려의 인(印) 법사, 실(實) 법사 등이 삼론학을 강의했던 것으로 전하며, 유학한 승려들뿐 아니라 고구려 국내에서도 삼론학이 발전했다는 것은 일본으로 건너간 고구려의 승려들이 대부분 삼론학을 공부했던 것에서도 알 수 있다.

595년에 일본에 들어간 혜자(惠慈)는 삼론학의 대가로서 성실학에도 밝았다고 하며, 620년대에 일본에 건너간 혜관(慧灌)과 도등(道登)도 모두 삼론학의 대가였다고 한다. 특히 일본의 제2대 승정(僧正)이 된 혜관은 일본 삼론종의 시조로 여겨지고 있다.

삼론학 외에도 여러 교학을 배운 고구려 승려들의 이름이 전한다. 6세기 말에 중국 강남지방에서 활약했던 지황(智晃)은 설일체유부의 교리에 밝았다고 하며, 천태산에서 지자(智者)로부터 직접 천태학을 배운 파약(波若, 562~613년)을 비롯하여, 열반학의 대가로 꼽혔던 보덕(普德) 등이 고구려 출신 승려였다.

고구려 내부의 불교학 연구상황은 잘 알려지지 않았다. 다만 고구려 초기 수도인 환도성에서는 불교학 연구가 활발했던 것으로 보이는데, 신라 원광(圓光)의 제자 원안(圓安)은 중국에 유학하기 전에 이곳에 유학하여 불교를 공부하였다고 한다.

백제의 불교학

고구려와 비슷한 시기에 불교를 공인한 백제에서도 불교학이 일찍부터 발달하였을 것으로 생각되지만 그 실제 모습을 알 수 있는 자료는 매우 제한되어 있다. 특히 6세기 이전에 활약한 승려와 그들의 사상에 대해서는 거의 알려져 있지 않고 주로 성왕대 이후의 자료가 전하고 있다.

성왕 19년(541)에 남중국의 양나라에 사신을 보내어 열반경 등의 경전에 관한 해설서를 구하였다. 당시 양나라에서는 열반경, 법화경, 유마경 등의 대승 경전이 널리 연구되고 있었고, 특히 열반경에 대해서는 여러 주석들을 모은 『열반경집해(涅槃經集解)』가 총 71권(509년 완성)으로 편찬되어 있었다.

중국에 유학한 백제 출신 승려로는 6세기 초반에 양나라에 유학한 발정(發正)과 6세기 후반 진나라에 유학한 현광(玄光)이 알려져 있다.

백제에서 활동한 승려로는 법화경 수행자로 유명한 혜현(慧顯)이 있다. 그는 수도 북쪽의 수덕사와 남쪽 지방의 달나산(월출산)에서 법화경 독송의 수행을 실천하다 입적하였다. 전기에 의하면, 법화경을 독송한 공덕으로 사후에 시신이 모두 없어진 뒤에도 혀만은 오랜 기간 변함없이 남아 있었다고 한다. 6세기 말 이후 일본에 건너가 쇼토쿠 태자의 스승이 되었던 혜총(慧聰)과 관륵(觀勒)도 삼론학의 학자로 유명하였다. 이 시기의 백제에서는 고구려와 마찬가지로 삼론학이 중시되었던 것으로 보인다.

백제에서는 계율도 중시하였는데 584년에는 일본의 비구니들이 정식으로 계를 받기 위하여 백제로 유학을 왔으며, 관륵은 일본에서 승단의 계율을 강조하여 초대 승정에 임명되었다. 백제의 계율학과 관련해서는 성왕대에 겸익(謙益)이 인도에 유학하여 부파불교의 율장을 가지고 귀국하여 번역하였다는 기록이 주목된다.

「미륵불광사사적기」에 의하면 겸익은 526년에 바닷길을 통해 중인도로 들어가 그곳의 상가나대율사(常伽那大律寺)에서 5년 동안 불교를 배운 후 율장의 범어 원본을 가지고 귀국하였다고 한다. 겸익은 함께 온 인도 승려와 협력하여 범어 율장을 한문으로 번역하였고, 백제 승려 담욱(曇旭)과 혜인(惠仁)은 그 내용을 해설하는 36권의 율소(律疏)를 지었다고 한다.

중국 이외 지역의 승려가 직접 인도에 유학하고 돌아와 독자적으로 율장을 번역하였다는 것은 동아시아 불교사에서 유례가 없는 획기적인 업적이라고 할 수 있다. 하지만 겸익이나 그가 번역한 율장에 관한 내용은 다른 자료에서는 전혀 언급하지 않고 있으며, 유일한 자료인 「미륵불광사사적기」의 출처도 아직 분명하지 않다. 겸익의 행적을 역사적 사실로 받아들이기 위해서는 보다 깊은 연구가 필요할 것이다.

신라의 불교학

신라는 고구려나 백제보다 불교의 수용이 늦었지만 불교학의 전개에 관한 자료는 비교적 많이 남아 있다.

불교가 수용되고 나서 얼마 지나지 않아 양나라에 유학하였던 각덕(覺德)은 진흥왕 10년(549)에 양나라 사신과 함께 귀국하면서 불사리(佛舍利)를 가지고 왔고, 진나라에 유학하였던 명관(明觀)은 진흥왕 26년(565)에 귀국하면서 불경 1,700여 권을 가지고 왔다. 또한 17년 동안 진나라에서 공부하고 진평왕 24년(602)에 귀국한 지명(智明)은 승려들에 대한 수계 의식을 설명하는 저술을 지었다.

부처님의 사리와 경전이 전해지고, 승려들의 출가 수계에 대한 의식이 정리됨으로써, 비로소 불·법·승 삼보를 갖추게 된 신라의 불교학은 본격적으로 발전하게 된다.

신라 불교학의 선구자는 진평왕 때 활약한 원광(圓光, ?~630년)이었다. 6세기 후반에 남중국의 진나라에 유학한 원광은 원래는 유교를 공부하려 하였지만, 우연히 사찰에서 설법을 들은 후 곧바로 출가하여 불교학을 공부하였다. 그는 당시 진나라에서 활발하게 연구되고 있던 성실론과 열반경, 반야경, 아비다르마 등을 연마하여 성실학자로서의 명성을 얻었다. 진나라가 멸망한 후에는 수나라의 수도인 장안으로 옮겨 당시 새롭게 대두되고 있던 섭론학(攝口學)을 연마한 후 진평왕 22년(600)에 신라로 돌아왔다.

원광은 귀국 후 처음에는 청도의 운문산 가서사(嘉栖寺)에 머물면서 점찰법을 통해 대중들을 교화하였다. 점찰법은 청정한 마음으로 간자(簡子, 나무막대)를 굴려서 자신의 전생의 업보를 점친 후, 그 결과에 따라 참회 수행을 하고 선행을 닦으면 깨달음의 길로 나아갈 수 있다고 하는 가르침이다.

가서사를 중심으로 한 원광의 교화가 유명해지자 왕실에서는 그를 중앙으로 초청하여 정치적 자문을 구하고 수나라에 군사적 도움을 요청하는 외교 문서의 작성을 부탁하기도 하였다. 출가하기 전 유교에 관심이 있던 그는 이러한 왕실의 요구에 적극적으로 부응하면서 출가자로서의 윤리와 세속인으로서의 윤리를 조화시키려고 노력하였다.

가서사에 머물 때 가르침을 구하러 찾아온 귀산과 추항 등의 청년들에게 보살계 대신 속세의 사람들이 지킬 계율로서 세속오계(世俗五戒)를 제시한 것도 이러한 입장을 반영한 것으로 보인다.

원광 이후 신라 불교학을 크게 발전시킨 사람은 자장(慈藏)이었다. 자장은 진골 출신으로 전기에 의하면 아들이 없던 그의 아버지가 관세음보살에게 기도하여 태어났으며, 어려서부터 출가를 결심하여 고골관(枯骨觀)을 닦았고 출가자가 되기 위하여 재상의 자리도 거절했다고 한다. 선덕여왕 5년(638)에 사신을 따라 당나라의 수도 장안으로 유학한 그는 계율학과 섭론학 등을 수학하고 선덕여왕 10년(643)에 대장경 1부를 가지고 귀국하였다.

자장은 귀국 후에 왕실과 황룡사에서 섭론과 보살계를 강의하였고 왕실의 후원 아래 대국통(大國統)에 취임하여 불교계를 주도하게 되었다. 특히 중국 유학을 통해 계율에 정통하게 된 그는 승려들에 대한 계율의 교육과 감찰을 강화하여 승려들의 생활기준을 명확히 제시하였으며, 왕을 비롯한 재가 신자들에게도 보살계를 베풀었다. 이처럼 계행을 고취시켜 불교교단의 위상을 높인 행적으로 그는 호법(護法)보살로 불리게 되었다. 자장은 또한 황룡사 탑을 비롯하여 각지에 탑을 세우고 사리를 봉안하여 사리 신앙을 유포하였고, 아미타 신앙에도 관심을 가져서 『아미타경소』와 『아미타경의기』를 저술하기도 하였다.

4. 미륵신앙과 불국토 사상

미륵신앙

불교가 정착되면서 부처와 보살들에 대한 신앙도 널리 퍼졌다. 삼국시대에는 특히 미륵에 대한 신앙이 활발했다. 미륵에 대한 신앙은 죽은 후에 현재 미륵이 수행하고 있는 도솔천에 태어나 미륵의 설법을 듣기를 원하는 상생신앙과 내세불이 이 지상에 출현하여 모든 중생들을 구제해 주기를 기원하는 하생신앙이 있다. 그런데 현재 남아 있는 삼국시대의 자료에는 주로 하생신앙이 나타나며, 상생신앙은 이른 시기의 사례가 일부 보일 뿐이다.

상생신앙의 사례는 주로 고구려에서 보이고 있는데 앙각세기 중엽의 것으로 추정되는「영강7년명불상광배(평양 발견)」와「병인년명금동판(함남 신포시 발견)」등에 죽은 사람이 도솔천에 올라가 미륵을 만나기를 기원하는 내용이 적혀 있다. 그리고 5세기에 만들어진 것으로 알려진 만주(滿洲) 집안(輯安) 지역에 있는 장천 1호분의 전실 벽화 중에 무덤의 주인공 부부가 도솔천에 왕생하여 미륵에게 예배하는 모습이 그려져 있다.

고구려에서 미륵 상생신앙의 사례가 발견되는 것은 고구려불교에 큰 영향을 주었던 북위에서 도솔천 왕생신앙이 성행했던 것과 관련이 있는 것으로 보인다. 본래 천제의 자손으로 자처하던 고구려의 왕실과 귀족들은 원래 사후에 천상으로 올라가 조상들을 만난다는 내세관을 가지고 있었으므로 즐거움이 가득한 하늘나라인 도솔천에 올라간다는 상생신앙을 쉽게 받아들일 수 있었다고 생각된다.

6세기 후반 이후에는 고구려에서도 상생신앙의 사례가 발견되지 않고, 죽은 사람을 위하여 만든 불상들에는 도솔천에의 왕생을 대신하여 항상 부처님을 만나서 가르침을 듣게 될 것을 기원하는 명문이

새겨져 있다.

이는 불교에 대한 이해가 깊어지면서 도솔천에 왕생하여 즐거움을 누리는 것보다 부처님을 만나 가르침을 들음으로써 깨달음에 이르는 것이 더 가치가 있다고 여기게 되었기 때문일 것이다.

하생신앙은 백제와 신라에서 활발하게 전개되었다. 백제의 무왕이 창건하였다고 전해지는 익산의 미륵사는 미륵이 지상에 출현하여 세 차례 설법함으로써 모든 중생들을 구제하는 것을 상징하는 3금당 3탑의 양식으로 건축되었고, 신라에서는 경주 근처의 단석산 꼭대기에 8미터 크기의 대형 미륵 3존상을 새기고 미륵이 지상에 출현하기를 기원하였다.

백제와 신라에 미륵 하생신앙이 성행한 배경에는 두 나라의 불교에 많은 영향을 주었던 중국 남조에서 활발하게 전개된 미륵 하생신앙이 있다고 생각되지만, 그와 함께 백제와 신라에서 전륜성왕의 이념이 강조되던 것과도 깊은 관련이 있다고 생각된다.

불경에서는 미륵이 출현하여 용화회상을 건립하기 위해서는 그에 앞서 전륜성왕이 나타나서 세상의 혼란을 극복하고 지상 낙원을 건설해야 한다고 이야기하여 전륜성왕과 미륵의 지상 출현을 긴밀하게 연결하였기 때문에 왕실이 전륜성왕의 이념을 고취시키는 과정에서 자연스럽게 미륵의 하생에 대한 기대가 커져 갔을 것이다.

실제로 미륵 하생신앙과 전륜성왕의 이념에 관한 자료가 비교적 많이 남아 있는 신라의 경우 미륵 하생신앙은 진흥왕의 아들로서 금륜이라는 이름을 지녔던 진지왕 때에 처음 보이고 있고, 신라 사회에서 미륵의 화신으로 이야기된 화랑제도 역시 진흥왕 때 처음으로 제정되었다.

본래 왕실의 권위를 높이고 대외적인 팽창정책을 합리화하기 위하여 이용되었던 전륜성왕 이념은 불교의 틀 안에서 제시된 것이었으므로 전륜성왕의 노력이 불교적 이상세계인 미륵의 용화 회상을 건립하기 위한 준비과정이라고 이야기하는 것은 백성들을 결집시키는 데에도 효과가 있었을 것이다.

이러한 이유 때문에 백제와 신라의 미륵 하생신앙은 57억 6천만 년 이후의 먼 미래에 미륵이 출현한다고 하는 본래의 미륵 하생신앙과 달리, 현실에서 곧바로 미륵의 용화회상이 구현되기를 기대하는 실천적 성격이 강했다.

한편 삼국시대 후기에 신라에서 다수 제작된 반가사유상들은 이러한 미륵 하생신앙을 상징하는 불상으로 이야기되고 있다. 반가사유상은 도솔천에서 지상에 내려와 성불을 준비하고 있는 미륵의 모습을 형상화한 것으로서 전륜성왕의 지도 아래 곧 용화회상으로 변할 신라 사회의 이상을 상징한 불상이라는 것이다.

그러나 이러한 설명에 대해서는 다른 나라의 경우 미륵 이외의 다른 보살들 중에도 반가사유상으로 표현된 사례가 있고, 신라의 반가사유상들에 미륵상이라는 명문이 발견되고 있지 않으므로 그렇게 단정하기 힘들다는 반론도 있다.

반가사유상은 본래 출가하기 이전 석가의 사유하는 모습을 형상화한 데서 비롯되어 사회와 시대에 따라서 각기 다른 보살을 표현한 것으로 나타나고 있다. 다만, 신라의 경우에는 현존하는 반가사유상 중에 하생한 미륵을 표현한 것으로 볼 수 있는 사례들이 있고, 또한 반가사유상이 성행한 시기가 전륜성왕의 이념과 미륵 하생신앙이 유포되던 시기와 일치하고 있으므로 반가사유상을 이 시기의 미륵 하생신앙을 상징하는 불상으로 보는 것이 일반적이다.

불국토 사상

불교가 정착되면서 자신들이 살고 있는 현재의 국토가 오랜 과거부터 불교와 깊은 관련을 맺고 있으며, 현재도 불교의 호법신들에 의해 보호를 받고 있다는 불국토 사상도 생겨나게 되었다. 이러한 불국토 사상은 특히 불교의 수용과 국가체제의 정비를 동시에 이루었던 신라에서 활발하게 전개되었는데, 이는 국가의 정통성을 불교적으로 수식하는 과정에서 생겨난 것이었다.

현재의 국토가 아주 오랜 옛날부터 불교와 깊은 관련을 맺고 있었다는 유연(有緣) 국토 관념의 예로서는, 신라의 수도 경주에는 먼 옛날 과거 부처의 시대에 사찰이 있었던 일곱 곳의 가람 터가 있다는 이야기와 황룡사의 뒤쪽에 있는 큰 돌이 과거 부처인 가섭불이 앉아 있던 연좌석(宴坐石)이라는 이야기 등이 있다.

이러한 관념은 이 세계는 수많은 탄생과 소멸을 반복하여 왔으며 그 때마다 부처가 출현하여 중생들을 구제하였다는 불교의 세계관에 의거하고 있는 것으로, 신라는 현생에서의 불교 수용은 얼마 되지 않았지만 아주 먼 과거에 불교의 인연이 있는 불교의 중심국가라는 의식을 내포하고 있는 것이었다.

한편 신라가 불법의 가호를 받고 있다는 관념과 관련된 것으로는 신라의 국왕이 전생에 도리천 천자의 자식으로 하늘의 천중들이 보호하고 있고, 황룡사에 9층 탑을 세우면 주변의 나라들이 모두 복속하게 될 것이라는 이야기들이 있었다.

이러한 관념은 중국에 유학하였던 승려들을 통하여 제시되었던 것으로 보이는데, 특히 안홍이 저술했다는 『동도성립기(東都成立記)』에는 이와 관련된 내용들이 구체적으로 들어 있었다고 하며, 선덕여왕 대에 활동한 자장 역시 비슷한 내용을 이야기하였다. 이러한 배경에는 중국에서 불교신앙을 통하여 사회의 안정을 추구하려 했던 수나라 문제의 정책이 있었던 것으로 보인다. 문제는 불법의 가호로 나라를 평안하게 하기 위하여 전국 각지에 부처의 사리를 봉안한 대형 탑들을 건축하여 숭불의 황제로 유명했는데, 그로 인해 후대에는 문제가 도리천의 보호로 남북조의 통일을 달성할 수 있었다는 인식까지 생겨나게 되었다. 그 당시 신라는 삼국의 항쟁 과정에서 상당한 어려움에 처해 있었으므로, 이러한 문제의 숭불정책을 본보기로 삼아 국가의 위기를 극복하려던 과정에서 신라도 불법의 가호를 받고 있다는 인식이 생겨났던 것으로 보인다.

통일신라시대의 불교

1. 불교 정책과 대중의 불교

왕실의 불교관

　신라에 의해 삼국의 통일이 이뤄지면서 사회는 크게 변하게 되었고 이러한 변화는 불교계에도 많은 영향을 미치게 되었다. 불교계에 나타난 가장 중요한 변화는 불교의 정치 이념으로서의 역할이 축소되었고, 그 대신에 개인의 삶의 의미를 추구하는 측면이 강화되었다는 점이다. 삼국시대의 불교는 왕실과 귀족을 중심으로 수용되면서 국가체제의 정비와 왕실의 권위를 높이기 위하여 불교사상을 이용한 측면이 많았다. 반면 통일신라에서는 불교의 철학적, 종교적 측면에 대한 관심이 증대하면서 세계와 인생의 가치에 대한 반성 및 불교신앙을 통한 대중들의 삶의 위안 등이 보다 중요한 역할을 담당하게 되었던 것이다.
　이와 같은 변화는 삼국통일을 이루어 낸 중기 왕실에 의해서 주도되었다. 또한 태종무열왕(김춘추) 이후의 왕실에서는 왕실의 정당성을 종교적 신성성이 아닌 군주의 도덕적 자질과 백성들에 대한 실제적 혜택을 줄 수 있는 능력을 강조하는 유교적 정치 이념에서 찾고자 하였다. 이는 불미스럽게 폐위당한 진지왕의 손자인 김춘추가 이전의 국왕들처럼 신성함을 주장하기에 부족했다는 출신상의 약점을 가지고 있었던 것과 관련된다고 보여진다. 하지만 그보다는 당시에 불교적 신성성을 근거로 하여 왕실의 권위를 내세운다는 것은 이미 한계에 이르렀기 때문이었다.

불교 수용 이후 신라가 국가체제를 정비하고 대외적으로 팽창하면서 불교적 정치 이념은 상당한 성과를 거둘 수 있었다. 하지만 선덕여왕 대 이후 고구려와 백제의 공격으로 국가의 세력이 위축되면서 불교적인 수식만으로는 왕실의 권위를 내세우기 어려운 상황이 나타나고 있었다. 더욱이 여왕의 즉위에 불만을 가진 일부 정치세력들이 여왕의 교체를 요구하며 반란을 일으키는 등 정치적으로 불안한 상황이 계속되었다. 또한 격화되어 가는 삼국의 항쟁 속에서 백성들의 자발적인 지지를 끌어낼 수 있는 정책들도 필요해졌다.

이에 따라 이제는 실제적으로 정치를 안정시키고 외국의 침략을 막아낼 수 있는 정치적 운영이 절실하게 요구되었고, 이러한 요구에 부응하여 왕위에 오른 김춘추는 불교적 정치 이념 대신 국왕의 실제적 능력과 백성에 대한 덕치(德治)를 강조하는 유교적 정치 이념에 관심을 갖게 되었던 것이다.

김춘추는 왕위에 오르기 전에 이웃 나라들의 침략에 대처하기 위하여 고구려는 물론 일본과 중국을 오가며 외교 활동을 벌였고 가야 왕실 출신인 김유신과 함께 군사력을 증강시키기 위한 노력을 벌여 상당한 성과를 거두고 있었다. 이 과정에서 왕실의 입장만이 아닌 일반 백성들의 입장을 고려하는 새로운 정치 운영 원리를 모색하고 있었던 것으로 보인다.

김춘추의 아들로 통일을 달성하였던 문무왕이 용은 미물로서 국왕에게는 적합하지 않다고 하는 승려의 권유에도 불구하고, 국가의 안정을 위하여 스스로 동해의 용이 되고자 했던 것은 불교적 신성함보다 국가와 백성에 대한 군주의 책임을 강조하는 왕실의 사고방식을 잘 보여주는 예라고 할 수 있다.

이처럼 삼국통일을 이룬 중기 왕실이 정치 운영에 있어서 불교보다 유교의 원리를 중시하였지만 불교에 대한 신앙을 경시했던 것은 아니다. 통일을 완성한 문무왕은 사후에 자신의 유해를 불교식으로 장사 지내라고 유언했고, 고승들에 대한 왕실의 귀의도 여전하였다. 또한 선왕들을 위한 원찰을 건립하는 것도 중기에 들어와서 본격적으로 시작되었다. 그러나 이러한 신앙은 대부분 개인적인 차원의 것이었고 불교를 정치에 직접 이용하려는 모습은 보이지 않게 되었다.

정치에서 불교적 이념 대신 유교적 원리가 강조되면서 불교계에 대한 운영방식도 변화를 보이게 되었다.

통일 이전에는 자장을 대국통에 임명하고 불교계의 운영을 맡긴 것에서 볼 수 있듯이, 국가가 직접 불교계를 통제하기보다는 자율적인 운영을 중시하였다.

반면에 통일 이후에는 이러한 불교계의 자체적인 조직과 별도로 중앙에 불교계의 운영을 담당하는 관청인 정법전(政法典)을 설치하고, 일반 관료들이 불교계에 관여하도록 하였다. 또한 주요 사찰을 건립하고 운영하는 일도 승려가 아닌 고위 관료들이 담당하였다.

불교의 대중화

통일신라에 들어와 정치 이념으로서의 불교의 영향력은 축소되었지만, 불교의 사회적 비중이 줄어든 것이 아니었다. 오히려 통일기에는 일반대중들의 불교신앙에 대한 참여가 확대되어 불교가 사회 전체에서 차지하는 위상은 더욱 높아졌다고 할 수 있다. 삼국시대의 불교가 주로 왕실이나 귀족들을 중심으로 한 지배층 위주의 신앙체계였다면, 통일 이후의 불교는 지배층은 물론 하층민까지 포함하는 사회 구성원 전체의 신앙으로 발전되었다.

불교 대중화라고 불리는 이와 같은 변화를 주도한 사람들은 통일 전쟁기를 전후하여 활동하였던 일군의 승려들이었다. 이들은 왕궁이나 사찰이 아닌 시장과 마을을 다니면서 불교의 가르침을 알기 쉽게 설명하고 직접 서민적 신앙생활을 보여 주었다. 이로 인하여 일반대중들은 불교를 가깝게 접할 기회를 갖고 자신들의 신앙으로 받아들일 수 있었다.

진평왕 대에 활동한 혜숙(慧宿)은 이러한 불교 대중화의 선구자라고 할 수 있다. 본래 화랑의 낭도에 속하였던 혜숙은 600년에 안홍과 함께 중국 유학을 시도했지만, 풍랑으로 실패한 후에는 시골에 숨어 살면서 일반 대중들과 함께 수행과 교화를 하였다.

전기에 의하면, 그는 사냥하러 온 국선(國仙)에게 자신의 허벅지 살을 베어 줌으로써 살생을 그치게 하였고, 그의 명성을 들은 국왕이 초청했을 때는 일부러 여자와 같이 있는 모습을 보임으로써 지배층보다는 민중 속에 있기를 택했다고 전한다.

혜숙에 이어서 불교의 대중화에 힘쓴 인물로 혜공(慧空)과 대안(大安)이 있다.

혜공은 원래 귀족 집안의 심부름꾼 출신이었지만 타고난 재능을 드러내어 출가할 수 있었다. 교학에 뛰어났고 종종 특별한 이적을 보였음에도 불구하고 출가한 이후에는 작은 절에 살면서 삼태기를 둘러쓰고 길거리에서 춤을 추고 노래하며 일반 대중들과 함께 지냈다.

대안 역시 당시 불교계의 대표적인 학승임에도 불구하고 왕궁의 초청이나 호화로운 생활을 거부하고 스스로 미친 척하며 거리에서 일반 대중과 어울려 지냈다.

이와 같은 불교 대중화의 흐름을 계승하여 일반인들에게 불교신앙을 폭넓게 전파한 인물이 원효(元曉)이다.

중급 관료 집안 출신인 원효는 출가하여 불교학을 깊이 연구한 이후에 세간과 출세간의 걸림이 없음을 직접 실천하기 위하여 환속하였고, 이후에는 스스로 소성(小姓)거사로 자처하면서 광대들의 놀이 도구를 가지고서 수많은 마을과 거리를 다니면서 노래와 춤으로써 불법의 가르침을 전했다. 또한 그는 모든 중생들이 염불을 통하여 극락에 왕생할 수 있다는 아미타 정토신앙을 강조했다. 이러한 원효의 교화에 의하여 미천한 사람들까지도 불교를 알게 되었고, 곳곳에서 '나무아미타불'을 염송하는 소리가 그치지 않게 되었다고 한다.

대중적 불교신앙의 발전

불교가 사회 구성원 모두에게 퍼지고 개인의 신앙으로서의 성격이 강화되면서 불교신앙의 내용도 대중들의 개인적인 평안을 추구하는 방향으로 변화되었다. 통일기에 가장 성행했던 것은 서방극락에 왕생하기를 기원하는 아미타신앙과 현세의 고통을 덜어 주기를 기원하는 관음신앙이었다.

아미타불에 대한 신앙은 이미 삼국시대에도 행해지고 있었다. 고구려에서는 승려들이 죽은 부모를 위하여 무량수불, 즉 아미타불을 만들어 봉안한 사례가 있고, 백제의 경우에는 현존 유물은 남아 있지 않지만, 일본의 사찰 연기설화에 백제에서 온 아미타불과 관련된 이야기들이 많이 남아 있다. 신라에서도 자장이『아미타경소』와『아미타경의기』를 저술하여 아미타신앙에 대하여 소개했었다.

그러나 삼국시대의 자료에는 아직 서방극락에 왕생했다는 구체적인 이야기들은 나타나지 않고 있다. 그런데 통일신라시대에 들어오면 서방 극락에 왕생하기를 기원하는 아미타신앙의 적극적인 모습이 나타나기 시작하며, 실제로 왕생했다는 신앙 사례들도 등장하고 있다. 또한 신앙의 주체도 하층민들을 포함하는 사회구성원 전체로 확대되고 있다. 아미타불상이 대량으로 만들어진 때도 통일기에 접어들면서부터였다.

통일기의 아미타신앙의 구체적 사례들은『삼국유사』에 자세히 들어 있는데, 죽은 사람들의 극락왕생을 바라는 것과 직접 염불수행을 통하여 극락에 왕생하는 모습 등으로 구분할 수 있다.

죽은 사람의 왕생을 기원한 사례로는, 문무왕이 동생인 김인문이 당나라의 감옥에 잡혀 있을 때 무사귀환을 위하여 관음도량을 열었다가 그가 죽게 되자 미타도량을 열어 서방 왕생을 기원한 것, 경덕왕 때에 귀족인 김지성이 죽은 부모의 왕생을 위하여 미륵상과 함께 아미타상을 조성한 것, 그리고 승려 월명사가 죽은 여동생이 극락에 왕생하기를 바라는 내용의 「제망매가」를 지은 것 등이 있다.

직접 염불수행을 통하여 극락에 왕생한 사례로는 포천산(布川山)에서 염불을 하던 다섯 명의 승려가 10년의 수행 끝에 성중(聖衆)들의 인도를 받아 극락으로 날아간 것과 노비인 욱면(郁面)이 간절한 염불실천 끝에 살아 있는 몸으로 곧바로 서방에 날아간 것, 그리고 가난한 농부인 광덕(廣德)과 엄장(嚴壯)이 낮에는 생업을 꾸려 나가면서 저녁에 염불수행을 계속하여 극락으로 왕생할 수 있었던 것 등이 전해지고 있다. 또한 백월산에 살던 노힐부득과 달달박박은 각기 미륵과 미타를 예념하며 수행한 끝에 성불에 이르렀다고 한다.

이상의 사례들에서 볼 수 있는 것처럼 아미타신앙은 국왕과 귀족에서부터 하층민들에 이르기까지 다양하게 신앙된 통일신라의 대표적인 불교신앙이었다.

아미타신앙이 이처럼 널리 받아들여진 것은 간단한 염불만으로 사후에 곧바로 극락에 왕생할 수 있다고 하는 신앙의 내용이 일반인들에게 쉽게 받아들여질 수 있었기 때문이다. 하지만 불교 대중화에 앞장선 승려들이 적극적으로 아미타신앙을 고취한 것도 커다란 역할을 했다고 본다. 원효가 그랬듯이, 그들은 누구나 쉽게 받아들일 수 있는 아미타신앙을 통하여 하층민들에게까지 불교를 전파하려고 노력했던 것이다.

관음신앙은 아미타신앙과 함께 통일기에 가장 많이 나타나는 신앙이었다. 삼국시대에도 관음신앙에 관한 주요 경전인 법화경이 널리 읽혔고 관음보살상들이 만들어졌지만, 통일기에 들어와서는 구체적인 신앙의 사례들이 보인다. 아미타신앙과 마찬가지로 일반인들에 의한 개인적 신앙이 확대되면서 사회 전반에 널리 유포되었던 것으로 보인다.

『삼국유사』에 기록된 통일기의 관음신앙의 사례들을 살펴보면, 현실의 어려움을 구제하기 위한 것이 많다. 신앙의 주체 역시 국왕에서 하층민에 이르기까지 다양하다.

문무왕은 동생의 무사 귀환을 빌기 위하여 관음도량을 열었고, 효소왕 때에는 국선 부례랑이 북쪽 지방에서 납치되자 부모가 백률사의 관음에게 빌어 무사히 돌아올 수 있게 하였다.

경덕왕 때에 장사하러 배를 타고 나갔던 장춘(長春)은 풍랑을 만나 표류한 끝에 중국에서 노비로 지내게 되었는데 어머니가 민장사의 관음에게 기도한 덕택에 무사히 귀국할 수 있었다.

또한 눈먼 아이를 둔 희명(希明)이라는 여인은 분황사의 천수관음에게 기도하여 아이의 눈을 뜨게 하였고, 아들이 없던 최은함은 중생사의 관음에게 빌어서 뒤늦게 아들을 얻게 되었다.

그 밖에도 고승 경흥이 병이 들었을 때는 관음보살이 여인의 모습으로 나타나 춤을 추어 병을 낫게 하였고, 낙산사의 토지를 관리하던 조신(調身)은 연모하던 여인과 맺어줄 것을 관음보살에게 기도한 끝에 그녀와 결혼해 사는 꿈을 꾼 후 인생의 무상함을 깨닫게 되었다고 한다.

이상에서 살펴본 것처럼, 아미타신앙과 관음신앙은 각기 죽은 사람의 극락왕생과 현실의 어려움을 구제하기 위한 신앙으로서 그 역할을 달리하면서 널리 성행하였다. 삼국시대 때 주류를 이루었던 미륵신앙 역시 계속되고 있었지만, 구체적인 신앙 사례는 아미타신앙이나 관음신앙에 비하여 극히 적게 나타나고 있고 노힐부득과 달달박박의 이야기나 김지성의 불상 건립에서도 보듯이 아미타신앙과 연결되어 나타나고 있다.

승려의 해외 구법 활동

통일을 전후하여 신라의 학승들은 부처님 법을 배우기 위하여 중국은 물론 멀리 인도까지 갔다.

아리야발마와 혜업은 진평왕 무렵 중국을 거쳐 인도로 가 부다가야의 보리사와 마라난타사에서 연구하고 사경하다가 그곳에서 세상을 떠났다.

통일 후 성덕왕 대(702~732년)에 혜초(慧超)는 일찍이 당나라로 가서 바닷길로 인도에 도착하여 불교 성지를 두루 순례하고 서역 여러 나라까지 답사한 뒤 육로로 서안에 도착하여 이를 기행문으로 남겼는데, 이것이 바로『왕오천축국전』이다. 지금은 그 일부가 전해지고 있다.

신라의 왕족 출신으로 알려진 지장(地藏)은 중국에서 이름을 떨친 고승이었다. 기골이 장대하여 장정 열 사람을 상대할 힘을 가졌고 재주 또한 뛰어났다고 한다. 일찍이 유교를 공부하다 불교에 마음이 기울어져 출가하였다고 한다. 출가한 뒤 오래지 않아 바다를 건너 당나라로 가서 지주(池州)의 구화산(九華山) 봉오리 높은 곳에 자리를 잡고 혼자 수행에 힘썼다고 한다. 그 뛰어난 수행력은 산 아랫마을 사람들에게까지 알려져 오래지 않아 큰 절이 조성되었는데, 그 명성이 중국 조정에도 알려졌다고 한다.

이윽고 지장의 이름은 본국 신라에까지 알려져 학승들이 바다를 건너 구화산으로 찾아들었다. 지장은 신라 애장왕 4년(803년)에 99세로 입적하였는데, 앉은 채로 입적하여 시신을 함 속에 넣어 두었는데 3년 뒤에 열어 보니 얼굴 모습이 살았을 때와 똑같았다고 한다.

2. 교학의 발전

통일신라시대는 한국 불교학의 전성기라고 이야기할 수 있을 정도로 수많은 불교 이론들이 발전하였다. 당나라와의 활발한 문화 교류를 배경으로 새로운 불교 이론들이 지체 없이 수용되었을 뿐만 아니라, 이를 기초로 하여 불교 이론을 종합적으로 이해하고자 노력했던 시기였다. 특히 독자적인 교학체계를 수립한 원측, 원효, 의상 등의 불교학은 신라는 물론 중국과 일본의 불교계에도 많은 영향을 주었고, 동아시아 불교학 발전의 토대를 마련하였다.

원측과 유식사상

통일신라시대 교학연구에서 가장 먼저 두각을 나타낸 사람은 원측

(613~696년)이었다.

전기에 의하면, 원측은 신라의 왕족 출신이었다고 한다. 3세에 출가한 후 10여 세의 나이에 중국으로 유학을 떠났다. 중국에서 여러 유명한 불교학자들의 강의를 들으면서, 범어와 서역 여러 나라의 언어를 습득하는 등 불교학을 연구할 수 있는 소양을 쌓아 나갔다.

젊은 시절에 이미 불교학자로서의 명성을 쌓았던 그는, 645년 현장(玄奘600~664년)이 인도에서 유식학(唯識學)을 공부하고 돌아온 이후에는 이를 중점적으로 연구하여 유식학자로서의 위상을 굳건히 하였다. 특히 658년에 황실에 의해 서명사(西明寺)가 개창된 후에는 그곳에 머무르면서 유식학의 강의와 주석서 집필에 몰두하였고, 노년에는 측천무후의 발원에 의해 추진된 불경 번역사업에 초청되어 증의(證義)의 역할을 맡기도 하였다.

그의 저술로는 『해심밀경소』, 『성유식론소』, 『유가론소』 등을 비롯한 10여 종이 있지만, 현재 전하는 것은 『해심밀경소』, 『인왕경소』, 『반야심경찬』 등이다. 또한 다른 문헌에서 인용하고 있는 내용을 모은 『성유식론소』의 복원본이 근대에 편집되었다.

원측의 저술 중 대부분은 현장이 번역한 신유식의 경론들에 대한 주석서로서 신유식의 이론을 체계화하는 것이었다. 현장에 의해 소개된 신유식의 이론은 원측에 의해 사상적으로 완성될 수 있었던 것이다. 그리고 현장은 경론의 번역에 집중하느라 유식학에 대해 체계적으로 설명하는 저술을 남기지 못했기 때문에, 신유식의 이론적 체계화는 원측에 의해 처음 시도되었다고 할 수 있다.

원측은 저술에서 자신이 이전에 수학하였던 구유식인 섭론학과 현장이 소개한 신유식의 이론적 차이를 자세히 분석한 뒤, 신유식의 이론이 더 합리적이라고 밝히고 있다.

원측의 저술에는 신유식의 비판의 대상이 된 구유식의 이론에 대해서도 자세하게 설명하고 있는데, 이는 이미 구유식의 소양을 가지고 있던 원측이 구유식과 신유식을 종합적으로 이해하려는 태도를 취했기 때문이라고 평가되고 있다.

원측의 제자로는 신라 출신인 승장과 도증이 알려져 있는데, 승장(勝莊)은 원측 사후 그의 부도를 건립했으며, 귀국하지 않고 중국에서 불경의 번역 작업 등에 참여하였다.

도증(道證)은 원측이 입적하기 전인 692년에 신라에 귀국하였으며, 그를 통하여 원측의 사상이 신라에 전해지게 되었다. 도증에게는 7종의 유식학 저술이 있었는데 모두 흩어지고, 다만 『성유식론요집』의 단편만이 규기 문도들의 저술에 비판적으로 인용되고 있다. 도증은 이 책에서 성유식론에 대한 원측, 규기 등 여섯 명의 주석을 종합하고 있는데, 그중에서도 원측의 해석에 중점을 두고 있다.

도증이 원측의 유식학을 전하기 이전에도 신라에서는 유식학이 연구되고 있었다. 원효는 현장이 번역한 논서의 내용을 이전의 유석학 논서들과 대조하여 종합하려고 노력하였는데, 주로 구유식의 입장에서 신유식을 이해하려는 입장이었다.

백제 출신으로 통일 직후에 활동한 것으로 보이는 의영(義榮)도 구유식의 입장에 서 있었다. 일본 문헌에 인용된 내용에 따르면 그는 신유식의 오성각별설(五性各別說)[1]을 강하게 비판하였다고 한다.

경흥 또한 백제 출신으로서 신문왕(681~691년)에게 국로(國老)로서 존경받았고, 10여 종의 유식학 주석서를 저술했지만, 현재는 그 단편만이 전해지고 있어 상세한 사상적 입장을 알기는 어렵다.

의상에게 화엄학에 대하여 질문한 적이 있는 의적(義寂) 역시 원래는 유식학자로 그의 『성유식론미상결(成唯識論未詳訣)』이 도증의 『성유식론요집』에 인용되어 있다

도증의 귀국 이후에 활동한 유식학자로서는 도륜(道倫)과 태현(太賢)이 있다 도륜은 『유가론기(瑜伽口記)』 100권을 지어서 중국과 신라 승려들의 견해를 다양하게 소개하고 있으며, 태현은 20여 종의 유식학 관련 저술을 남겼다. 특히 태현은 후대에 신라 유식학의 조사로서 추앙받았는데, 그의 『성유식론학기(成唯識論學記)』에는 원측과 규기의 견해가 대등하게 인용되고 있다.

의상과 화엄사상

유식학과 함께 통일신라의 불교학을 대표하는 것은 화엄학이다. 화

---

[1] 오성각별설 : 중생의 소질은 선천적으로 정해져 있다는 설로서, 다섯 부류로 나눌 수 있다고 한다.
① 보살정성(菩薩定性): 보살의 소질을 지닌 자.
② 연각정성(緣覺定性): 연각의 소질을 지닌 자.
③ 성문정성(聲聞定性): 성문의 소질을 지닌 자.
④ 부정성(不定性): 보살·연각·성문 가운데 어떤 소질인지 정해지지 않은 자.
⑤ 무성(無性): 청정한 성품이 될 가능성이 전혀 없는 자.

엄학은 『화엄경』의 내용에 기초하여 모든 존재의 상호연관성과 부처와 중생의 동일성을 해명하고자 했던 사상으로서 당나라 초기에 지엄(智儼, 602~668년)에 의해서 기본적 이론체계가 마련되었다.

신라의 화엄학은 중국에 유학하여 지엄 문하에서 직접 배우고 돌아온 의상에 의해 성립되었다. 의상(義湘, 625~702년)은 경주의 귀족 출신으로서 10여 세에 출가하여 국내에서 불교학을 연마하였으며, 문무왕 원년(661)에 중국으로 유학을 떠났다.

중국에서는 장안 근처에 있는 종남산으로 들어가 지엄 문하에서 화엄학을 수학하고 지엄 입적 후 문무왕 11년(671)에 신라로 돌아왔다. 귀국 이후 처음에는 자신이 출가했던 경주의 황복사에 머물다가 얼마 후 문도들과 함께 태백산으로 들어가 부석사를 창건한 뒤 그곳에서 화엄학을 강의하며 지냈다.

의상의 화엄사상은 그가 저술한 『일승법계도(一乘法界圖)』에 잘 나타나 있다. 『일승법계도』는 화엄사상의 핵심을 7언 30구의 시로 요약한 법계도시(法界圖詩)와 그에 대한 해설로 이루어져 있다. 특히 법계도시는 문장의 순서가 상하좌우로 회전하는 반시(槃詩)의 형태를 띠고 있어서 법계도인(法界圖印)이라고도 불리며, 지엄의 입적 직전에 교학의 완성을 증명하기 위해서 지어 바친 것이라고 한다.

이 책에서 의상은 모든 존재가 본질적으로 서로 원용하며, 부분과 전체, 순간과 영원, 중생과 부처가 동질적이라고 말한다. 현상세계의 차별적으로 보이는 모든 것들이 실제로는 서로 의지함으로써 각각의 모습을 나타내고 있는 것이기 때문에 실상은 모두가 차별이 없는 중도

(中道)로 존재한다는 것이다.

이러한 내용을 설명하기 위하여 의상은 상즉상입(相卽相入)과 십현문(十玄門), 육상(六相) 등의 이론들을 차용하고 있다. 이것은 지엄에 의해 창안된 화엄사상의 핵심적 이론들이었다. 특히 상즉상입을 설명하기 위한 구체적 논증으로 제시한 수전법(數錢法)은 지엄의 강의에 기초하여 의상이 창안한 것으로 후대 화엄사상의 이론을 설명하는 이론적 틀로서 널리 이용되었다.

이처럼 화엄사상의 핵심을 간명하게 정리하고 있는 『일승법계도』는 실로 의상 사상의 요체라고 할 수 있으며, 이후 의상의 문도들은 이 책에 의거하여 화엄사상을 전개해 갔다. 이 밖에도 의상은 『입법계품초기(入法界品抄記)』, 『십문간법관(十門看法觀)』의 화엄학에 관한 저술이 있다고 하는데 그 내용은 알려져 있지 않다.

의상은 화엄사상의 요체를 간명하게 정리하고 이를 실천하는 수행 방법을 체계화하는 데 힘썼던 반면에, 화엄학을 이론적으로 정리하거나 다른 불교의 이론과 비교하는 데에는 그다지 관심을 기울이지 않았다. 그의 화엄학 저술들은 모두 간단한 내용으로 이루어져 있고, 오로지 실천을 중시했다는 점이 그 특징으로 꼽힌다. 이는 그와 동문이었던 법장이 화엄학의 이론을 체계화하기 위해서 방대한 저술을 남기고, 다른 교학과 화엄학의 차이를 규명하기 위해서 노력했던 것과 사뭇 다른 점이라 할 것이다.

의상에게는 많은 문도들이 있었는데, 특히 진정, 지통, 양원, 상원, 도신, 표훈 등이 유명하였다. 의상의 화엄학은 처음에는 문도들을 중심으로 제한적으로 유포되었지만, 신림과 법융, 표훈 등이 활약했던 8세기 중반 이후에는 불교계의 주요한 흐름으로 확립되었다.

하지만 신라의 유식학자들이 다양한 이론을 공부하고 여러 경전에 주석을 붙였던 것과는 달리, 의상의 문도들은 화엄학을 집중적으로 연구하였고 다른 불교 이론들에는 별다른 관심을 보이지 않았다. 이는 의상의 문도들이 그의 학풍을 전수하여 교학의 체계화보다는 화엄사상의 구체적 실천을 중시했기 때문일 것이다.

원효의 화쟁사상

통일신라의 불교학에 중요한 획을 그었던 것은 바로 원효(元曉, 617~686년)의 교학이었다. 유식학과 화엄학의 연구자들이 중국에서 배웠거나 중국에서 들어온 이론에 토대를 두고 자신의 사상을 전개해 갔던 것과 달리 원효는 중국의 불교학 이론들과는 구별되는 독자적인 사상체계를 구축하였다. 그의 교학체계는 신라 불교학의 중요한 흐름을 이루었을 뿐 아니라 그의 사상은 중국과 일본의 승려들에 의해서도 적극적으로 수용되어 후대에까지 큰 영향을 미쳤다.

원효는 경주 근처 압량군(현재 경산군 지역)에서 나마(奈麻)의 관등을 갖는 중급 관료의 집안에서 태어났다. 십 대의 나이에 출가한 후 여러 스승을 찾아다니며 수학했던 그는 진덕 여왕 4년(650)에 의상과 함께 중국 유학을 시도했지만 고구려의 해상봉쇄 때문에 뜻을 이루지 못하였다.

『송고승전』에서는, 이때 원효가 무덤 속에서 해골의 물을 마시고 모든 것이 마음에서 비롯되는 것을 깨닫게 되어 중국 유학을 포기했다고 전한다. 그리하여 원효는 중국에서 전래된 경전과 주석서들을 스스로 해석하고 이를 전통적인 교학과 조화시키면서 독자적인 사상체계를 성립시켜 갔다. 현재 알려진 원효의 저술들을 살펴보면, 그는 그 당시에 연구되고 있었던 거의 대부분의 불교학에 관심을 가지고 있었으며, 각각의 사상에 대하여 독자적인 이해를 제시하고 있었음을 알 수 있다.

출가자로서의 생활원리에 충실하고자 했던 의상과 달리 원효는 일반 사회의 문제들에도 관심을 가지고 있었다.

통일 전쟁기인 661년 겨울 당나라와 신라의 군대가 고구려를 공격하다가 어려움에 처했을때, 원효는 당나라가 보낸 암호문서를 해독하여 작전을 성공적으로 이끌 수 있게 하였고, 과부가 된 공주와 결혼하여 설총(薛聰)을 낳아 유학자로 키우기도 하였다.

원효는 백성들을 편안하게 해 주는 보살의 중생제도와 대중교화를 중시하였는데, 특히 유마거사와 같은 승속불이적(僧俗不二的)인 태도를 중시했다. 원효가 왕실의 공주와 결혼하게 된 배경에는 통일전쟁을 주도했던 왕실과의 공감도 중요하게 작용했던 것으로 보인다. 백성들에게 덕을 베푸는 정치를 강조한 왕실의 모습이 중생제도를 중시한 원효의 사상과 통하는 면이 많기 때문이다.

원효가 처음에 크게 영향을 받았던 불교사상은 반야공관(般□空觀)사상 및 법화와 열반의 일승(一乘)사상이었다. 불교 대중화의 선배였던 혜공과 대안은 모두 반야공관사상의 대가로서 원효는 이들과 긴밀한 관계를 가지며 반야공관사상을 수학하였다.

그리고 원효는 중국 유학에 실패한 이후에, 의상과 함께 백제 지역으로 옮겨 와 있던 보덕을 찾아가서 열반경을 수학하기도 하였다. 법화경과 열반경은 모든 가르침들이 결국은 하나로 귀결되며, 중생들이 모두 참다운 가르침으로 나아가게 된다는 일승사상의 대표적인 경전들이었다.

이처럼 원효는 처음에는 반야공관사상과 일승사상을 주로 수학했지만 얼마 후에는 당시 중국에서 성행하고 있던 유식학을 적극적으로 공부하였다. 그는 중국 유학을 단념한 후 중국에서 전래된 저작들을 통하여 유식학의 내용을 깊이 있게 분석하고, 이를 해설하는 수많은 저술을 남겼다. 원효의 유식학 관련 저술은 14종 40여 권으로, 총 90여 종에 가까운 그의 저술 가운데서도 가장 많은 비율을 차지하는 분야이다.

그런데 유식학은 현상계의 유적(有的) 측면을 분석하고 소승과 대승의 차이를 강조하는 삼승(三乘)의 교학으로서, 원효가 초기에 수학했던 반야공관사상 및 일승사상과는 대립되는 입장을 취하고 있었다. 특히 유식학은 성불할 수 없는 중생이 있다는 오성각별설을 주장하여 모든 중생의 성불을 주장하는 일승사상과는 서로 모순되는 입장이었다. 원효는 이후 이러한 사상적 차이를 해명하고 조화시키기 위해서 노력했는데, 그 과정에서 독자적인 사상체계가 형성될 수 있었다.

원효가 반야공관 및 일승사상과 유식학의 사상적 차이를 극복하기 위하여 주목한 것은 기신론의 사상체계였다.

기신론에서는 일체 존재들은 중생이 가지고 있는 하나의 마음, 즉 일심(一心)의 발현이며, 그것은 심진여문(心眞如門)과 심생멸문(心生滅門)으로 구분되지만, 양자는 동일한 마음의 고요한 측면과 움직이는 측면을 구분한 것으로서 실제로는 하나로 동일하다고 이야기하고 있다.

원효는 기신론의 사상을 여러 불교이론을 종합하는 사상으로 평가하였다. 그는 『대승기신론별기』에서 기신론이야말로 "여러 논서들 중에서 우두머리요, 많은 논쟁을 없앨 수 있는 주인이다"라고 선언하였다. 이처럼 기신론을 높이 평가한 원효는 기신론에서 이야기하는 일심을 대승의 핵심사상으로 파악하기에 이른다.

세간과 출세간의 모든 존재들은 일심의 발현과 다를 바 없으며, 그 일심은 모든 중생들이 가지고 있는 마음이라는 것이 대승사상의 핵심이라고 파악한 뒤, 불법의 목적은 이러한 일심을 회복하는 것이라고 주장하였다.

그와 동시에 원효는 금강삼매경을 중시하였는데, 차별이 없는 절대의 진리를 체득할 수 있는 관행(觀行)을 체계적으로 설명하고 있기 때문이었다. 그는 금강삼매경의 핵심을 '일미관행(一味觀行)'으로 표현하고 있는데, '일미'란 차별이 없는 절대적인 경지를 가리킨다. 여기서 '일(一)'은 나누어지기 이전의 모든 것을 아우르는 전체로서의 하나이다.

원효는 『금강삼매경론』에서 금강삼매경의 내용은 기신론의 일심을 체득하기 위한 체계적인 수행법을 제시한 것이라고 해석하였다. 이와 같이 원효는 기신론에 입각한 자신의 교학체계에 입각하여 그 의미를 새롭게 해석해 냄으로써 『금강삼매경론』을 공관사상에 그치지 않고 차별과 무차별을 초월한 진리의 본래 모습을 드러내는 사상을 제시한 경전으로 읽어 내었다. 그리고 이러한 입장에서 금강삼매경의 내용은 일승과 삼승, 공관과 유식을 포괄하는 것이라고 할 수 있다.

이와 같이 원효는 기신론과 금강삼매경에 의거하여, 서로 대립하는 이론들은 진리를 서로 다른 측면에서 이야기한 것으로 이해하여 조화시킨 뒤, 불교의 근본 목적은 차별을 초월한 절대적 진리인 일심을 체득하는 것이라고 주장하였다.

서로 대립되는 이론들이 실제로는 대립되지 않는 것이라고 주장한 원효의 화쟁(和諍)사상은 바로 이러한 입장에서 나온 것이었다.

『십문화쟁론(十門和諍論)』에서 원효는 그 당시 불교학에서 서로 대립되는 것으로 이야기되는 개념들이 실상은 동일한 진리의 모습을 다른 차원에서 다른 방법에 의해 설명한 것이라고 해명하고, 진리의 참모습을 보기 위해서는 언어의 개념에 얽매이지 말아야 한다고 강조했다.

원효의 사상은 신라의 불교계뿐 아니라 중국과 일본에 이르기까지 폭넓게 영향을 주었으나, 그의 사상체계를 그대로 계승한 이들은 발견되지 않고 있다. 한편, 신라의 불교가 교학 방면에서 발전한 것은 인쇄술의 발전으로 이어졌다. 불국사를 조성하면서 법당 앞에 세운 석가탑에 봉안한 무구정광대다라니경(無垢淨光大陀羅尼經)은 8세기 초엽 목판으로 인쇄된 경전으로 세계에서 가장 오래된 목판 인쇄물이다.

3. 신라 후기의 불교계

8세기 중반 이후 신라 사회는 커다란 변동을 겪게 되었다.

혜공왕(765~779년) 재위 후반에 귀족들의 모반이 연이어 일어나다가 국왕이 반란의 와중에 희생됨으로써 무열왕계의 왕통이 단절되고 중기 왕실은 막을 내렸다.

이후의 신라 후기 150년 동안은 귀족들 사이에 왕위 계승을 둘러싼 분쟁이 계속되어 20명의 왕이 즉위하고, 그중 상당수가 피살당하는 혼란의 시기가 계속되었다. 왕권이 약화된 가운데 귀족들은 자신들의 세력 유지를 위하여 자의적인 수탈을 강화하였고, 이를 못 견딘 백성들은 도적이 되거나 민란을 일으켜 저항하게 되었다.

그 결과, 중앙정부의 영향력은 감소되었고 지방에서는 독자적인 정치세력들이 등장하여 중앙정부의 영향력에서 벗어나려는 모습을 보이기 시작하였다.

이러한 상황에서 통일기에 제시되었던 정치적 원리는 완전히 붕괴하였고 이를 회복하기 위한 후기 왕실의 몇 차례 시도는 성공하지 못한 채 사회적 혼란이 가중되어 갈 뿐이었다.

신라 후기의 사회적 격변 속에서 불교계도 새로운 모습을 띠게 되었다. 통일기 이후 경주를 중심으로 발전했던 교학불교는 점차 후퇴하고, 선종을 비롯한 실천적인 수행들이 지방을 무대로 하여 발전해 나갔다.

교학의 침체

불교계의 변화는 경덕왕 대(742~764년) 후반부터 나타났다. 그 이전까지 활발하게 진행되던 교학의 연구는 급속히 침체하기 시작했다. 경덕왕 대에 원로로서 활동한 태현은 유석학, 화엄학, 기신론 등에 관해 많은 저술을 하였지만, 태현 이후에는 새로운 교학연구나 저작활동은 거의 이루어지지 않았다. 그 대신에 실천적 수행을 중시하는 불교적 흐름이 두각을 나타내기 시작하였다.

먼저 그동안 부석사를 중심으로 실천적 신앙을 중시하고 있던 의상계의 문도들이 중앙 불교계에 등장하여 왕실과 귀족들의 존경과 숭배를 받게 되었다. 경덕왕 대 초반까지도 의상의 문도들이 중앙에서 활약한 모습은 보이지 않으며, 중앙에서 화엄학에 대한 이론화 작업을 주도하고 있던 원효와 가귀, 표원 등은 의상의 이론보다는 중국 화엄학자들의 저술과 기신론의 사상을 토대로 화엄사상을 전개하고 있었다.

그런데 경덕왕 대에 들어와 의상계의 표훈이 국왕과 재상의 존경을 받으면서 불교계의 중심인물로 등장하였다. 『삼국유사』에 따르면, 표훈은 국왕의 부탁을 받고 후사 문제를 해결하기 위해서 하늘에 올라가 천제와 상의했다고 전한다.

재상 김대성(口大城)은 표훈의 강의를 들었다고 하는데, 왕실의 도움을 받아 김대성이 창건한 불국사와 석불사에는 표훈과 함께 같은 의상계인 신림이 초대 주지로 초청되었다.

『삼국유사』에서는 경덕왕 대 중반에 태현과 화엄학승인 법해(法海)가 가뭄에 비를 청하는 법력을 겨루어 법해가 승리하였다는 이야기가 나오는데, 이는 태현으로 상징되는 중기의 교학불교가 쇠퇴하고, 그 대신에 의상계의 화엄학이 대두한 것을 이야기하고 있다고 해석된다.

이렇게 중앙에 등장한 의상계의 화엄학은 신라 후기에 교학불교의 중심적 위상을 차지하며 발전하였다. 신라 후기에 의상계의 화엄학이 크게 대두하고 있었다는 것은 그 당시 일본에 전해진 신라 불교학의 내용을 통해서도 엿볼 수 있다.

의상계의 화엄학과 함께 경덕왕 대 후반에 대두된 실천적 신앙으로 진표(眞表)의 미륵신앙이 있다.

진표는 벽골군(현재 김제군) 출신으로 12살 때 출가하여 금산사 순제(順濟)법사로부터 점찰법을 배운 후에, 미륵으로부터 직접 점찰계법을 전수받기 위하여 변산의 불사의방(不思議房)에 들어가 간절한 참회수행을 시작하였다.

전기에 따르면, 간절히 수행한 끝에 미륵으로부터 점찰계본과 점찰간자 189개를 받았는데, 그중에서 제8과 제9의 두 간자는 미륵의 손가락뼈로 만든 것이었다고 한다. 그 후에 진표는 산에서 내려와 미륵에게 받은 계법에 의거한 점찰법을 시행하여 많은 사람들을 교화시켰다.

진표 이후 영심을 비롯한 제자들은 점찰법을 계승하여 여러 지역에 사찰을 세우고 교화를 펼쳐나갔다. 그런데 진표가 직접 교화를 펼친 지역, 그리고 진표의 교화가 적극적으로 받아들여졌던 지역은 대개 과거 고(古)신라의 외곽 지역으로서 수도인 경주에서 볼 때는 주변 지역이었다. 진표의 불교 역시 당시 중앙의 불교에서 볼때는 세련되지 못한 원초적인 신앙의 모습이라고 할 수 있지만, 오히려 변경 지역에 그의 교화가 널리 퍼질 수 있는 원인으로 작용하기도 했을 것이다.

9세기 이후에 진표의 사상이 어떻게 전개되었는지 밝혀 주는 문헌은 남아 있지 않다. 다만, 신라 말 후삼국 시기에 궁예가 미륵불을 자칭했던 것은 진표의 미륵신앙을 계승한 것이라는 설이 있다.

선종의 수용과 전개

신라 후기의 불교계의 가장 큰 변화는 선종의 수용이었다.

선종은 8세기 이후에 중국에서 급속하게 발전하며 불교계의 중심사조로 등장하였는데, 중국에 유학한 승려들을 통해 이 새로운 사조가 신라에도 차츰 소개되기 시작하였다. 9세기 중엽에는 선을 배운 다수의 유학승들이 일시에 귀국하면서 선종은 신라 불교계에서도 주요한 흐름으로 자리 잡았고 특히 새로 등장한 지방 정치세력들의 지원을 받으면서 교학불교를 능가하는 영향력을 갖게 되었다.

신라에 선종이 처음 수용된 것은 8세기 이전으로 거슬러 올라간다.

중국에 유학했던 법랑(法朗)이 중국 선종의 제4조인 도신(道信, 583~654년)의 문하에서 수학하고 귀국하여 호거산에서 선법을 전한 것이 그 최초이다.

법랑의 선법은 신행(神行, 또는 信行, 704~779년)에게 계승되었다. 신행은 법랑이 입적한 뒤에 중국 유학을 다녀왔다. 그는 제자들에게 선법을 전하면서 먼저 간심(看心)으로서 선을 닦게 한 후 근기가 익으면 방편(方便) 법문으로 가르쳤다고 한다. 이러한 가르침은 북종선의 수행법과 일치한다.

법랑과 신행에 의해 전래된 선법은 신수계통의 북종선으로 후대 중국 선종의 주류가 된 남종선 이전의 선사상이었다. 후대에 중국에서 남종이 선종의 주류로 확립되자 북종선은 급속하게 쇠퇴하였다.

신라에 남종선을 처음으로 전한 사람은 40여 년의 중국 유학을 마치고 헌덕왕 13년(821)에 귀국한 도의(道義)였다.

도의는 북한군(北漢郡, 현재 서울) 출신으로 선덕왕 5년(783)에 중국으로 유학하여 여러 지역을 다니다 강서성 홍주에서 마조의 제자인 서당 지장(西堂智藏, 735~814년)의 문하에서 수학하였다. 서당에게 "진실로 법을 전할 만하다면 이런 사람이 아니고 누구에게 전하랴"하는 말을 들으며 법맥을 전수받았다. 당시 백장선사는 "강서의 선맥이 몽땅 동국(東國)으로 가는구나"라고 극찬을 하였다고 전한다.

821년 법맥을 전수받고 귀국한 도의는 선풍을 널리 펴고자 하였으나 당시 신라는 교학 중심이라 선을 이해하지 못하였다. 당시의 불교계에서는 경전의 권위를 인정하지 않고 교외별전, 견성성불을 주장하는 선풍을 이해하지 못하여 도의를 배척하였다. 결국 도의는 설악산 진전사에 은거하고 후일을 내다보며 스스로 수행하면서 소수의 제자들에게 선을 전수하여야 했다. 오늘날 도의국사는 우리나라 선법을 가장 먼저 전수한 분으로 평가되어 한국불교의 대표종단인 조계종의 종조(宗祖)로 추존되었다.

이처럼 초기의 선종은 아직 소수의 사람들에 의해서만 받아들여졌고, 때로는 기존 불교계로부터 배척당하여 널리 전파되지 못하였다. 하지만 830년대 이후 중국에서 남종선을 수학한 다수의 승려들이 귀국하여 선법을 선양하면서 상황은 크게 변하였다.

중국 불교계에서 선종의 영향력이 증대되는 것이 알려지고 선종에 대한 이해가 점차 확대되면서 선종을 배우려는 사람들이 늘어나게 되었다. 그리고 이에 따라 선사들의 교화력이 증대되면서 중앙과 지방의 정치세력들도 이들을 적극적으로 후원하기 시작하였다. 이 시기의 대표적인 선사들의 활동 모습을 통하여 선종의 영향력이 확대되는 양상을 살펴볼 수 있다.

도의와 마찬가지로 서당 지장의 문하에서 수학했던 홍척(洪陟)은 홍덕왕 대(826~836년) 초기에 귀국하여 지리산에서 선법을 펼쳤다. 명성이 알려져 왕실에 초청되기도 하였던 홍척은 국왕 부자의 귀의를 받았으며, 왕실의 도움을 받아 우리나라 최초의 선찰이 되는 실상사를 창건하고 많은 제자들을 교화하였다.

금마(金馬) 출신의 가난한 상인이었던 혜소(惠昭, 774~850년)는 애장왕 5년(804)에 당나라로 들어가는 사행선의 뱃사공으로 중국에 들어간 후 창주 신감(滄洲神鑑)의 문하에서 출가, 수학하였다. 흥덕왕 5년(830)에 귀국하여 처음에는 상주의 장백사에서 교화를 펼쳤는데 점차 대중들이 많아지자 지리산 화개곡으로 옮겼고, 만년에는 보다 넓은 장소를 구하여 화개곡 근처에 옥천사(현재의 쌍계사)를 창건했다. 왕실에서도 그의 교화에 주목하여 경주 황룡사의 승적에 올려 주고 우대했다.

혜철(慧徹, 785~861년)은 삭주(현재의 춘천) 출신으로 부석사에서 화엄학을 공부한 후 헌덕왕 6년(814)에 중국에 들어가 서당 지장에게서 선법을 수학하였다. 신무왕 1년(849)에 귀국하여 곡성 태안사에서 교화를 펼쳐 명성을 얻었고 왕실의 귀의를 받았다.

절중(折中, 826~900년)은 휴암군(황해도 봉산) 출신으로 처음에 부석사에서 화엄학을 공부하다가 도윤을 만나 선으로 전향하였다. 전란을 피하여 영월의 사자산에 주석하여 천여 명의 제자를 두었고 왕실의 존경과 숭배를 받았다.

웅진(공주 지역) 출신의 체징(體澄, 804~880년)은 설악산에서 도의의 제자인 염거(廉居)에게 수학한 후 희강왕 2년(837)에 동료들과 함께 중국으로 유학을 떠났다. 하지만 자신이 배웠던 선법이 중국과 다르지 않음을 깨닫고 곧바로 귀국하여 장흥의 가지산 보림사에서 도의의 선풍을 선양하였는데, 이를 가지산문이라불렀다. 왕실의 후원을 받았던 그의 문도는 천여 명에 이르렀다고 한다. 이후 가지산문의 선맥은 고려 말 『삼국유사』를 저술한 일연에게도 이어졌다.

이상에서 보듯 830년에서 840년대에 걸쳐 중국에서 돌아온 선승들은 여러 지역에 산문을 개창하여 적극적인 교화를 펼쳤고, 그 흐름은 제자들에게 이어져 계속 발전해 갔다. 또한 이들 이외에도 지력문(智力聞), 신흥언(新興彦), 용암체(浦岩體), 진구휴(珍丘休), 보리종(菩提宗) 등으로 알려진 선승들도 같은 시기에 각기 산문을 개창하고 선풍을 떨쳤다고 한다.

짧은 기간에 이처럼 많은 선승들이 여러 지역에서 선법을 펼침으로써 선종은 이제 신라 불교계에 확실하게 정착되어 갔다. 불과 얼마 전에 도의가 기존 불교계에 의해 배척되어 설악산으로 은거하였던 것과 비교하면 단기간에 불교계는 커다란 변화를 겪었던 것을 알 수 있다. 그런데 이 기간에 활동한 선승들은 대부분 중국에서 마조 문하의 제자들로부터 선법을 수학한 것으로 나타나고 있다. 따라서 그 후 한국의 선사상은 마조의 선에 토대를 두고 발전했다고 볼 수 있다. 선종이 단기간에 널리 확대될 수 있었던 데에는 당시 선사들의 이러한 사상적 동질성도 한 요인으로 작용했을 것이다.

풍수지리설의 유입

선종의 수용과 함께 새로운 문화사조들도 수용되었는데, 그중 대표적인 것이 풍수지리설이다.

수도를 정할 때라든지 대형 건물을 세울 때 주변의 산세와 하천의 방향을 고려하는 등의 풍수적 관념은 이미 삼국시대 초기에도 나타나고 있다. 하지만 여기에 중국의 풍수지리 이론을 덧붙여서 체계적인 풍수지리설이 확립되고 그것이 사회 전반에 널리 받아들여진 것은 선종의 수용이 본격화되던 9세기 중반 이후였다. 그리고 그러한 체계적인 풍수지리설을 처음 제시한 사람은 선승이었던 도선(道詵, 827~898년)이라고 전한다.

일반적으로 도선이 직접 중국에 유학하여 선과 풍수지리의 이론을 배워 온 것으로 이야기되고 있지만, 고려 의종 4년(1150)에 편찬된 도선의 비문에는 도선은 본래 혜철이 동리산에서 선법을 펼칠 때 그 문하에서 수학하였으며, 이후 어느 신비한 사람으로부터 풍수지리에 대한 이론을 배웠다고 한다.

도선은 광양의 옥룡사에 산문을 세우고 선을 교화하면서 동시에 세속 사회에 풍수지리의 이론을 전하였는데, 특히 개경지역을 방문하여 왕건이 새로운 왕조를 개창할 것을 예언하였다.

도선의 행적과 관련해서는 신비적인 이야기들이 적지 않아서 그대로 받아들이기 어렵지만, 풍수지리설의 전개에 선승들이 중요한 역할을 담당했다는 것은 당시의 사실을 반영한 것으로 받아들여지고 있다. 도선의 비문에서 그에게 풍수지리를 가르친 사람은 그 이전에 중국에 유학하여 풍수지리를 배웠을 터이고, 도선은 이러한 이론을 더욱 발전시켰을 것이다.

선승들이 풍수지리설을 전개한 것은 이들이 중국에 유학하는 과정에서 당시 발전하고 있던 풍수지리의 이론에 접할 수 있었기 때문으로 생각된다. 아울러 중국과 신라에서 여러 지역을 돌아다니며 수행하는 과정에서 지리에 대한 지식을 몸에 익히고 이를 이론화할 수 있었을 것이다.

도선이 전개한 풍수지리설은 풍수 이론을 불교적으로 재구성한 것으로서 지리적 결함을 사찰이나 탑을 건립하여 보완하는 것을 강조하는 것이었다. 이른바 '비보사탑설(裨補寺塔說)'이다.

풍수지리 이론에 의할 때 사찰은 단순히 불교신앙의 터전일 뿐 아니라 국토의 안정을 보장하는 기능까지 담당하고 있는 것이다. 아울러 단순히 지형의 우열을 판정하는 것이 아니라 모든 토지의 균형적 이용을 가능하게 하는 이론으로서 새롭게 등장한 지방세력가들이 자신들의 지역을 효율적으로 관리할 수 있는 이론으로도 활용되었다. 왕건의 왕조 개창 과정에서 보듯이, 지역의 지리적 결점을 합리적으로 보완하면 오히려 지역의 발전을 가져올 수 있다고 믿었던 것이다.

고려시대의 불교

1. 고려 전기의 숭불정책

숭불의례

후삼국의 혼란을 극복하고 새로운 통일왕조인 고려를 개창한 왕건은 건국 초부터 적극적인 숭불정책을 시행하였다. 건국 이후 수도 개경에 많은 사찰을 창건하였을 뿐 아니라 만년에 자손들에게 남긴 『훈요십조(訓要十條)』에서도 불법을 숭상하고 사찰을 보호할 것과 불교행사인 연등회와 팔관회를 준수할 것을 강조하였다.

왕건이 불교를 존중하는 정책을 취한 가장 큰 이유는 오랜 전란을 겪어 피폐해진 민심을 수습하는 데 불교가 큰 역할을 할 것으로 기대했기 때문이었다. 후백제의 항복을 받아 후삼국의 통일을 달성한 직후에는 이를 기념하여 논산 지역에 개태사를 창건하고서 왕건 스스로 발원문을 지었는데, 그 내용은 통일전쟁에 승리한 것은 부처와 신령의 은덕이며 앞으로도 불교의 음조를 받아 국가의 안정과 발전을 기원한다는 것이었다.

그러나 이러한 정치적 의미에 앞서서 왕건은 개인적으로도 불교에 대해 많은 관심을 가지고 있었다. 그는 왕위에 오르기 전부터 선종과 교종의 여러 승려들과 긴밀한 관계를 맺고 있었을 뿐 아니라 왕위에 오른 이후에도 고승들의 비문을 직접 짓거나 비문의 제액을 써 주는 등 승려들에 대한 호의적인 태도를 보였다.

왕건에서부터 시작된 이러한 숭불정책은 역대의 국왕들에게 그대로 계승되어 고려가 멸망할 때까지 불교는 국가의 보호를 받으며 발전할 수 있었다.

고려 왕실의 불교에 대한 귀의를 상징적으로 보여 주는 것은 역대 국왕들의 원찰과 진전(眞殿)사원들이다.

태조 이후 역대 국왕들은 자신들의 원찰로서 대규모의 시찰들을 창건하였다. 고려 전기만 하여도 광종이 건립한 불일사와 귀법사, 현종대의 현화사, 문종 대의 흥왕사, 선종 대의 홍원사, 숙종 대의 국청사와 천수사 등 머무르는 승려의 규모가 천명 내지 2천여 명이 넘는 대규모 원찰들이 건립되었다.

그리고 고려에는 역대 국왕들의 영정을 모시고 제사를 지내는 진전사원이 있었다. 공식적으로 국왕들의 제사를 지내주는 종묘 등이 있음에도 불구하고 국왕들의 진전사원을 따로 설치했던 것은 종묘 등에서 거행하는 유교적 의례와는 별도로 생전에 신앙했던 불교적인 제사가 필요했기 때문이다.

진전사원은 각 국왕들의 원찰에 설치하는 것이 일반적이었지만 원찰을 건립하지 않은 국왕의 경우에는 일정한 규모의 사찰이 진전사원으로 지정되었다.

왕실에서는 또한 승려들을 초청하여 재(齋)를 여는 반승(飯僧)행사도 자주 거행하였는데, 이때 초청된 승려들의 수는 만 명 단위가 일반적이었다.

왕실의 지나친 숭불에 대하여 때로는 관료들이 비판하는 경우도 있었지만, 이때에도 불교의 정당성 자체가 문제되지는 않았다. 단지 불교는 개인의 신앙의 문제이므로 백성을 다스리는 국왕은 현실의 민생의 문제를 훨씬 더 중요시해야 한다는 입장에서 지나친 사찰건립과 과도한 불교 행사에서 초래되는 재정적 문제를 지적하는 데 그치고 있었다.

그리고 그러한 비판을 하는 관료들의 경우도 개인적으로는 독실한 불교신앙을 가진 사람들이 적지 않았다. 관료들의 경우 사후에 장례식을 사찰에서 거행하는 것은 널리 퍼진 관행이었고, 은퇴한 관료들이 사찰에서 여생을 보내는 경우도 적지 않았다. 또한 관료의 자제들중 일부는 승려로 출가하는 것이 일반화되어 있었고, 일부 가문에서는 삼촌에서 조카로 대를 이어 출가하고 있었다.

지방사회의 일반 민중에게도 불교신앙은 절대적인 것이었다. 전국의 지역마다 사찰이 건립되어 지역 사람들의 신앙의 구심점이 되었고, 지역 단위로 불교신앙공동체인 향도(香徒)를 만들어 사찰의 건립과 보수에 적극적으로 참여하였다.

이처럼 고려 사회의 구성원 전체가 불교신앙에 입각하고 있었다는 것은 가장 중요한 연례행사가 불교적 의례인 연등회와 팔관회였다는 것에서도 잘 드러나 있다.

연등회는 본래 석가탄신일에 연등을 켜는 행사에서 비롯된 것으로 신라에서 이미 행해지고 있었다. 그런데 고려는 이를 국가적인 행사로 정비하여 매년 2월 보름에 각 지역 단위로 거행하였다. 수도 개경에서는 왕실의 주도 아래 태조 왕건에 대한 충성과 국가의 번영을 기원하는 행사로 거행되었고, 지방에서는 지역 대표자들의 주도 아래 지역의 발전과 지역민들의 안녕을 기원하는 행사로 거행되었다.

팔관회는 신라에서 전몰장병들의 명복을 빌기 위해서 거행했던 행사였지만, 고려에서는 매년 11월 보름에 중앙과 지방의 대표자들이 왕궁에 모여 단합을 확인하고, 국가의 안녕을 기원하는 행사로 거행되었다. 매년 봄과 겨울에 지냈던 이 행사들은 본래 지역공동체마다 거행하던 농경의례와 추수감사의식을 불교적으로 재편한 것이었다.

이와 같이 불교적으로 체계화된 연례행사들이 중앙에서 지방에 이르기까지 사회 전체에서 동질적으로 거행됨으로써 고려는 불교의 신앙과 문화에 기반을 둔 사회적 통합을 추진해 나갈 수 있었던 것이다.

승정제도

고려 정부는 불교를 숭상하고 승려들을 우대하는 정책을 추진했지만, 불교교단의 자유방임을 허락한 것은 아니었다. 오히려 국가가 불교교단과 승려들을 통제하고 관리할 수 있는 새로운 제도들을 만들어서 국가의 운영체제 안으로 포함시켰다. 요컨대 보호와 통제라는 두 가지 원리가 고려 불교 정책의 핵심을 이룬다.

불교계를 보호하면서 통제할 수 있는 정책으로서 먼저 주목되는 것은 승과의 운영이다.

고려는 중국의 제도를 받아들여 광종 9년(958)에 처음으로 과거제도를 시행하였는데, 이때 고위 승려들을 선발하는 승과도 동시에 실시하였다. 승려의 과거제도는 한국에만 있었던 특별한 제도로서 고려 과거제도의 모델이 된 중국에도 승과는 없었다. 과거에 합격한 승려들에게는 관료들의 관계와 비슷한 성격의 승계를 주어 우대하였고, 승진과 인사이동에서도 관료와 유사한 원칙이 적용되었다.

승과는 종파별로 시행되었는데, 초기에는 화엄종과 법상종, 선종 등 세 종파의 승과가 시행되었고, 숙종 4년(1099) 의천에 의해 천태종이 개창된 이후에는 천태종을 포함하여 네 종파가 되었다.

승과의 시행과 함께 승계체계도 정비되었다. 승려들의 위계를 나타내는 승계(僧階)는 신라의 경우 대덕(大德), 태대덕(太大德) 등으로 단순하였고, 명망 있는 승려들에게 특별히 지급하는 명예직의 성격이 강하였다. 그런데 고려시대에는 원칙적으로 승과에 합격한 사람들에 한하여 승계를 주고 그 체계도 훨씬 복잡해졌다. 초기에는 하위승계만 있다가 점차로 고위승계가 추가되었는데, 완성된 고려시대의 승계 체계는 다음과 같다.

   교종 : 대덕(大德) - 대사(大師) - 중대사(重大師) - 삼중대사(三重大師)
     - 수좌(首座) - 승통(僧統)
   선종 : 대덕(大德) - 대사(大師) - 중대사(重大師) - 삼중대사(三重大師)
     - 선사(禪師) - 대선사(大禪師)

처음 승과에 합격하면 대덕이 되고 이후 수행 기간과 능력에 따라서 상위의 승계로 승진하였다. 교학불교인 화엄종과 법상종의 승려들은 교종의 승계를 받았고, 선종과 천태종의 승려들은 선종의 승계를 받았다.

원칙적으로는 승과에 합격한 승려들만이 승계를 받고 사찰의 주지를 맡을 수 있었으며, 승계에 따라 주지로 임명될 수 있는 사찰의 규모에도 차이가 있었다. 승계를 가지고 있는 승려들은 관료와 같이 대우받았으며, 최고위 승계인 수좌와 승통, 선사와 대선사는 임명 절차나 대우 등에서 재상들과 동등하였다.

승계를 가진 승려들이 중요한 계율을 어길 때에는 승계는 물론 승려로서의 신분을 박탈하는 처벌을 받았다. 간통이나 위법행위로 적발되면 평민으로 강등되었고 개경에 거주할 수도 없었다. 이러한 처벌 내용은 뇌물수수나 횡령 등으로 적발된 관료들에게 부과되는 것과 같은 것이었다.

일반 승계 외에 불교계를 대표하여 국왕의 자문 역할을 하는 왕사(王師)와 국사(國師)제도가 있었다. 왕사나 국사는 명망이 있는 고승을 국왕이 스승으로 모시는 것으로써 이들을 임명할 때는 국왕이 직접 제자의 예를 표하였다. 왕사나 국사는 명예직의 성격이 강하였지만 때로는 직접 불교 정책에 관여하는 경우도 있었다. 일반적으로 국사가 왕사보다 높은 것으로 인식되었으며 왕사를 거친 후에 국사로 임명되는 경우가 많았다.

불교와 관련된 업무를 주관하는 관청으로 승록사(僧錄司)가 있었는데, 여기에서는 승려들의 승적을 관리하고 승계 및 주지 인사 등을 집행할 뿐만 아니라 왕사·국사의 임명, 입적한 고승의 장례 및 탑·비 등의 건립과 승려와 관련된 제반 사항을 처리하였다.

이상과 같이 고려에서는 승려들 특히 승과에 합격한 승려들에게 관료와 비슷한 신분을 부여하고 관료체계와 같은 원리에 의해 운영하였다. 이를 통해 승려들의 위상은 높아졌으며 신분도 안정화되었다. 그러나 한편으로는 이러한 제도들을 통해 승려들이 국가체제에 예속되는 결과를 초래하기도 하였다. 승려에 대한 평가가 불교 내부의 기준이 아닌 국가가 정해 준 과거시험 및 승계제도에 따라서 결정되었으며, 승계의 상승 및 주지 임명을 둘러싸고 정치세력과 영합하는 일이 벌어지기도 하였다.

2. 종파체제의 정비

고려의 건국 이후 국가체제가 정비되면서 불교계도 점차 교단체제를 정비하였다. 고려 전기의 주요한 종파는 화엄종, 법상종, 선종 등 신라시대 이래의 종파들이었고, 12세기 초에 이르러 대각국사 의천이 천태종을 개창하면서 4대 종파체제로 바뀌었다. 시기에 따라 각 종파의 성쇠에 차이가 있지만 이들은 서로 협력하고 경쟁하면서 고려 불교계를 주도해 나갔다. 주요 종파 이외에 밀교 계통의 신인종을 비롯한 소규모의 종파들도 있었지만 그 실제에 대해서는 상세히 알기가 어렵다.

구산선문의 성립과 조계종

신라 후기에 급속히 전파되었던 선종은 고려에 들어와서도 계속하여 발전하였다. 특히 신라 말 사회적 혼란기에 주로 지방 세력들의 후원에 의존하고 있던 선승들은 고려의 건국 이후에는 새로이 고려 왕실의 후원을 받으면서 보다 안정된 기반을 구축할 수 있었다. 또한 이를 통하여 지방 세력과 왕실을 연결하여 사회적 통합을 촉진하는 역할도 담당하였다.

선법이 수용된 지 100여 년이 지나면서 명망 있는 선사들이 대대로 배출되고 이에 따라 이들을 중심으로 하는 유력한 산문들이 생겨나게 되었다. 후대에 구산선문(九山禪門)으로 불리게 된 것처럼 유력한 산문은 모두 아홉 개로 구성되었는데, 이처럼 안정된 기반을 확립하게 된 것은 광종 대를 전후한 시기로 생각되고 있다.

구산선문은 처음으로 남종을 도입한 도의를 계승하는 가지산문(보림사), 도헌을 개조로 하는 희양산문(봉암사), 홍척을 개조로 하는 실상산문(실상사), 혜철을 개조로 하는 동리산문(대안사), 현욱의 문도들로 구성된 봉림산문(봉림사), 무염을 계승하는 성주산문(성주사), 범일을 계승하는 사굴산문(굴산사), 도윤을 계승하는 사자산문(흥령선원), 이엄에 의해 개창된 수미산문(광조사) 등이었다.

이와 같이 신라 후기에 활약한 주요 선승들이 각각의 개창자로 인정되었지만 후계자들이 번성하지 못한 혜소, 순지 등의 산문은 아홉 산문에 포함되지 못하였다. 가지산문이나 봉림산문, 사자산문 등은 실제로는 체징, 심희, 절중 등 개조의 제자들에 의하여 개창되었지만 이들이 산문의 개조로 인정되지는 않았다. 이는 사자상승(師資相承)[2]을 중시하는 선종의 특성상 처음 법을 전수한 사람을 중시하였기 때문으로 생각된다.

선풍의 차이에 의해 오가칠종(五家七宗)으로 구분된 중국의 선종과 달리 고려의 구산선문은 사상적 차이보다도 인적인 계승을 기준으로 한 구분이었다. 같은 산문에 속한 선승들이라 하더라도 자신들이 중국에서 수학한 선풍은 각기 다른 경우가 많았고 중국에서 같은 선승의 문하에서 수학한 사람들이 귀국한 후에는 각기 다른 선문의 구성원이 되었다. 도헌을 개조로 하는 희양산문은 계보의 측면에서는 도헌을 중시하면서도 사상 면에서는 도헌이 수학한 북종선보다는 후대의 제자들이 수학한 남종선을 더 중시하였다. 이에 따라 도헌의 손제자인 긍양의 비문에는 역사적 사실과는 달리 도헌이 남종선을 수학한 스승의 밑에서 수학한 것으로 설명하고 있기도 하다.

이와 같이 신라 후기, 고려 초기에 정립된 구산을 중심으로 한 문파는 선사상을 공통분모로 하고 있었기에 사실상 한 종파였다. 그러므로 고려시대에 와서 구산선문은 조계종(曹溪宗)이라는 선종으로 자연스럽게 결집되어 갔다.

조계란 육조 혜능을 달리 부르는 이름이다. 혜능이 주석하였던 중국 광동성 조계산(曹溪山)의 이름을 따서 흔히 육조 혜능을 조계라 불렀던 것인데, 이를 종명으로 채택하였던 것으로 보인다. 이는 두말 할 필요

---

2 사자상승 : 사자란 스승과 제자를 뜻하며, 스승의 가르침을 제자가 계승하는 것을 말한다. 사자상전(師資相傳)이라고도 한다.

도 없이 육조 혜능의 선사상을 종지로 한 종파를 말한다.

이후 구산선문은 조계종으로 결집되었으며, 크게 보아 한국 선종을 말하는 것이다. 조계종은 고려 후기에 보조 지눌의 정혜결사운동과 태고 보우, 나옹 혜근 등의 고승들이 간화선을 제창하면서 더욱 융성하여 명실상부한 한국불교의 중심 종파가 되었다. 숭유억불정책의 조선 왕조에 조계종은 선종이라 불리기도 하다가 억불책으로 선·교 양종으로 통폐합된 이후 연산군 때 강제 폐지되었다. 이후 300여 년이 지난 일제강점기인 1941년 조선불교총본산건설운동 당시 불교도의 염원으로 조계종이 재건되었던 것이다. 이때 재건된 조계종이 지금의 대한불교조계종으로 이어진다.

화엄종의 발전

신라 후기에 대두된 의상계를 중심으로 하는 화엄종은 신라 말 선종이 세력을 확대하면서 상대적으로 위축되어 있었다. 이 시기의 화엄종은 내부적으로 정리된 교학체계를 제시하지 못했고 외부적으로는 선종의 교학 비판에 효과적으로 대응하지도 못하고 있었다.

이러한 위기 속에서 교단 내부적으로는 또한 남악파와 북악파로 분열되어 있었다. 즉 후삼국으로 분열되어 있던 시기에 해인사에는 화엄종의 종장인 희랑(希朗)과 관혜(觀惠)가 주석하고 있었는데, 이들은 각기 왕건과 견훤의 후원을 받으면서 대립하고 있었고, 그 문도 대에 이르러서는 각기 북악파와 남악파로 나누어지게 되었다. 이러한 분열은 고려가 후삼국을 통일한 이후에도 한동안 지속되었다.

고려 초에 활약한 대표적인 화엄종 승려로는 탄문(坦文)과 균여(均如)가 있다.

탄문(坦文, 900~975년)은 고양의 지방세력 출신으로 어려서 북한산 지역에서 화엄학을 수학하였다. 일찍이 명성을 날려 왕건의 주목을 받았고 후삼국 통일 이후에는 왕실의 배려로 신라 화엄학의 대가인 신랑(神朗)을 계승하여 화엄종의 중심인물로 대두하였다. 광종 대에는 왕사와 국사를 역임하였고 보원사(普願寺)에서 후학들을 양성하였다.

균여(均如, 923~973년)는 황주의 한미한 가문 출신으로 어려서 출가하여 개경 근처의 화엄종 사찰에서 수학하였다. 신라 이래의 화엄학을 깊이 연구하여 당대 최고의 화엄학자로 명성을 날렸고 승과가 개설되었을 때는 그의 이론이 평가의 기준이 되었다. 그리고 동료들과 함께 북악과 남악의 분열을 극복하기 위해 노력하여 양자의 차이를 해소하는 데 성공하였다.

또한 문종의 넷째 아들인 의천(義天)은 11살에 출가하였고, 13살에 승과를 거치지 않은 채 승통으로 임명되었다. 그후 화엄종을 주도해 갔던 의천의 계보를 왕실 출신의 승려들이 계속 이어 나갔다.

그리고 문종의 원찰이었던 흥왕사와 선종의 원찰인 홍원사를 비롯하여, 귀법사, 영통사, 부석사, 해인사, 화엄사 등 수많은 사찰들이 화엄종의 구심점이 되어 발전을 거듭했다.

법상종의 발전

고려의 법상종은 유식학을 사상적 기반으로 하면서 동시에 신라 후기에 성행했던 진표계의 점찰신앙을 계승한 종파였다. 후삼국이 통일된 이후 진표의 흐름을 계승한 석충은 진표가 미륵에게서 받았다는 점찰간자를 왕건에게 바치고 후원을 받았다. 이로 인해 법상종은 개경의 불교계에 들어왔지만, 고려 초에는 그 활동 양상이 미약했다. 법상종이 중앙에서 본격적으로 대두된 것은 목종이 자신의 원찰로서 법상종 사찰인 숭교사(崇敎寺)를 창건하면서부터였다. 특히 이 숭교사에서 출가하여 승려 생활을 했던 현종이 국왕이 되어 적극적으로 후원하면서 법상종은 주요 종단으로서의 위상을 확보하게 되었다.

왕실 출신의 현종은 일찍이 고아가 되었는데 외삼촌인 국왕 성종의 배려로 궁궐에서 양육되었지만 성종이 죽고 나자 목종의 모후인 천추태후에 의해 승려로 출가하게 되었다. 현종은 왕위 계승권을 둘러싸고 암살 음모에 시달렸지만 삼각산 등의 사찰에서 승려들의 보호를 받으며 무사히 지내다 천추태후가 실각한 이후에 국왕으로 추대되었다.

현종은 즉위 후에 자신의 부모를 위하여 개경 근교에 대규모의 사찰을 건립하였는데, 이것이 후대 법상종의 중심 사찰이 된 현화사였다. 현종은 정성을 다하기 위하여 중국에서 대장경을 수입하여 봉안하고 각지에서 바친 사리 등을 안치하였으며, 전국에서 2천여 명의 승려를 모아 이곳에 머무르게 하였다. 이처럼 현종의 각별한 지원을 토대로 하여 법상종은 중심적인 종파로서의 위상을 갖게 되었다. 그리고 법상종의 위상이 높아지면서 법상종으로 출가하는 승려들의 출신도 점차 높아졌다. 당대 최고 가문 출신이었던 소현(韶顯)이 법상종으로 출가하였고, 문종의 다섯째 아들 규(竅)가 소현 문하로 출가하여 법상종을 주도하였다.

고려 전기 법상종의 주요 사찰로는 현화사, 숭교사, 해안사, 왕륜사, 금산사, 속리산사(현재의 법주사), 동화사, 법천사 등이 꼽힌다.

천태종의 개창

고려 전기에 확립된 종파체제가 발전되는 가운데 숙종 대의 천태종 개창은 기존의 종파체제를 변화시키는 중요한 사건이었다. 다른 종파들이 신라시대 이래 오랜 기간에 걸쳐 종파체제를 형성해 온 것과 달리 천태종은 짧은 기간에 왕실의 후원을 얻어 종파의 틀을 갖추었다.

숙종 2년(1097)에 천태종의 근본 사찰인 국청사(國淸寺)가 완공되었고, 숙종 6년(1101)에 천태종 승려들을 대상으로 하는 승과가 실시되었는데, 이로써 천태종은 명실공히 고려불교의 주요한 종파 중 하나로서의 위상을 확보하게 되었다.

천태종의 수용은 본래 광종 대에 시도된 적이 있었다. 광종은 중국 오월 지방의 요구에 따라서 고려에 전하는 천태종의 전적을 보내 주면서 제관(諦觀)[3]과 의통(義通)을 파견하여 천태학을 배워 오도록 하였다. 이들은 오월 지방에 들어가서 천태학을 수학한 후 그 교리를 더욱 발전시켜 천태종의 발전에 기여하였다.

제관은 천태종의 교관론을 설명한 『천태사교의(天台四教儀)』를 저술

---

3   체관이라고도 한다.

하였고, 의통은 중국 천태종의 16대 조사로 존경과 숭배를 받았다. 하지만 이들은 모두 중국에서 활동하고 입적하였기 때문에 이들의 사상이 고려에 전해지지 못하였고, 천태종이 종파로서 등장할 수도 없었다.

고려에서 천태종의 개창을 주도한 사람은 대각국사 의천이었다. 의천은 송나라에 유학하여 천태학의 요체를 배웠고, 귀국하는 길에는 천태종의 출발지인 천태산에 올라 천태 지자대사의 탑을 참배하면서 고려에 천태종의 가르침을 널리 펼 것을 맹세하였다.

귀국한 이후에는 맹세한 대로 천태학을 강의하고 승려들을 모아 천태종을 독자적인 종파로 성립시켰다. 국청사의 개창을 주도하고, 처음 실시된 천태종 승과를 주재한 사람도 의천이었다.

그런데 천태종이 종파로 독립할 수 있게 되기까지는 의천의 노력 못지않게 왕실의 후원이 절대적이었다. 의천의 어머니, 즉 문종의 왕비인 인예(仁睿)태후는 국청사의 개창을 발원하고 시주하였으며, 국청사가 완공되기 전인 선종 9년(1092)에는 견불사(見佛寺)에서 천태예참법을 거행하였다. 또한 의천의 바로 맏형인 숙종은 천태종의 승과를 거행할 수 있도록 배려해 주었고, 자신의 원찰인 천수사(天壽寺)를 창건하면서 이를 천태종 사찰로 정하였다.

의천이 천태종을 개창한 가장 큰 이유는 교학과 관행을 아울러 닦도록한 천태종의 가르침에 공감했기 때문이었다. 의천이 당시의 불교계에 대하여 가지고 있던 사상적 불만은 교학불교는 이론적인 탐구만을 주로 하고 관행을 등한시하며, 반대로 선종은 참선만을 중시하고 이론적 탐구를 외면한다는 것이었다.

그는 자신이 속한 화엄종의 승려들이 교학만을 위주로 하면서 관행을 닦지 않는 것을 비판하면서, 동시에 당시의 선종 승려들이 이심전심(以心傳心)의 교외별전(敎外別傳)을 내세워 경전의 내용을 무시하는 태도도 비판했다.

이런 점에서 그가 징관(澄觀)의 사상을 받아들여 교관겸수(敎觀兼修)를 주장한 것과 천태종을 유포하고자 노력한 것은 사상적으로 통하는 것이었다. 하지만 교관겸수의 주장은 교학만을 위주로 하는 화엄종 내부의 개혁을 위한 것이었고, 천태종의 가르침은 교학을 등한시하는 선종의 개혁을 위한 것이었다는 차이가 있다. 이 점은 의천이 개창한 천태종에 소속된 승려들이 모두 선종 출신이었다는 점에서도 쉽게 알수 있다.

3. 고려대장경과 교학의 발전

고려대장경의 조조(雕造)

승정제도 및 교단체제의 정비와 함께 불교계의 사상·문화적 역량을 확대하기 위한 노력들도 추진되었다. 그러한 노력 중 대표적인 것이 불교의 기본 문헌인 경(經)·율(律)·논(論)을 집대성한 대장경의 제작이었다.

고려의 대장경 제작은 현종 2년(1011)에 거란의 침공으로 수도가 함락되고 국왕이 남쪽 지방으로 피난해야 하는 상황에서 거란의 침공을 물리치기 위한 발원으로 시작되었다. 이때의 대장경은 송나라 초기에 만들어진 개보장(開寶藏)을 모범으로 삼았다.

개보장은 한역(漢譯)된 불경을 집대성한 최초의 한문 대장경으로서, 송나라 태조의 개보 4년(971)에 관리들을 촉(蜀)지방에 파견하여 목판본으로 제작한 것이다. 개보장에는 모두 1,078종 5,048권의 경전들이 수록되었는데, 이는 당나라 때 제작한 불경 목록인 『개원석교록(開元釋敎錄)』에 의거한 것이었다.

고려는 개보장이 완성된 직후부터 여러 차례 사신을 파견하여 대장경의 인쇄본을 구해 왔고 현종이 현화사를 창건했을 때도 중국에서 대장경 1질을 받아 봉안했다.

현종 대의 대장경 제작은 현종 20년(1029)에 완성되었던 것으로 보이며, 대장경을 완성한 직후 국왕은 왕궁 안의 회경전에서 대장경 완성을 기념하는 대규모의 장경도량을 개최하였다. 그러나 대장경 제작은 이것으로 완료된 것이 아니다. 새로운 경전들을 대장경에 추가할 필요성이 제기되었기 때문이다.

송나라에서는 개보장을 제작한 이후에 후대에 번역된 경전들을 대장경에 추가하였고, 거란에서도 개보장보다 훨씬 많은 분량으로 거란 대장경을 제작하였다. 거란의 대장경은 고려와 마찬가지로 개보장을 모델로 하면서 여기에 독자적으로 파악한 다수의 경전들을 추가했다. 이처럼 송나라와 거란에서 기존의 개보장에 새로운 경전들을 추가한 대장경을 제작하고 있었으므로, 고려에서도 현종 대에 제작한 대장경에 새로운 경전들을 추가하는 작업이 시도되었다.

추가로 대장경을 판각하는 사업은 거란의 대장경이 수입된 문종

17년(1063)에 시작되어 선종 4년(1087)에 완료되었는데, 이때에는 송나라와 거란에서 추가한 경전들과 고려에서 발견된 경전들을 검토하여 추가하였다. 현종 대부터 선종 4년까지 제작된 대장경은 총 6,000여 권의 분량(570질)으로서 당시 동아시아에서 제작한 대장경 중 가장 잘 갖춰진 것이었다. 완성된 대장경 판목은 흥왕사의 대장전에 봉안하고 있다가 나중에 더 안전하게 보관하기 위해서 팔공산 부인사로 옮겨서 봉안하였다.

외침을 물리치기 위한 선심에서 대장경을 제작했다고 이야기하지만, 대장경의 제작은 그러한 정치적 목적 이외에도 불교국가로서의 문화적 자존심을 만족시켜 주는 중요한 사업이었다.

송나라는 처음 대장경을 제작한 이후 주변 국가에 인쇄본을 하사함으로써 문화적 우월성을 과시하였는데, 이제 고려도 독자적인 대장경을 갖게 됨으로써 더 이상 중국의 대장경에 의존할 필요성을 느끼지 않게 되었고, 스스로 문화적 역량을 드러낼 수 있게 되었다. 또한 삼국시대 이래로 승려들의 중국 유학의 주된 목적 중의 하나가 경전의 구입(求入)이었는데, 불경을 집대성한 대장경판을 보유하게 됨으로써 이제 그러한 필요성은 사라지게 되었다.

교학의 발전

대장경의 조조와 함께 불교학에 대한 연구도 활성화되었다. 특히 교학 불교인 법상종과 화엄종에서는 교단체제가 정비되면서 자기 종파의 교학적 기반에 대한 연구가 한층 활발하게 진행되었다. 그리고 이 과정에서 자기 종파의 기초문헌들을 정리하여 간행하고, 나아가 종파의 사상적 전통을 재인식하려는 움직임도 나타나게 되었다.

법상종에서 이러한 움직임을 주도한 사람은 문종의 처남으로서 승통에 오른 소현이었다.

11살에 출가한 소현은 문종 23년(1069)에 승과에 합격하고서 이후 해안사와 금산사, 현화사 등 법상종의 주요 사찰의 주지를 역임하면서 법상종의 핵심적인 역할을 담당하였다. 그는 금산사에 있을 때 금산사 남쪽에 광교원(廣敎院)을 설치하여 유식학의 문헌들을 수집·정리하고 간행하는 작업을 시작했는데, 그가 현화사에 주석하는 동안에도 계속되었다. 그가 노년까지 수집하고 교정하여 간행한 유식학 문헌은 규기의 『법화현찬』과 『유식술기』 등을 비롯하여 32종 353권에 달한다.

또한 소현은 법상종의 역대 조사들의 현창에도 노력하였다. 금산사 광교원 내부에 법당을 마련하고서 노사나 불상과 함께 중국 법상종의 시조인 현장과 규기의 상을 봉안하였으며, 현화사의 주지로 있을 때도 법당 내부에 석가여래와 법장, 규기 및 해동의 법상종 조사 6인의 모습을 모시고 승려들로 하여금 공경하게 하였다. 이때 모신 해동 6조가 어떤 사람들인지는 자세히 알려져 있지 않다. 다만 소현의 비문에 특별히 신라의 법상종 조사로 원효와 태현을 언급하고 있어서 두 사람이 6조에 포함되었을 것으로 추정한다.

균여 이후 화엄종에서 교학의 발전을 주도한 사람은 대각국사 의천이었다. 왕자로서는 처음으로 승려가 된 그는 학문에 대한 남다른 열정을 가지고서 여러 스승들을 찾아다니며 다양한 불교 이론을 공부하였다. 그리고 보다 더 깊은 공부를 하고자 송나라로 유학 갈 것을 결심하였다. 하지만 송과 경쟁하는 거란과 공식 외교관계를 맺고 있던 상황을 고려한 왕실과 관료들은 이에 반대하였다. 그러자 의천은 선종 2년(1085)에 비밀리에 송으로 건너가 14개월 동안 화엄학을 비롯하여 천태학, 유식학, 선 등 주요 불교 이론들을 배우고 귀국하였다.

귀국한 이후 의천은 종래의 고려 화엄학과는 다른 교관겸수(敎觀兼修)의 수행법을 강조하였다. 교관겸수를 중시한 의천의 입장은 중국 화엄종의 제4조로 불리던 징관의 사상에 근거한 것이었지만, 동시에 심성의 체득을 중시했던 자신의 입장도 반영한 것이다.

의천은 기성 불교계를 비판하는 것과 동시에 새롭게 천태종을 개창하여 고려불교에 신선한 바람을 일으켰다.

교장(敎藏)의 제작

의천은 화엄학뿐만 아니라 불교학 전반에 대하여 관심을 가지고 연구하였는데, 그 과정에서 동아시아의 여러 불교 연구서들을 총괄한 교장(敎藏)을 편집, 간행하는 성과를 거두었다.

교장이란 불경에 대한 각종 연구서들을 한데 모아놓은 것인데, 불경을 모은 대장경에 대한 해설서들이라는 의미에서 속장경(續藏經)이라고도 한다.

의천은 중국에 유학하기 전부터 대장경이 거의 완성되는 것을 보고서 불경의 주석서들을 모아 교장을 편집할 것을 발원하였고, 중국에서 돌아온 이후에는 본격적으로 그 작업을 추진하였다. 그는 중국에 있을 때 여러 종파의 연구서 3,000여 권을 수집하였고, 귀국한 이후에도 국내의 사찰을 뒤져 옛 문헌들을 찾고 또 송나라, 거란, 일본 등에 사람을 파견하여 문헌을 수집하였다. 그 성과로서 선종 7년(1090)에 확인된 불경에 대한 주석서들을 경전별로 분류한 『신편제종교장총록(新編諸宗教藏總錄)』3권을 완성하였는데, 여기에는 총 1,010종 4,857권의 문헌이 수록되었다.

곧이어 의천은 흥왕사에 교장도감(敎藏都監)을 설치하고 이 문헌들을 간행하기 시작하였다. 교장의 간행에는 다른 종파의 승려들도 참여하였는데, 특히 법상종 승려들의 참여가 많았다. 법상종의 소현이 간행한 유식학 문헌들도 교장의 일부로 수록되었다. 교장 간행작업은 의천이 입적한 다음 해인 숙종 7년(1102)까지 계속되었으며, 이때 간행된 책들은 송과 거란, 일본에 전해져 각 나라의 불교학 발전에 크게 기여하였다.

의천은 교장 이외에도 화엄종의 주요 문헌들을 발췌하여 편집한 『원종문류(圓宗文類)』22권과 승려들의 비문 등을 모은 『석원사림(釋苑詞林)』250권을 편집하는 등 불교 문헌의 수집과 정리에 심혈을 기울였다. 현재는 『원종문류』3권과 『석원사림』5권 등이 남아 전한다.

4. 무인시대의 불교

무인정권과 불교계

의종 24년(1170)의 무력반정으로 무인들이 정권을 잡게 되면서 고려 사회는 크게 변화되었다. 기존의 지배층인 왕실과 문인관료들의 영향력이 급격히 쇠퇴하고 이를 대신하여 무인들이 새로운 사회 주도층으로 등장하였다. 이러한 지배층의 교체는 불교계에도 적지 않은 변화를 가져다주었다.

기존의 왕실 및 문인관료들과 연결되었던 수도 중심의 불교는 쇠퇴하고 그 대신에 권력으로부터 독립하여 자율적으로 운영하고자 했던 지방의 결사불교가 등장하였다. 무인정권은 결사불교를 지원함으로써 민심을 안정시키고 정권의 정당성을 얻고자 하였다.

무인정권이 등장한 이후에도 기존의 불교계는 한동안 세력을 유지하고 있었다. 하지만 왕실 및 문인관료들과 밀접하게 연결되었던 이들은 수차례에 걸쳐서 무인정권의 타도를 위한 움직임을 보였고 그때마다 무인 집정자들에 의해 큰 타격을 받았다.

명종 4년(1174)에 개경의 승려 2천여 명이 무인정권을 타도하기 위해 나섰다가 무인들에게 토벌되었고, 신종 5년(1202)과 6년(1203)에는 경상도 지역의 승려들이 지방 민중과 연합하여 무인정권에 대한 반란을 일으켰다가 토벌되었다.

고종 4년(1217)에는 침입해 온 거란군을 물리치기 위해 동원되었던 개경의 승려들이 도리어 집권자 최충헌을 죽이려다가 최충헌의 병사들에게 진압되어 수백 명이 죽고 말았다.

이와 같은 과정을 거치면서 기존 불교계의 중심 세력들은 거의 대부분 도태되었다. 왕실 및 문벌 출신들이 교단의 중심을 이루고 있던 화엄종과 법상종 세력은 크게 위축되었고, 선종과 천태종에서도 중앙에서 활동하던 기존의 중심 세력이 밀려나고 중앙의 권력으로부터 떨어져 있던 사람들이 새롭게 종단을 주도하게 되었다.

무인정권기의 불교계의 새로운 흐름은 지방에서 일어난 결사(結社) 불교였다. 개경을 떠나 지방의 조용한 곳에 함께 모여 오로지 수행에만 정진하는 결사불교는 무인정권기 이전에도 있었지만, 불교계 전체에 별다른 영향을 미치지 못하고 있었다. 하지만 기존의 불교계가 쇠퇴한 상황에서 결사불교는 이제 불교계의 새로운 대안으로서 불교계의 구심점 역할을 하게 되었다.

당시의 대표적인 결사로는 화엄종의 반룡사(盤龍寺)와 수암사(水巖寺), 법상종의 수정사(水精寺), 선종의 수선사(修禪寺), 천태종의 백련사(白蓮社) 등이 있는데, 특히 수선결사와 백련결사는 종래 불교계의 문제점을 극복할 수 있는 새로운 사상과 신앙을 제시하면서 불교계의 중심 세력으로 등장하였다.

지눌과 수선사

수선결사 즉 수선사(修禪寺)는 보조 지눌(普照知訥, 1158~1210년)국사에 의해 시작되었다.

하급 관료 집안 출신인 지눌은 어려서 사굴산문으로 출가하였고, 명종 12년(1182)에 승과에 합격하였다. 지눌이 결사를 처음 시작한 것은 명종 20년(1190)이었다. 이때 지눌은 평소 세속의 명리를 떠나서 수행에 매진하자고 약속했던 동료 득재(得才)의 초청으로 팔공산 거조암에 머물게 되었는데, 이곳에서 「권수정혜결사문(勸修定慧結社文)」을 짓고 선종과 교종의 승려는 물론 유교, 도교의 사람들까지 포괄하는 수행결사를 조직하였다. 결사의 이름인 정혜(定慧)는 정과 혜를 함께 닦으라고 말한 『육조단경』의 가르침에 따른 것이었다.

지눌은 명종 27년(1197)에 지리산 상무주암에서 수도하던 중 대혜 종고(大慧宗杲)의 『보각선사어록(寶覺禪師語口)』에 나오는 다음 구절을 보고서 문득 깨달음을 얻는다.

> 선(禪)은 고요한 곳에 있지 않으며 또한 소란한 곳에 있지도 않다. 일상의 인연에 따르는 곳에 있지 않고, 또한 생각으로 분별하는 데 있지도 않다. 그러므로 먼저 고요한 곳, 소란한 곳, 일상의 인연에 따르는 곳, 생각하고 분별하는 곳을 버리지 않고 참선해야 홀연히 눈이 열리고 모든 것이 집안의 일임을 알게 되리라.

이후 지눌은 이러한 깨달음의 입장에서 자선의 선사상을 체계화하고 교화를 펴나갔다.

신종 3년(1200)에는 보다 넓은 곳을 찾아 송광산 길상사(현재의 송광사)로 옮겨서 입적할 때까지 이곳에 머무르며 가르침을 폈다. 그리고 희종 원년(1205)에는 산과 결사의 이름을 조계산과 수선사로 바꾸었다.

수선사는 지눌의 제자인 혜심(慧諶) 대에 크게 발전하였다.

혜심(1178~1234년)은 본래 국자감에서 유학을 공부하다가 어머니의 죽음을 계기로 신종 5년(1202)에 지눌의 문하로 출가하였다. 이후 지눌의 가르침을 이어 계승자로 인정받았으며, 지눌이 입적한 이후에는 수선사의 제2대 사주가 되어 스승의 가르침을 선양하기 위하여 노력하였다. 그가 사주로 있는 동안에 수선사의 명성은 크게 높아졌으며 후원자들도 확대되었다.

지눌 대에 수선사의 주된 후원층은 지방의 향리층들이었지만 혜심 대에는 왕실과 고위 관료들이 주된 후원자가 되었다. 특히 당시 무인집정자 최우는 혜심을 신뢰하여 수선사에 많은 후원을 하였을 뿐 아니라 자신의 아들들을 그 문하에 출가시키기까지 하였다.

이처럼 왕실과 고위 관료들의 후원을 얻었던 혜심은 승과를 거치지 않았음에도 불구하고 예외적으로 고종 3년(1216)에 대선사라는 최고위의 승계를 받기도 하였다.

혜심 대 이후 수선사는 최씨 무인정권의 비호 아래 불교계 최고의 위상을 계속하여 유지해 갔다. 특히 몽골의 침입을 맞아 강화도로 천도한 이후 최우는 강화도에 자신의 원찰로서 선원사(禪源寺)를 세우고 그 사주로 수선사 출신의 사람을 임명하였다. 이때부터 수선사 사주의 제자가 선원사 사주를 맡은 다음에 수선사 사주가 되는 것이 전통이 되었다.

수선사의 사상적 전통은 지눌의 가르침에 입각하였는데, 그 내용은 지눌의 비문에 다음과 같이 기록하고 있는 바와 같았다.

스님은 늘 사람들에게는 금강경을 읽으라고 권하였고, 가르침은 늘 육조단경에 의거하면서, 이통현의 화엄론과 대혜 종고의 어록으로 보충하였다. 수행법으로는 세 가지 방법을 제시하였는데, 성적등지문(惺寂等持門), 원돈신해문(圓頓信解門), 간화경절문(看話經截門)이다.

요컨대 지눌은 자신이 깨달음을 얻었던 혜능과 이통현, 대혜 종고의 사상에 의거하여 가르침을 폈으며, 이것이 수선사의 사상적 전통을 이루었던 것이다.

3문(門) 중에서 성적등지문은 혜능의 가르침에 의거하여 정혜쌍수, 즉 정과 혜를 함께 닦을 것을 말한 것이고, 원돈신해문은 중생들이 본래 성불한 존재라고 하는 이통현의 사상에 의거한 것으로서 자신이 부처인 것을 깨닫자는 가르침이다. 또한 간화경절문은 대혜 종고의 간화선으로서 화두를 참구하여 단박에 깨달음을 얻는 수행법을 말한다.

요세와 백련사

천태종의 백련결사(白蓮結社), 즉 백련사는 요세(了世, 1163~1245년)에 의해 시작되었다. 요세는 신번현(현재의 합천 지역)의 호장 집안 출신으로 12세에 고향의 천태종 사찰에서 출가한 후 23세 되던 명종 4년(1174)에 승과에 합격하였다.

그 후 여러 사찰을 돌아다니며 천태학을 수학하던 중 신종 원년(1198)에 개경의 고봉사(高峰寺)에서 개최된 법회에 참석했다가 실망하고서 뜻을 같이하는 동료들과 신앙결사를 만들 생각을 하였다.

이때 팔공산에서 정혜결사를 시작하였던 지눌이 요세에게 글을 보내어 참여를 권유하였으므로 동료들과 함께 정혜결사에 참여하여 참선수행을 경험하였다. 그러나 참선수행으로 만족하지 못했기에 지눌이 송광산으로 옮길 때 동행하지 않았으며, 희종 4년(1208) 월출산에 머물 때 문득 '천태의 묘해(妙解)에 의지하지 않으면 수행의 120병(病)을 어찌할 수 없다'라고 했던 영명 연수의 말을 생각하고서 천태의 법화신앙에 의한 수행을 결심하였다.

이후 만덕산(萬德山)으로 옮긴 그는 고종 3년(1216)에 백련결사를 결성하고 고종 19년(1232)에는 보현도량을 설치하여 본격적으로 천태신앙에 기초한 결사운동을 전개하였다. 백련결사는 천태종의 법화신앙과 정토신앙에 기초한 신앙결사였다. 백련결사의 중심이 된 보현도량은 법화 삼매를 닦아 정토왕생을 희구하는 것을 기본으로 하였다.

구체적인 수행법은 천태 지자의 『법화삼매참의(法華三昧懺儀)』의 내용에 의거하였다. 요세 스스로 이에 의거하여 매일 선관(禪觀)을 닦는 여가에 법화경 전체를 독송하고, 준제(准提)다라니 천 번과 아미타불 만 번을 염송하며, 53체불(體佛)을 열두 번씩 돌며 전생의 업장을 참회하는 수행을 하루도 빠지지 않고 실천하였다. 이로 인해 그는 당시에 '서참회(徐懺悔)'라는 별명으로 불리기도 하였다.

요세의 백련결사는 천태교학에 기초하면서 정토염불신앙을 중시하였는데, 이는 정토신앙을 적극적으로 받아들인 북송대 천태종의 신앙 경향과 통하는 것이었다.

또한 요세는 지눌이 주재한 정혜결사에도 참여했기 때문에 선에도 이해가 깊었지만 경전과 계율을 무시하고 참선만 하는 것에 대해서는 비판적인 입장을 보였다. 이는 의천의 선종에 대한 비판적 입장과 통하는 것이었다. 그렇지만 요세는 자신의 사상적 계보를 이야기할 때 의천 이래 고려 천태종의 흐름은 그다지 중시하지 않았다.

요세 이후 백련사는 제자인 천인(天因)과 천책(天頙) 등으로 계승되었다. 천인과 천책은 모두 성균관에서 공부한 유학자 출신이었는데, 고종 15년(1228)에 함께 요세의 문하로 출가하였다.

그리고 중앙관료와 유학자들도 백련사에 관심을 갖고 참여했는데, 그 배경에는 유학자였던 천인과 천책의 역할이 컸기 때문이라고 보고 있다. 천인과 천책 이후 백련사는 그 제자들에 의하여 계승 발전되면서 수선사와 함께 무인 집권기의 불교계를 대표하는 수행결사로서 그 위상을 확립해갔다.

재조(再雕) 대장경

무인 집권기인 고종 18년(1231)에 몽골의 군대가 고려에 침략해 들어왔다. 최씨 무인정권은 일단 몽골의 요구를 들어주기로 하고 강화조약을 맺은 뒤 다음 해에 곧바로 강화도로 천도를 단행하면서 결사항전을 선언하였다. 이후 몽골은 고종 46년(1259) 고려 정부가 최종적으로 항복할 때까지 계속 군대를 보내서 전국을 유린하였다.

이 과정에서 고려가 겪은 피해는 막심한 것이었는데, 불교계로서는 특히 부인사에 보관되어 있던 대장경판이 몽골군의 방화로 불타 없어짐으로써 현종 대 이래 장기간에 걸쳐 행해졌던 노력이 수포로 돌아갔다. 대장경이 의미하는 국가의 문화적 자존심을 고려할 때 이러한 사태는 간과할 수 없는 것이었으므로 곧바로 대장경을 다시 만드는 불사가 시작되었다.

　고종 24년(1237) 대장경을 다시 만드는 작업을 본격적으로 시작할 때 이규보가 국왕을 대신하여 지은 「대장각판군신기고문(大藏刻板君臣祈告文)」에는 대장경을 다시 만드는 고려인들의 마음을 다음과 같이 표현하고 있다.

> 이런 큰 보배가 없어졌는데 어찌 일이 힘들다고 하여 다시 만드는 것을 꺼리겠습니까? 이제 국왕과 관료들은 함께 큰 서원을 발하여 담당 관청을 두고 일을 시작하려 합니다.(중략)
> 원하옵건대 부처님과 여러 천신들은 이 간곡한 정성을 굽어 살펴주십시오. 신통한 힘을 빌려주어 오랑캐들을 멀리 쫓아내어 다시는 우리 국토를 밟는 일이 없게 해 주시고, 전쟁이 그치어 나라가 편안하며 국운이 만세토록 유지되게 해 주십시오.

　대장경의 재조(再雕) 작업은 담당 관청인 대장도감(大藏都監)의 관리 아래 이루어졌다. 대장도감은 강화도의 본사(本司)와 함께 남해섬에 분사(分司)를 두었다. 본사에서는 대장경 제작을 위한 계획수립과 경비의 조달 등을 담당하였고, 대장경의 실제 판각 작업은 주로 남해의 분사에서 이루어졌다.

　남해섬은 대장경판의 재료가 되는 목재를 조달하기 유리한 지리적 조건을 가지고 있었고, 계속되는 몽골의 침략으로부터도 비교적 안전한 지역이었다. 그뿐만 아니라 이 지역은 대장경 제작비용의 대부분을 담당하였던 무인집정자 최우와 그의 처남 정안(鄭晏)의 경제적 기반이 있는 곳으로 필요한 경비의 조달에도 유리하였다. 최씨 정권은 최충헌 이래 진주를 중심으로 한 지역에 식읍(食邑)을 하사받아 자신들의 경제적 기반으로 삼고 있었고, 하동을 본관으로 하는 정안 역시 남해섬에 많은 토지를 가지고 있었다.

대장경의 재조작업은 고종 38년(1251)에 최종적으로 완료되었다. 이 재조대장경에는 모두 1,496종 6,568권(639함)의 불경이 포함되었는데, 고려 전기의 대장경에 비하여 500여 권 이상 늘어난 것이었다. 완성된 대장경판은 총 81,137개이며 하나의 경판 양쪽에 경전을 새겼으므로 인쇄된 대장경의 분량은 총 16만 면을 넘는다.

대장경을 새로 제작할 때는 단순히 종래의 대장경을 그대로 판각하는 데 그치지 않고 새로 대장경에 포함될 경전의 목록을 작성하고, 여러 판본을 모아 가장 완전한 내용이 되도록 노력하였다. 이러한 목록 작성과 교감 작업을 주도한 사람은 화엄종 승려인 수기(守其)였다. 승통이던 수기는 불타버린 대장경의 인쇄본을 저본으로 하고 거기에 송나라 및 거란의 대장경, 그리고 그 밖에 구할 수 있는 여러 판본들을 대조하여 최선본을 작성하였다. 이와 같은 여러 판본의 교정 내용은 그가 편집한 『고려국신조대장교정별록(高麗國新雕大藏經校正別錄)』에 자세히 기록되어 있다.

완성된 대장경판들은 추가로 판각된 것과 함께 강화도로 운반되어 대장경판당에 보관되었다. 고려가 몽골에 항복하여 개경으로 환도한 이후에도 계속 강화도에 보관되어 있던 대장경판은 조선 개국 직후인 태조 7년(1498)에 해인사로 옮겨 봉안되었다.

해인사에는 본래 고려의 실록 등을 보관하는 사고(史庫)가 있었는데, 조선 개창 이후『고려사』의 편찬을 위해 고려왕조실록을 서울로 옮긴 후 비어 있는 사고에 대장경을 봉안한 것이다. 원래 대장경을 보관하고 있던 강화도의 대장경 판전은 이후 조선 왕조의 사고로 사용되었다.

고려의 재조대장경은 근대 이전에 동아시아에서 제작한 대장경 중 유일하게 판본이 온전하게 남아 있는 대장경이며, 또한 다양한 판본을 대조한 꼼꼼한 교정으로 가장 완전한 내용을 가지고 있는 것으로도 유명하다.

그리고 다른 곳에는 전해지지 않는 불경들도 여러 종 수록하고 있다. 고려대장경은 당시 사회에서 불교의 위상과 역할을 조망할 수 있는 중요한 유산으로 평가받고 있다.

한편 고려 말 청주의 흥덕사에서 백운 경한이『불조직지심체요절(佛祖直指心體要節)』이란 책을 금속활자본으로 간행하였는데 이것은 지구상에서 가장 오래된 금속 인쇄본으로 평가되고 있다. 백운은 역대 부처님과 조사들의 법어와 게송 등에서 선의 요체가 되는 것을 가려 뽑아 제자들에게 가르치기 위해 금속활자를 통해 불서를 간행하였던 것이다.

이것은 통일신라시대 목판인쇄본 무구정광대다라니경과 함께 우리 선조들이 불교를 널리 알리기 위해 매우 노력하였다는 것을 확인할 수 있고, 우리 선조들이 문화적으로 세계를 선도해 나갔음을 알 수 있는 것이다.

5. 원나라 간섭기의 불교계

불교계의 친원화(親元化)

무인정권이 몽골과의 결사 항전을 주장하고 부처님의 가호를 빌기 위하여 대장경 제작에 열의를 기울였지만, 고려는 결국 몽골에 굴복하고 말았다. 고려가 항복한 직후 몽골은 국호를 원(元)으로 바꾸고 새로운 복속국이 된 고려를 자신들의 뜻대로 통치하기 시작하였다. 몽골과의 항전을 주도했던 무인정권은 원의 압력으로 붕괴되었고 국왕 중심으로 복귀되었다. 하지만 실제로는 원에서 파견된 관료 및 원의 지배층과 결탁한 세력들이 정치를 주도하였고, 왕실도 자신들의 영향력을 유지하기 위해서 원나라 권력자들의 의사를 따르지 않을 수 없었다.

고려의 국왕은 원에 의하여 언제든지 교체될 수 있었고 고려 왕실 내부에서는 왕위를 지키기 위해서 아버지와 아들이 서로 경쟁하면서 원나라 지배층의 후원을 얻기 위해 노력하였다. 이러한 상황에서 불교계 또한 원의 통치에 순응하는 형태로 변하지 않을 수 없었다. 원의 간섭 아래 고려 정부가 독자적인 정치 운영을 하지 못하고 부용국 체제에 맞춰 운영되었던 것처럼 불교계도 원나라에 복속된 모습을 보였다.

모든 법회 의식에서는 국왕과 왕실의 안녕을 축원하기에 앞서 원나라 황제와 황실의 안녕이 축원되었고, 주요 사찰들은 기존의 세력을 유지하기 위하여 원나라 황실과 귀족들의 원찰이 되기를 자청하였다. 원나라는 불교를 숭배하였기 때문에 원 황실과 귀족들의 원찰로 지정되면 정치적 보호와 함께 경제적 후원을 얻을 수 있었다.

고려불교의 오랜 전통인 담선(談禪)법회도 원의 압력에 의해 중단되었다. 태조 때에 시작된 담선법회는 선사상의 홍포와 함께 외침을 당하였을 때 이를 극복하는 의미를 담아 국가적 규모로 행해져 왔다. 그런데 충렬왕 대 초기에 일부 친원파들이 원나라 조정에 담선법회는 원나라를 저주하기 위한 행사라고 모함하여 고려가 원의 지배에서 벗어나는 공민왕 대까지 담선법회는 개최될 수 없었다. 또한 고려불교의 최고 명예직인 국사라는 호칭도 원나라의 국사 칭호와 중복을 피하기 위해서 국존(國尊) 또는 국통(國統)으로 바뀌었다.

무인집권기에 불교계의 개혁을 주도하였던 결사불교도 그 성격이 변질되어 갔다. 최씨 정권 아래서 불교계를 주도하였던 수선사는 원 간섭기에 들어서면서 원나라 황실의 비호를 받는 사찰로 그 성격이 변하였다.

결사불교마저 변질되는 가운데 이 시기에 두드러진 활약을 보인 승려는 일연(一然, 1206~1289년)이었다. 특히 그는 문헌 편찬에 몰두했는데, 불교를 중심으로 삼국시대의 역사적 일화들을 모은 『삼국유사』를 비롯하여 여러 저술을 남겼다. 원 간섭기에 고려 사회와 불교계가 정체성이 흔들릴 때 사상적 기반을 확인하기 위해서 노력했던 일연의 작업은 민족사와 불교사에 공히 매우 소중한 문화유산이 되었다.

새로운 사조의 수용

원 간섭기에는 원과 고려 사이의 인적 교류가 활발하였으므로 불교계에서도 서로 많은 영향을 주고받았다.

원 간섭기 초기에는 원나라 황실에서 신봉하던 티베트불교가 고려에 유입되었다. 이 시기에 황제의 사신으로 고려에 들어온 인물 중에 티베트 승려들이 있었으므로 고려는 이들을 통하여 티베트불교를 접하게 되었다. 또한 원나라의 공주가 고려의 왕비가 된 이후에는 공주의 신앙과 관련하여 티베트불교는 공주의 수행원과 고려에 거주하는 몽골 관인들을 중심으로 신앙되었다.

고려 왕실에서도 충렬왕과 충선왕이 티베트 승려로부터 보살계를 받기도하여, 어느 정도 수용하는 모습을 보여 주었다. 더 나아가 고려 출신으로 원에 들어가서 티베트불교의 승려가 되는 사람도 있었다. 이들은 황실의 각별한 존중을 받았으므로 고려에 있는 가족들에게는 특별한 우대 조치가 베풀어졌다.

하지만 고려에서의 티베트불교 수용은 황실에 대한 존중과 공주에 대한 배려의 성격이 강했으며 전체 불교계나 일반 사람들에게 큰 영향을 미쳤던 것으로 보이지 는않는다. 다만 원나라 황실을 축원하는 법회의식 등을 통하여 티베트불교의 의례와 불상, 불구(佛具) 등이 수용되었던 것으로 보인다.

이와는 반대로 원나라의 수도 연경(燕京, 현재의 북경)에 고려인들이 모여 살게 되면서 고려의 불교가 원나라에 소개되기도 하였다. 원에 거주한 고려인들은 티베트불교보다는 전통적인 중국불교의 신자가 되었으며 때로는 독자적으로 사찰을 세우고 고국에서의 신앙생활을 계속하기도 하였다. 이러한 신앙 활동은 원나라 고관들과 결혼한 고려의 여인들이 중심이 되었으며 황제의 후궁이나 내시들도 참여하였다. 고려인들이 세운 사찰은 이후 고려에서 유학 온 승려들의 활동 거점이 되기도 하였다.

이와 함께 고려의 왕위에서 물러나 원나라 조정에서 활약한 충선왕의 불교 후원 활동도 중국 불교계의 발전에 많은 영향을 미쳤다.

충선왕은 황실의 대표로서 여러 종파와 긴밀한 관계를 유지하면서 많은 승려들을 후원하고 백련종(白蓮宗)을 부흥시키는 데에도 관여하였다. 또한 개인적으로도 연경과 강남지방의 주요 사찰에 대장경을 인출하여 시납하고, 임제종의 고승 중봉 명본(中峰明本)과도 교유하였다. 강남지역을 순회할 때는 의천이 유학하였던 항주의 혜인사(慧因寺)를 방문하고 토지를 시주하여 중흥의 기반을 마련해 주기도 하였다.

그리고 고려인들에 의해서 고려의 불교 성지가 원나라 지배층에 알려져 특별한 존중을 받기도 하였다. 특히 법기(法起)보살의 상주처로 알려진 금강산은 원나라 황실과 고관들의 불사가 계속되었고, 다른 유명 사찰들에도 원의 고관과 연경 거주 고려인들의 후원이 적지 않았다.

고려 말의 불교계

13세기 말에 몽산 덕이(蒙山德異, 1231~1308년)의 사상을 수용하면서 널리 확대된 간화선의 수행법은 14세기 중반에 접어들면서 고려불교계의 주류가 되었다. 원의 지배 아래서 중국의 전통적 종파들이 쇠퇴하는 가운데 선종만이 강남지방을 중심으로 크게 발전하고 있었던 점도 고려에 간화선이 성행하는 배경이 되었다.

간화선풍이 불교계의 일반적 수행법으로 받아들여지면서 재가 신자들의 화두참구도 성행하였다. 이러한 상황에 힘입어 귀족 자제들이 선종으로 출가하는 예가 점차 많아졌다. 급기야 선종은 명실상부한 불교계의 중심이 되었고, 교학불교의 승려들도 참선을 주로 하게 되어, 결국 선종과 교종의 구분은 흐릿해지고 말았다.

본래 선문의 규범으로 정해진 『백장청규(百丈淸規)』가 원나라에서 수입되어 불교사원 전반의 규범으로 받아들여졌고, 종파를 넘나드는 승려들의 교류가 활발해졌다.

특히 태고 보우(太古普愚, 1301~1382년)는 오늘날 한국불교조계종의 법맥과 종풍을 정립한 중흥조로 일컬어질 정도로 불교에 크게 기여하였다. 태고는 고려 충렬왕 대에 관리의 아들로 태어나 13세에 양주 회암사로 출가하였다. 19세부터 화두를 참구하였으나 선교를 겸수하여 26세에는 화엄종 승과에 합격하였던 만큼 교학에도 조예가 깊었다. 그 후 다시 선에 정진하여 37세에 오매일여(寤寐一如)의 경지에 들어 마치 세상을 크게 버리고 죽은 사람인 듯 보였는데 38세에 활연대오하고 오도송을 읊었다. 태고는 깨친 이후 46세가 되는 1346년 당시 선의 중심이었던 중국에 가서 순례하던 중 '강호의 진정한 안목은 석옥에게 있다'는 말을 듣고 석옥 청공(石屋淸珙, 1257~1352년)을 친견하고 깨침을 인가받았다. 석옥은 조계 혜능, 마조, 임제의 법을 이은 임제종 양기파의 선사로, 태고는 임제 선법의 증표로 의발을 받아 돌아왔다.

태고는 56세가 되는 고려 공민왕 대에 왕사로 추대되어 처음에는 응하지 않았으나 거듭된 청으로 원융부(圓融府)를 설치하고 당시 각각의 문중으로 화합하지 못하던 구산선문의 통합을 추진하고 한양 천도를 주장하였다. 태고의 이러한 뜻은 선종은 본래 하나인데 구산으로 나누어져 화합하지 못하는 병폐를 치유하며 나아가 의천에 의해 약화된 선종을 중흥하여 『백장청규』의 정신을 되살리고 간화선풍을 드높이려는 시도였다. 그리하여 오늘날 대한불교조계종은 태고 보우를 중흥조로 모시고 있다.

나옹 혜근(口翁惠勤, 1320~1376년) 역시 태고 보우와 동시대인으로 고려말 선풍을 떨친 대선사였다. 흔히 한국불교계 삼화상(三和尙)하면 '지공·나옹·무학'을 꼽고 사찰의 삼성각에 진영을 모시어 둔 곳이 있을 정도로 이름난 고승들이다. 나옹은 20세에 문경 사불산 묘적암으로 출가하여 화두 참구를 하였으며 양주 회암사에서 깨치고 원나라 연경으로 가서 선지식을 친견하였는데, 평산 처림과 지공, 두 선사로부터 전법인가를 받아 각각 가사와 불자를 받고 돌아와 간화선풍을 떨쳤다. 공민왕은 나옹을 왕사로 추대하였고, 무학 등 나옹의 제자 100여 명이 고려 말 이성계를 도와 조선을 개국하는 데 큰 역할을 한다.

이와 같이 불교계가 간화선을 중심으로 통합되어 가는 가운데 불교계 밖에서는 성리학이 신진사대부들에게 수용되어 새로운 사회의 지도이념으로 자리 잡아 가고 있었다. 그런데 사회개혁을 위한 정치 이념으로 수용된 성리학의 세력이 확대되면서 불교를 배척하는 이론들도 제시되기 시작하였다.

사찰이 왕실 및 권문세가와 연결되어 막대한 토지와 노비를 점유하는 상황이 발생하고, 자질이 부족한 사람들이 승려가 되어 수행자의 모습을 유지하지 못하는 경우를 비판하는 목소리가 높아갔다.

이를 극복하기 위해 사찰재산의 축소와 승려 자격의 강화가 제시되기도 하였으나, 이러한 개혁이 기득권 세력의 저항에 부딪혀 실시되지 못하면서 점차 불교 이론 자체에 대한 비판이 강화되었다.

특히 위화도 회군으로 사대부들이 권력을 장악한 이후에, 사회의 개혁 방향을 둘러싸고 보수파와 진보파가 대립하는 과정에서 진보파들은 자신들의 정체성을 드러내기 위해서 불교에 대한 비판의 목소리를 더욱 높였다. 이들은 모든 사찰을 철폐하여 관청과 학교로 서용하고 승려는 환속시켜 군역에 충당하자는 척불론을 주장하였다.

보수파와 진보파의 심각한 대립 끝에 진보파 사대부들이 승리하여 조선 왕조가 열리게 되었고, 척불론은 사대부들 사이의 명분으로 확립되었다.

비록 일부 국왕의 불교에 대한 호의와 전통적 신앙에 대한 민심의 고려로 척불론이 온전히 실시되지는 못하였지만, 임진왜란 이전까지 조선시대 사대부들은 궁극적으로 척불의 완성을 지향하며 정책을 추진해 갔다.

조선시대의 불교

1. 조선 전기의 불교 정책

종단의 통폐합과 승려 환속정책

조선 왕조는 개창 이래 불교에 대한 배척과 숭유를 명분으로 하였다. 조선 왕조의 개창을 주도하였던 정도전은 『불씨잡변(佛氏雜辨)』을 통해 불교의 윤리적 문제와 사회적 폐단을 지적하며 불교의 혁파를 강력히 요구하였다. 정도전의 불교 비판은 고려 말 이래의 배불론의 연장선상에 있는 것으로, 불교교리에 대한 심도 있는 이해에 기반한 것은 아니었지만 이러한 공격에 대하여 불교계는 적극적으로 대응하기 힘든 상황이었다. 또한 성리학에 입각하여 왕조를 개창한 상황에서 왕실도 불교를 적극적으로 옹호하지 못하였다.

불교에 대한 규제는 태조 대부터 시작되었지만 태조는 스스로 불교를 숭배하였기 때문에 일부의 불교계의 폐단을 제거하고 승려들에 대한 지나친 특권을 제한하는 수준에 그쳤다. 하지만 성리학을 배워 과거에 합격하였던 태종이 즉위하면서부터 불교에 대한 억압정책은 본격화되기 시작하였다.

　태종 5년(1405)에 처음으로 국가에서 정한 사원에만 토지와 노비를 지급하고 나머지 사찰들을 혁파하는 조치를 시행하였다. 이 조치로 11개 종단, 242여 곳의 사찰만 남게 되었으며, 사찰당 20~200결(結)[4]의 토지와 10~100여 명의 노비가 인정되었고, 그 이외에 불교계가 보유하고 있던 토지와 노비는 모두 몰수되고 말았다. 그 당시에 사원전(寺院田) 3~4만 결과 노비 8만 명 정도가 몰수되었다고 한다. 이에 앞서 폐사의 토지와 노비를 국가에 귀속하는 조치도 시행하였다.

　불교계에 대한 정리는 이후 더욱 진행되어 태종 7년(1407)의 기록에는 11개 종단이 7개로 줄어든 것으로 나타나고 있다. 남아 있던 종단은 조계종, 천태종, 화엄종, 자은종(慈恩宗), 중신종(中神宗), 총남종(摠南宗), 시흥종(始興宗) 등이었다.

　세종 대 초기에는 억불책이 더욱 강화되었는데, 세종6년(1424)에는 7개 종단을 다시 선·교의 양종(兩宗)으로 통합하였고 사찰의 수도 선·교 각각 18사찰씩 36곳만을 존속시켰다. 또한 기존에 국가에서 불교계를 관리하던 승록사를 폐지하고 그 대신에 불교 자체의 기관으로서 선종과 교종의 도회소(都會所)를 설치하였다. 선종과 교종의 도회소는 각기 흥천사와 흥덕사에 설치되어 각 종단의 업무를 따로 관장하였다. 그리고 내불당을 폐지하고 승려들의 도성 출입을 제한하였다.

4　결(結) : 조세 징수를 위해서 논밭의 면적을 재던 단위.

세조 대에는 사원전을 확대하고 수조권을 보장하는 등 불교 정책이 이전에 비해 완화되었으나 성종 대에 들어 불교에 대한 억제정책이 다시 강화되었다. 이는 신진사림이 중앙정계로 진출하기 시작한 것과 궤를 같이한다. 신진사림을 중심으로 한 성리학자들은 당시 조선에 10,000여 곳의 사찰에서 100,000여 명의 승려들이 하는 일 없이 무위도식하여 나라의 병폐가 된다고 하면서 불교계에 대한 보다 적극적인 억압정책을 펼 것을 주장하였다.

이에 따라 성종 2년(1471)에 도성 안의 염불소를 없애고 세조가 불전의 간행을 위하여 설립한 간경도감을 폐지하였다. 또한 세조 대에 편찬이 시작된 『경국대전』을 완성하면서 승려에 대하여 불리한 규정을 넣었는데, 이는 승려들의 신분과 역할을 법적으로 규정하여 불교를 공식화하고자 한 세조의 본래 의도와는 다른 것이었다.

성종 23년(1492)에는 도첩의 발급마저 중지시켜 승려가 되는 길을 막았고, 도첩이 없는 승려는 환속시켜서 군역에 충당하였다.

도첩(度牒)이란 승려가 되는 것을 국가에서 허가하고 승려로서의 신분을 인정하는 일종의 승려 증명서로 이미 고려시대에도 시행되었다. 그런데 조선에서는 승려의 수를 줄여 국가에서 필요한 생산력 및 노동력을 확보하려는 의도로 도첩의 발급에 여러 가지 조건을 붙였다. 태조 대에는 도첩을 발급하는 대가로 막대한 액수의 포목을 도첩전으로 받았다.

그 결과 현실적으로 승려가 되는 것이 어렵게 되자 도첩이 없는 비공식 승려들의 수가 늘어나게 되었다. 이에 태종이 도첩이 없는 승려들을 색출하여 처벌하자 승려의 수는 급격히 줄어들었다. 그러나 세종 대부터는 도첩 규제가 완화되어 국가의 토목공사에 승려들이 참여하는 대가로 도첩을 발급하는 한편 도첩이 없는 승려들에 대한 구제책을 시행하였다.

세조 대에는 도첩을 발급받는 비용을 크게 줄여 주었다. 이로써 성종 초까지는 많은 도첩이 발급되어 승려의 수가 다시 급속히 늘어났고, 이에 대한 반발로서 다시 도첩제를 철폐한 것이다. 도첩제가 더 이상 실시되지 않았다는 것은 승려가 될 수 있는 공식적인 통로가 막혔다는 것을 의미한다.

사림의 집권과 폐불정책의 단행

성종의 뒤를 이은 연산군은 사원의 토지를 몰수하고 승려들을 환속시켰으며 선종과 교종의 도회소를 폐지시켰다. 이에 선교 양종은 광주 청계사로 옮겼지만 승과도 실시할 수 없었고 실질적으로는 해체된 것과 같았다.

연산군 대의 폐불은 일정한 원칙에 의거한 것이 아니라 편의에 의한 즉흥적인 성격이 강하였다. 그러나 중종반정으로 사림들이 정권을 장악한 이후에는 성리학에 입각한 완전한 폐불정책이 본격적으로 추진되기 시작하였다.

연산군 대의 승과 중지에 이어서 법에 규정되어 있는 승과를 시행하지 않아 승과가 유명무실하게 되었고, 중종 5년(1510)에는 다수의 사찰을 혁파하고 그 토지를 향교에 소속시켰다.

또한 중종 11년(1516)에는 『경국대전』에서 승려의 출가를 규정한 도승조(度僧條)를 삭제하였다. 이는 불교에 대한 공식적 폐불을 의미하는 것이었다. 승려들은 더 이상 승려로서의 신분을 보장받을 수 없게 되었고, 사찰에 소속된 토지와 노비는 완전히 몰수당할 상황에 처하게 되었다.

이제 불교는 더 이상의 법적인 존재 근거를 잃고, 없어져야 할 대상이 되고 말았다. 남아 있는 승려들에게는 도첩 대신 호패가 지급되었고 환속이 요구되었다. 결국에는 깊은 산중에 있는 작은 사찰들을 중심으로 소수의 승려들이 근근이 수행하면서 생존의 길을 모색하게 되었다.

2. 왕실의 후원과 불전의 간행

왕실의 불교 후원

태조는 불교와 깊은 인연을 맺고 있었고 불교 정책에서도 매우 호의적인 입장을 취하였다. 개국 원년(1392)에 무학 자초(無學自超, 1327~1405년)를 왕사로 삼았고, 3년에 천태종 승려 조구(祖丘)를 국사로 삼았다. 무학대사는 나옹의 제자로서 조선 개국과 한양 천도에 큰 역할을 하였다.

태조는 법화경 3부를 금으로 사경하여 조선의 건국 과정에서 희생된 고려 왕씨의 명복을 빌었고, 성안의 거리에서 승려가 경을 외우며 행차하는 경행(經行)을 허락했다. 또한 개경의 연복사를 중창하고 한양에 흥천사를 세우는 등 민심 안정의 차원에서 불교를 잘 활용하였다. 그리고 강화도 선원사에 있던 대장경판을 해인사로 옮기게 하는 등 대장경판 보존에도 큰 관심을 보였다. 내불당을 설치하고 비구니 사찰인 정업원을 존속시킨 것을 포함해서 재위 7년 동안 10여 회가 넘는 대장경의 간행과 수십 회에 이르는 대규모의 법회 개설 등은 불교에 대한 태조의 호의적인 태도를 보여 주는 것이기도 하다.

태종 대에는 국가에서 행하는 각종 불사를 금지하였지만 수륙재 등의 왕실 관련 행사는 여전히 거행되었다. 태조의 사후 사십구재 및 법회를 행하고 재궁으로 개경사(開慶寺)를 세우거나 태조의 원찰인 흥덕사 창건을 돕는 등 특히 태조와 관련된 불사에는 태종 자신이 적극적으로 간여하였다.

세종 대에도 종단을 통합하고 승려의 수를 줄이는 불교 억제정책을 쓰고 있었지만, 왕실에서의 불교 행사는 예전과 같이 거행하였다. 특히 집권 후반기로 갈수록 세종은 불교에 호의적인 태도를 보였는데, 흥천사의 사리각을 중수하는 등 각종 불사를 행하였고 혁파된 내불당을 다시 설치하였다.

세조는 조선시대의 대표적인 호불(好佛)의 군주로서 몸소 경전을 필사하고 수많은 경전을 간행, 번역하게 하였고 원각사를 창건하는 불사도 벌였다. 이는 무력반정을 통해 왕위에 오른 세조의 개인적 고뇌나 취향과도 관련이 있겠지만, 한편으로는 양반 사대부들을 주된 대상으로 하는 성리학과 달리 일반 민중들과도 깊은 관련을 맺고 있는 불교를 중시함으로써 양반 사대부들의 힘을 억제하고 국왕을 중심으로 하는 통치체제를 구축하고자 했던 세조의 정치적 의도가 반영된 것이기도 하다.

태조 대부터 세조 대에 이르기까지 관행으로 정착된 왕실의 불교 행사의 일부는 이후 억불정책이 심화된 성종 대나 중종 대에도 계속될 수 있었다.

세조의 불교 정책은 수미(守眉)와 신미(信眉), 그리고 신미의 문하인 학조(學祖)와 학열(學悅) 등을 통해 추진되었다.

신미는 세조의 총애를 받았던 김수온의 형으로 이미 세종대부터 왕실의 신뢰를 얻고 있었다. 그는 세조의 후원 아래 오대산 상원사 중창에 힘썼고 간경도감의 불전 간행과 불전 언해 사업에서 큰 역할을 하였다.

학조와 학열은 많은 왕실 관련 불사에 관여했는데, 이들이 관여한 왕실 원찰인 상원사와 낙산사는 산업경영과 재산증식으로 서민들에게 피해를 주어 비난받기도 했다. 이에 선종판사였던 신미는 승려들이 불사를 위해서 모금하는 것은 민간에 폐해를 끼치므로 금할 것을 요청했다고 한다.

불전 간행과 간경도감

억불정책의 추진으로 불교계가 크게 위축되었지만, 그런 가운데서도 왕실의 후원 아래 불교의 보급을 위해서 새로운 불서를 편찬하고 불전을 간행하는 노력도 있었다.

훈민정음이 반포되기 직전인 세종 30년(1448)에 최초의 한글 불서인 『석보상절(釋譜詳節)』이 간행되었다. 이는 부처님의 일생을 담은 것인데, 이후 세조가 된 수양대군의 주도로 이루어졌다. 그리고 일종의 찬불가인 『월인천강지곡(月印千江之曲)』도 출간되었고, 세조 5년(1459)에는 이 두 가지를 묶은 『월인석보(月印釋譜)』가 간행되었다.

세조 7년(1461)에는 간경도감(刊經都監)을 설치하여 본격적으로 다수의 불서를 간행하고 아울러 훈민정음으로 불경을 번역하는 사업을 시작하였다. 일반에게 널리 읽히는 법화경, 금강경, 능엄경 등의 경전과 수심결, 몽산법어 등의 선서가 훈민정음으로 번역되었고 승려들의 교육에 필요한 다수의 경전들이 간행되었다.

이러한 작업에는 세조가 직접 구결언해를 하며 참여했고, 효령대군, 김수온, 신미 등의 왕실 종친과 승려 등이 함께 역경 사업에 종사했다. 이는 한글 보급이라는 의의뿐만 아니라 불교의 대중화, 불교 자료의 보존 및 계승이라는 면에서 중요한 의미를 갖는다.

성종 대에 간경도감이 혁파된 이후에는 대비들을 중심으로 하는 왕실의 후원으로 금강경삼가해, 천수경, 오대진언, 육조단경 등이 훈민정음으로 번역되었다.

조선 전기의 불교 관련 저술이 거의 남아 있지 않기 때문에 현존하는 문헌들은 조선 전기의 불교를 이해하는 데 귀중한 자료가 되고 있다.

조선 전기의 불교의례와 신앙

조선 전기에 행해졌던 불교의례 중에서 대표적인 것은 연등행사와 수륙재(水陸齋)이다.

고려 때 팔관회와 함께 국가적인 행사로 시행되었던 연등회는 고려 말 이후 음력 4월 8일의 석가탄신일 봉축행사의 일환으로 민간에서 널리 행해졌다.

수륙재는 음식을 뿌려 물과 뭍에 퍼져 있는 혼령과 귀신의 고통을 구제하고자 하는 법회로 왕실에서 주로 행해졌다. 죽은 국왕과 왕족의 명복을 빌거나 왕족의 병이 낫기를 기원하기 위해 베풀어졌으므로 약사법회와 함께 하는 경우가 많았다.

불교의례는 왕실만이 아니라 민간에서도 성행하였다. 사대부들이 적극적으로 권장한 유교의례는 그때까지만 해도 사대부들 사이에서만 행해졌으며, 사회 전반에 정착되지는 못하였다. 특히 상례와 장례 등은 여전히 불교적으로 거행되는 경우가 많았다.

조선 전기에 불교는 여전히 민간에서 존중되고 있었는데, 왕실 또한 예외는 아니었다. 왕실의 일화 중에는 관음보살과 관련된 이야기가 많다. 예컨대 세조가 상원사에 갔을 때 백의(白衣) 관세음보살이 현현했다고 하는데, 그 당시의 상황은 『관음현상기』에 전한다.

그 밖에 진언과 다라니집이 간행되는 등 밀교적인 신앙도 활발하였다. 조선 전기에는 주로 왕실 중심으로 밀교의례가 거행되었지만 후기에는 민중신앙으로 확대되었다.

3. 불교의 부흥과 교단 정비

선교 양종의 재건과 의승군의 활동

폐불정책으로 인하여 산속에 은둔했던 불교계는 명종 대에 국왕의 모후인 문정왕후의 후원을 얻어 일시적으로 재건의 기회를 맞게 되었다.

명종 5년(1550)에 문정왕후는 보우(普愚)를 선종판사로 등용하면서

양종을 재건하게 하였고, 승과와 도첩제를 다시 실시하게 하였다. 하지만 이러한 불교 우대정책은 성리학적인 사회의 건설을 추구했던 사대부들의 강한 반발을 받았다.

명종 20년(1565)에 문정왕후가 세상을 떠나자마자 그동안 시행되었던 정책들이 대부분 다시 폐지되었고, 보우는 제주도에 유배되어 고문을 당하다 순교하였다. 그렇지만 이 시기에 승과를 통해 능력을 갖춘 승려들이 공식적으로 배출되었고 이들이 승직을 맡아 불교계를 직접 관장했던 것은 이후 불교가 부흥하는 기틀이 되었다.

조선 후기 불교계의 중심인물이 된 서산 휴정(西山休靜, 1520~1604년)은 승과에 합격한 후 교종·선종판사를 겸직하면서 불교계를 주도하게 되었고, 사명 유정(四溟惟政, 1544~1610년)도 승과를 통해 중앙에 진출할 수 있었다.

문정왕후 사후에 위축되었던 불교계는 임진왜란의 시기에 의승군 활동을 벌이면서 새로운 존립 기반을 마련하게 되었다.

임진왜란이 일어나자 공주 갑사에 있던 영규(靈圭)는 800여 명의 의승군을 조직하여 조헌이 이끄는 700여 명의 의병과 함께 청주성을 탈환하여 전쟁 발발 후 첫 승전을 거두었다. 이와 함께 의주에 몽진해 있던 선조는 묘향산에 있던 휴정을 불러 의승군을 조직할 것을 명하면서 팔도도총섭의 직책을 수여하였다. 이미 73세이던 휴정은 이에 호응하여 전국적 규모의 의승군을 조직하였다.

의승군의 조직은 중앙의 도총섭을 중심으로 각 도별로 선·교 양종의 총섭이 임명되어 각기 의승군을 지휘하도록 하였다. 이들의 승군은 군량 운송 및 비축과 산성 축조 등 후방 지원 역할을 수행하였고 선조 호위 수행 및 평양성 탈환 한양 수복 등의 전투에도 참여했다. 특히 유정은 일본과의 외교를 담당하여 전후 포로 3,000여 명을 데리고 왔는데, 이처럼 임진왜란에서 승려들은 큰 역할을 담당하였다. 이는 불교의 사회적 위상을 높이는 데에도 크게 기여하였다. 이러한 활동은 나라에서도 인정하여 정조 12년(1788)에 대흥사 안에 표충사가 지정되었고 묘향산 수충사와 밀양 표충사에서도 휴정과 유정 등이 향사되었다.

정묘호란 때는 휴정과 유정의 법을 이은 명조(明照)가 팔도의승대장에 임명되었고 의승군이 안주에서 전공을 세웠다. 또한 부휴 선수(浮休善修)의 제자인 각성(覺性)은 팔도도총섭을 제수받아 남한산성 축조를 관장했다. 병자호란 때는 삼남지방의 3,000여 명의 승병을 모아 항마군을 조직하기도 하였다. 이러한 승군의 활동은 불교가 사회적으로 인정되는 계기가 되었고 그러한 자신감은 문파의 성립으로 이어졌다.

문파의 성립과 법통설의 확립

왜란과 호란을 겪고 난 이후 불교계에는 특정한 스승을 계승하는 문파들이 형성되기 시작하였다. 그중에서도 중심을 이룬 것은 서산 휴정을 계승하는 서산 문도들이었으며, 이들은 의승군 활동을 통해 불교계를 주도하는 위치에 설 수 있었다. 서산 문도 내부에는 다시 여러 문파가 있었는데 그중 사명 유정을 계승하는 사명파와 편양 언기를 계승하는 편양파가 대표적이었다.

사명파는 17세기 전반 서산 문도를 대표하였는데 사회적 활동에 주력한 결과인지 문도 양성에 실패하여 18세기에는 약화되었다.

편양 언기(鞭羊彦機, 1581~1644년)는 휴정의 말년 제자로, 그를 계승한 편양파는 묘향산을 중심으로 한 휴정의 지역 기반 및 선풍을 계승하여 점차 서산문도의 주류로 등장하게 되었다. 이들은 법통설을 제기하여 불교계에서 서산의 입지를 확고히 함으로써 이후 서산 문도가 전국적으로 영향력을 행사할 수 있는 토대를 만들었다.

서산 문도와 함께 이 시기의 주요한 문파는 휴정과 동문인 부휴 선수(浮休善修, 1543~1615년)의 제자들로 구성된 부휴 문도였다. 부휴 문도는 선풍이나 활동 내용에서는 서산 문도와 커다란 차별성을 띠지는 않았고, 다만 벽암 각성(碧巖覺性, 1575~1660년) - 취미 수초(翠微守初, 1590~1668년) - 백암 성총(栢庵 性聰, 1631~1700년)으로 이어지며 호남과 호서에서 주로 활동하면서 독자적인 문파를 형성하였다.

문파가 형성되고 서산 문도가 중심적 위치를 차지하면서 법통설이 제기되었다. 휴정은 본래 자산이 지엄(智儼)에서 영관(口觀)으로 이어지는 법계를 이었으며, 지엄은 육조 혜능의 적손 대혜 종고와 임제의 적손인 고봉 원묘의 선풍을 계승했다고 밝혔다. 그러나 휴정 입적 후 문도들이 의뢰하여 허균이 지은 휴정의 행장에는 선종의 흐름으로 고려의 법안종이나 지눌을 강조하고 고려 말 나옹 혜근의 법을 휴정이 잇고 있다고 하였다. 하지만 인조 대(1623~1649년) 초부터 서산 문도들의 협의에 의해 태고 보우를 내세우는 새로운 법통설이 새로 제기되었다.

태고 법통설은 고려 말의 태고 보우를 내세워 중국 임제종의 법맥이 보우를 통해 휴정에게 연결되었다는 내용으로 인조 8년(1630)에 이식이 찬술한 『휴정문집』의 서문을 시작으로 장유, 이정구 등 당대의 문사들이 지은 서산의 비문에 기록되면서 그 권위가 확립되었다.

부휴 문도에서도 서산 문도와 함께 보우의 위상을 인정하여 보우 법통설은 불교계의 정통설로서 확립되었다.

문파가 형성되고 법계가 중시된 것과 함께 불교의례서도 편찬되었다. 17세기 중반 부휴문도의 각성과 사명파의 명조는 각기 『석문상의초(釋門喪儀抄)』와 『승가예의문(僧家禮儀文)』 등을 편찬하였다.

이 문헌들은 승려의 상례와 제례에 관한 의례문으로서 불교의 기존 청규(淸規)들을 토대로 하여 당시 일반에까지 영향을 미치고 있던 성리학의 『주자가례(朱子家禮)』의 내용을 참작하였다. 이러한 책들은 당시 사회의 실정에 맞는 승가의 상례를 정리한다는 목적을 갖고 있었다.

사찰의 중수와 경제 기반

양란 이후 의승군 활동을 통해 불교계의 위상이 높아지면서 사찰의 중창불사도 활발히 이루어졌다. 17세기 중반 이래 18세기까지 사찰의 중창이 활발히 이루어졌고 현존하는 대부분의 큰 사찰들은 이때 그 원형이 만들어진 것이다.

처음에는 중심 전각의 복원이 이루어졌고, 숙종 대와 영·정조 대를 거치면서 2차 중창사업이 벌어졌다. 법당의 재건과 함께 불상 및 불화 조성도 크게 증가하였고 야외 법회에 사용되는 대규모 괘불도 많이 만들어졌다. 이러한 불사에는 왕실 등 유력자의 후원이 중요한 역할을 하였다.

조선 후기에도 왕실은 불교를 보호하는 가장 유력한 세력이었다. 왕실의 위패를 모시는 사찰에는 특별한 우대 조치가 취해졌고 독실한 신앙심을 가진 왕실 여성들의 시주도 적극적이었다. 특히 정조는 부친인 사도세자를 위해 용주사를 창건하고 세자의 탄생에 대한 감사로 석왕사에 비문을 내리고 토지를 기부하는 등 불교에 개인적 관심을 가졌다.

안정된 경제적 기반을 확보하고 지방 관료이나 양반들의 침탈에서 벗어나기 위해서 사찰들은 왕실과 유력 가문들의 위패를 봉안하는 원찰이 되려고 노력하였다. 하지만 정부에서는 이러한 연결을 금지시키기 위하여 사찰에 위패를 봉안하지 못하게 하는 조치를 취하기도 하였다. 왕실이나 유력 가문의 후원을 얻지 못한 일반 사찰들은 안정된 경제적 기반을 갖지 못했다. 이들은 부과된 공납을 마련하고 경제적 생존을 위해서 종이나 미투리를 만들고 농업에도 종사했다.

특히 16세기 말부터 시작된 승려들의 계(契) 조직은 사찰을 유지하는 중요한 기반이 되기도 하였다. 17세기 이후에 승려들은 개인 전답 등 사유 재산을 소유하였고, 보사청(補寺廳)을 설치하여 사찰의 경제적 토대를 마련하려고 노력하였다. 승려들은 공물 생산과 채광, 각종 공예생산에 품팔이를 하기도 하였다. 19세기에는 수취체제가 문란해지면서 사찰에 대한 공납과 과세도 과도하게 요구되어 심각한 상황이었다.

더구나 승려들은 군역과 산성 축조뿐 아니라 산릉이나 제언 축조에도 부역군으로 동원되었다. 이처럼 과도한 승역(僧役)은 사찰몰락의 주요한 원인으로 대두되었고, 나라에서도 부역을 경감시켜 주는 조치를 취하기도 하였다.

근대 이후의 불교

1. 개화기의 불교

개항 이후 불교계의 변화

1876년 강화도조약 체결을 계기로 조선은 새로운 세계질서에 편입하게 되었다. 이후 사회 전반에 불어 닥친 변화의 물결에서 불교계 역시 예외가 아니었다. 산중에 머물러 있던 불교는 이제 급변하는 사회에 걸맞은 새로운 위상을 세워야만 했다.

개항과 함께 나타난 종교상의 새로운 변화는 서구 종교가 포교의 자유를 획득하여 본격적인 활동을 펴면서 종교경쟁의 시대에 돌입하게 되었다는 것이다. 이와 함께 일본의 신도(新道)와 불교가 국내 포교를 시작했다는 것도 큰 변화였다.

일본불교의 활동은 이 시기 조선의 불교계에 위협적인 것이 분명했지만 한편으로는 큰 자극과 각성의 계기가 되었다. 근대화된 일본불교의 포교와 교육활동은 이후 조선불교의 개혁을 위한 전범이 되었다.

또한 이 시기에 이동인(李東仁)과 탁몽성(卓夢聖) 같은 개화 승려들이 출현했다는 것도 지나칠 수 없다. 이들은 유대치, 오경석, 김옥균, 박영효 등과 함께 조선의 개화운동을 이끌었는데 이들은 신촌 봉원사를 근거로 자주 모여 불교 공부도 하고 개화 서적을 돌려 보며 조선의 개혁을 도모하였다. 이를 세간에서는 개화당이라 하였는데 이 개화당에 참여한 청년 선비들은 대체로 젊은 관료들로 중인 신분의 유대치, 오경석 거사의 지도를 받아 유교가 조선의 쇠망 원인 중 하나라 보고 불교의 참선에 심취하여 수행을 하였다고 한다.

그러나 이들 청년 거사들의 결사조직인 개화당은 갑신년에 우정총국 준공 기념일을 기해 정변을 일으켜 '삼일천하'를 이루나 청군의 개입으로 실패하고 일본으로 망명하여 결국 결사는 흐지부지되고 말았다.

이 무렵 조선불교계의 상황을 바꿀 수 있는 가장 큰 변화라고 할 만한 것은 1895년 3월 29일에 고종의 명으로 승려의 도성 출입 금지가 해제된 것이다. 물론 1895년 이후로도 승려의 도성 출입은 금지와 허가가 반복되기는 하였지만 이때의 도성 출입 금지 해제조치가 상징하는 바는 매우 컸다. 승려의 도성 출입 금지 해제는 조선시대 이래의 억불정책의 철폐를 의미하는 것이기 때문이다. 이제 산중에 머물러 있던 불교가 그 활동 범위를 도성 내로 확대시킬 수 있는 기반이 마련된 것이다.

신행결사와 선의 중흥

19세기 후반 불교계는 근대를 향한 일대 변혁의 시기를 맞고 있었지만 그 내부에서는 불교의 존립과 전통적 신앙수행의 유지, 발전을 위한 꾸준한 노력이 진행되고 있었다. 그러한 흐름으로 주목할 수 있는 것이 사찰계(寺刹契)와 신행결사, 선(禪)의 중흥 노력 등이다.

사찰계와 신행결사는 조선 초기부터 있었지만, 이 시기에 특히 성행하였다. 이는 개별 사찰과 불교신앙을 유지, 보존하기 위한 경제활동이 활발해졌으며, 당시 불교조직과 신앙이 대중적 형태로 파고들고 있었다는 것을 보여 준다.

이러한 사찰계와 신행결사는 어려운 사찰의 재정을 지원하여 가람을 중수하고 사찰 전답을 늘리는 데 힘을 보탰으며 공동체적 신앙활동을 유지하는 데에도 큰 기여를 했다. 그중에서도 염불계·미타계·관음계·지장계 등이 신앙활동과 결합하여 특히 대중의 호응을 얻었다.

결사활동으로서 특히 주목할 만한 것은 만일염불회(萬日念佛會)이다. 만일염불회는 만일, 즉 28년 동안 염불·독송하는 대중적 결사이다. 1940년대까지 염불회의 명맥을 유지했던 건봉사는 물론 신계사, 유점사, 화계사, 흥국사 등에서 만일염불회가 열렸다. 이러한 염불결사는 염불을 통해 극락왕생을 기원하는 수행으로서 신분을 뛰어넘어 누구나 자유롭게 신앙활동에 참여할 수 있었다.

그리고 경허(鏡虛)와 용성(龍城)과 같은 대선사가 등장하여 선풍을 크게 진작시킨 것도 이 시기였다.

경허는 1899년 해인사에서 정혜결사(定慧結社)를 시작한 이래 1903년까지 통도사, 범어사, 화엄사, 송광사 등의 선원을 복원하고 선 수행을 이끌었다. 그는 도성 출입 금지가 해제되어 많은 승려들이 서울 구경을 나설 때도 일평생 도성 출입을 하지 않고 산중에서 선풍을 진작하겠다고 다짐하는 등 선사로서의 본분을 지키고자 노력하였다. 특히 경허는 해인사에서 수선결사를 맺어 당시 침체된 수행 종풍을 재건하는 데 많은 노력을 기울여 근대 한국선풍의 중흥자라 평가하기도 한다.

용성 역시 1886년 이후 전국 오지에 선원을 창설하여 이끌었고 수많은 제자들을 길러냈다. 역시 의정부 망월사 선원에서 결사를 하여 선풍을 일으키려 노력하였다. 용성은 특히 수행과 동시에 교화에 깊은 관심을 기울여 역경 불사에 많은 노력을 기울였다. 많은 경전을 한글로 번역하여 대중들에게 보급하였고, 찬불가도 지어 포교에 활용하였다. 아울러 만해와의 교분으로 3·1운동에도 33인의 한 사람으로 동참하였다.

경허와 용성, 그리고 그 제자들은 조선의 선을 중흥시키고 식민지시대에 들어서도 우리 불교의 정체성을 지키는 데 크게 공헌하였다.

원흥사의 창건과 원종·임제종의 대립

대한제국의 성립 이후 정부는 새로운 불교 정책을 시행했다. 즉 불교를 총괄하는 관리서와 승정제도를 마련했던 것이다.

1902년 1월 동대문 밖에 원흥사(元興寺)가 창건되고, 총섭(總攝)이 파견되었으며, 도섭리(都攝理) 내산섭리(內山攝理) 등의 승직이 설치되었다.

같은 해 4월 궁내부의 칙령에 의해 사찰의 관리를 담당하는 사사관리서(寺社管理署)가 설립되고, 이어 사사관리서의 시행 규칙인 '국내사찰시행규칙'이 제정되었다. 그에 따라 원흥사는 대법산(大法山)이 되었고, 전국의 주요 사찰은 중법산(中法山)으로 지정되었다. 이것은 불교정책의 일대 전환을 의미하는 것이었다.

원흥사의 창건과 전국 주요 사찰의 중법산 지정, 승직제도의 부활 등은 정부가 불교를 새로운 틀로 재편하여 직접 관리하려는 의도가 담겨있었다. 그러나 이러한 정부의 관리체제는 일본의 간섭으로 인해 대한제국의 행정이 혼란에 빠지면서 오래가지 못하고 2년 만에 관리서가 폐지되었다.

일본불교의 활동에 자극받은 일부 승려들은 불교의 중흥을 위해서 1906년에 불교연구회를 창립하였다. 원흥사에 본부를 두고 각 사찰에 지부를 설치한 불교연구회는 홍월초(洪月初), 이보담(李寶潭) 등이 중심이 되었지만, 그 활동은 일본불교 정토종의 지원을 받고 있었다.

불교연구회의 활동 중 두드러진 것이 명진학교(明進學校)의 설립이다. 명진학교는 각 사찰에서 청년 승려를 모집하여 불교뿐만 아니라 신학문을 교육시켰다. 지금의 동국대학교의 전신이 바로 명진학교인데, 한국불교 최초의 근대적인 교육기관이라 할 수 있다. 명진학교가 중앙에 설치된 이후 전국 각 사찰에는 그 예비학교인 보통학교가 설립되었다.

1908년에는 전국 사찰 대표자 60여 명이 원흥사에 모여 총회를 열어 원종(圓宗)을 창립하고 이회광을 종정에 추대하였다. 원종은 조선시대 억불정책으로 종단이 강제 폐지된 이래 처음으로 종단을 재건한 것이다. 원종은 조선불교계를 대표하는 기관으로 자임하고 도성 안에 사찰건립을 추진하여 1910년 종로 전동(지금의 수송동)에 각황사를 창건하였다. 이것은 조선조 사찰 억불정책 이후 4대문 안의 첫 사찰 창건이었다. 각황사는 조선불교도의 염원을 모아 전국 불자들의 모금으로 창건되었다.

1910년 한일 합방이 이루어지자 이회광은 불교의 발전을 위해 일본불교 종파의 힘을 빌릴 의도로 일본에 건너가 조동종과 연합 맹약을 체결하였는데, 뜻있는 조선불교도들은 이를 매종(賣宗) 행위라 규탄하며 크게 반발하였다. 당시 이러한 원종-조동종 맹약을 비판하는 세력은 박한영, 진진응, 한용운 등으로 주로 영호남 선원과 강원을 기반으로 들불처럼 들고 일어나 규탄의 여론이 비등하였다. 그리하여 이들은 조선불교의 법맥은 임제종으로 조동종과는 종지가 다르다고 비판하며 원종과 별도로 임제종을 창립하였다. 이 임제종에 동참한 사찰은 송광사, 선암사, 범어사 등 영호남의 주요 사찰들로, 경허가 유력하며 선풍을 불러일으킨 사찰이 그 기반이 되었다.

그리하여 원종과 임제종은 동시에 서로 경쟁하며 발전하였는데, 원종은 주로 한수 이북, 즉 금강산 일대 건봉사, 유점사 등을 기반으로 하였고 한수 이남, 즉 범어사, 통도사, 송광사 등은 임제종을 표방하였다.

그러나 일제는 1912년에 원종과 임제종 대표를 불러 두 종단의 간판을 강압적으로 내리게 탄압하여 결국 원종과 임제종은 간판을 내려야 했다.

개화기에 도성 출입 금지 해제를 계기로 산중에서 도시로 다시 진출한 불교계는 근대에 다시 원종과 임제종이라는 종단을 자주적으로 재건하였으나 일제의 강압으로 다시 해체당하고 말았다.

2. 일제 강점기의 조선불교계

사찰령과 본산제

1910년 일본 제국의 강점 이후 불교계를 비롯한 모든 종교계는 일본의 정책에 의해 극심한 제약을 받았다. 특히 일본이 불교에 대한 통제책으로 내세운 것은 1911년 반포된 사찰령과 그 시행규칙이다. 전문 7개 조로 이루어진 사찰령과 전문 8조의 시행규칙은 한국불교의 체제를 철저히 일본의 지배에 유리한 방향으로 이끌기 위한 것이었다.

사찰령과 시행규칙에는 사찰을 병합, 이전하거나 폐지하고자 할 때는 총독의 허가를 얻도록 명시하였고, 전국의 사찰을 30개의 본사(本寺)와 말사(末寺)로 재편하는 규정을 담고 있었다. 또한 본사와 말사의 경우에, 본사 주지는 총독, 말사 주지는 도장관의 허가를 얻어야 한다는 규정과 각 본사는 사법(寺法)을 제정해야 할 의무가 있다는 등의 규정이 명시되었다.

그 결과, 법통(法統)의 전승이 중시되어야 할 본말사(本末寺)의 관계가 행정적인 조직이 되었고, 사찰의 주지는 총독부의 지배를 받는 관료와 다를 바 없는 위치가 되었다.

또한 전국 사찰을 30개의 본산을 중심으로 나누어 통치함으로써 불교계 전체의 단합적 활동이나 협력을 억제하고 본사 주지에게 사찰운영의 권한을 집중시켰다. 이와 같은 본말사 제도는 1920년에 화엄사가 본산으로 추가되어 31본산 체제로서 확립되었고, 일본의 패망 때까지 유지되었다.

이러한 일본의 불교 정책은 한국불교의 행정체계를 총독부에 종속시키고 승려의 세속화를 권장하면서 한국불교의 전통을 크게 위협하는 결과를 초래하고 말았다.

불교개혁론의 제창

일본의 지배 아래 한국불교의 전통과 발전 방향이 크게 왜곡되어 가는 가운데 한편에서는 불교계의 자각과 개혁을 부르짖는 인물들이 나타났다.

먼저, 백용성은 1910년 『귀원정종(歸源正宗)』을 통해 기독교의 활발한 포교활동에 비해 훨씬 뒤떨어진 불교의 상황을 꼬집고 적극적으로 포교에 나설 것을 주장하였다.

그리고 1913년에 발표된 한용운의 『조선불교유신론』은 사회 진화론적 인식에 기초를 두고 불교의 평등주의, 구세주의에 개혁의 이상을 설정하였다.

한용운은 구체적인 개혁방안도 제시했는데, 승려 교육의 진흥, 참선법의 개정, 염불당의 폐지, 의식의 간소화 등을 통해서 불교의 본질을 회복하자고 역설했다. 또한 사원을 도시로 옮기고, 승려의 취처를 허용하여 교세를 확장시키고, 승려의 단결을 촉구하면서 교단 통일기관을 설립할 것을 주장하였다.

이와 같은 여러 가지 개혁안들은 일본불교의 영향이라는 시대적 한계를 보여 주고 있지만, 침체에 빠진 조선불교를 개혁하려는 의지의 소산이었던 것은 분명하다. 더 나아가서 이러한 개혁론은 불교청년운동으로 이어졌고 그 이론적 논거를 제공해 주기도 하였다.

불교계의 항일 운동

불교계의 항일 운동은 1919년 3·1운동을 계기로 전국적으로 일어났다. 지금까지 불교계의 항일은 3·1운동 당시 독립선언서에 서명한 민족대표 33인 중 불교인인 한용운, 백용성을 중심으로 이해되어 왔다. 그러나 불교계의 3·1운동은 범어사, 해인사, 통도사, 동화사, 표충사, 석왕사, 봉선사, 건봉사 등 전국 주요 사찰이 광범하게 동참하였고, 청년 승려들 중심으로 많은 이들이 상해 임시정부에 참여하여 활동하였다.

한용운이 3·1운동에 주도적으로 참여하여 독립선언서의 공약 3장을 추가하고 운동의 전국적 확산에 주도적인 역할을 한 것은 이미 널리 알려진 사실이다. 만해 한용운은 불교계에 독립운동을 확산시키기 위하여 중앙학림(오늘날의 동국대학교)의 학승들을 대대적으로 조직하여 전국 사찰로 독립선언서의 배포와 만세운동의 확산을 도모하였다.

그리하여 3·1운동 당일 중앙학림의 학승들 거의 전원이 탑골공원의 독립선언에 동참하였고 가두시위를 하였다. 이윽고 만해의 지시를 받은 학승들은 연고 사찰로 흩어져 전국 주요 사찰 승려들의 만세운동 동참을 이끌어 냈다. 범어사, 해인사, 통도사, 건봉사, 봉선사 등 주요 사찰들은 강원 학승들을 중심으로 인근 마을에서 대대적인 만세운동을 주도하여 전국 방방곡곡이 민족적 자존심을 되새기는 데 기여하였다. 이 과정에서 많은 승려들이 투옥되어 수형생활을 하기도 하였다.

한편, 일시적인 만세운동의 동참에서 나아가 조직적으로 항일 운동에 동참한 승려들도 많았다. 상해 임시정부 이전에 13대 대표자 회의가 인천 월미도에 열려 한성 임시정부의 창립을 선언하였는데, 여기에 불교계를 대표하여 박한영, 이종욱이 참여하였다. 특히 이종욱은 월정사 승려로 3·1운동 당시 시위에 동참하였고, 곧이어 27구국 결사대에 행동대원으로 동참하였다. 이후 이종욱은 김법린, 김상호, 백성욱, 신상완, 김상헌, 송세호, 백초월, 정남용, 이석윤 등 많은 승려들과 협의하여 상해로 건너가 임시정부에 승려 신분으로 참여하였다. 이들은 전국 지리에 밝아 주로 산중 사찰을 기반으로 독립운동의 조직과 재정후원 사업에 동참하였다. 특히 이종욱의 활약은 주목할 만하였다. 그는 상해 임시정부에서 내무부 국내 특파원과 참사, 그리고 의정원(오늘날의 국회) 의원이 되었고, 임정의 국내 행정조직인 '연통제'의 국내 총책 소임을 맡기도 하였다. 이종욱은 국내 특파원으로 들어와 청년 승려들을 독려하여 전국 사찰의 재정모금을 꾀하였고, 주요 사찰을 기반으로 연통제의 확산과 의승군 조직을 도모하였다. 의승군은 임진왜란 당시 의승들의 전통을 되살리는 시도였으나 중도에 탄로가 나 수포로 돌아갔다. 또한 이들은 1920년에 「승려 독립선언서」를 작성하여 불교계 주요 고승 10여 명의 서명을 받아 상해와 프랑스 파리까지 알리기도 하였다.

그러나 불교계의 이러한 항일 운동은 일제의 간교한 탄압으로 대부분 구속되어 와해되어 갔으며, 일부 청년 승려들은 청년회를 조직하여 사찰령 철폐운동을 벌여 나가기도 하였다.

3·1운동 이후에 일본의 불교 정책과 불교계의 현실을 자각하고 비판을 가하던 청년 승려들은 대체로 전통적 강원이나 선방을 거치지 않

고 중앙학림 등을 졸업한 후 일본으로 유학 가서 근대적 학문을 익힌 경우가 많았으며, 전통불교에 대해서도 비판적인 입장을 취하는 이들이 주류를 이루었다.

불교청년운동의 조직으로는 1920년에 창립된 조선불교청년회, 1921년에 창립된 불교유신회, 1922년에 창립된 조선여자불교청년회 등을 들 수 있다.

청년들은 정교분리라든지, 사찰령의 철폐, 주지의 전횡 반대 등을 주장하며 교단의 자율적 운영과 발전을 꾀했다. 하지만 점차로 침체되어 가던 불교청년운동은 1928년에 조선불교청년회로 재기하였고, 1929년 1월에 개최되었던 조선불교선교양종 승려대회에 주도적으로 참여하여 중앙종회의 구성과 종헌의 제정을 이루어 내기도 했다.

선학원과 전통불교의 수호

일제의 강압적인 불교 정책과 주지들의 세속화 경향, 근대적인 불교 개혁이 교단의 풍토를 지배하고 있던 상황에서 전통불교의 입장을 고수하고 있던 선방 수좌들의 입지는 점차 좁아질 수밖에 없었다. 선학원(禪學院)은 그러한 수좌들의 자구책으로서 전통 선의 보존과 중흥을 위해 설립되었다.

선학원은 1920년에 남전(南泉), 도봉(道峯), 석두(石頭) 등의 수좌들이 중앙에 대표적인 선원을 만들자고 결의하여, 용성, 만공(滿空), 성월(惺月) 등의 협의를 거쳐서 1921년 11월에 완공되었다.

선학원은 창설 목적으로서 전통 선을 발전시켜 불조의 정맥을 계승하고 교리연구와 정법포교를 통하여 불법을 널리 선전할 것이라고 밝혔다. 이어서 선학원은 1922년 3월 선우공제회(禪友共濟會)를 창설하여 전국 선원과 청정 비구들을 회원으로 설정하고 활동에 들어갔다. 하지만 점차 세속화되어 가는 주지들에게 배척받는 수좌들의 상황은 어려워져만 갔다.

선학원은 1924년에 자금난으로 인해서 활동을 중단하고, 1926년 5월에는 범어사 포교소로 전환하는 등의 곡절을 겪다가, 1931년 1월에 침체에 빠진 선학원을 적음(寂音)이 인수하면서 중흥의 계기를 맞게 되었다.

적음은 침술로서 재정을 마련하여 선학원을 살려낸 뒤에, 활발한 활동을 전개하였다. 수좌들을 모아서 참선에 전념케 하고 용운, 만공, 용성 등이 대중법회를 열기도 하였으며,「선원(禪苑)」을 창간하여 선의 대중화를 꾀하기도 하였다.

이후 선학원은 1934년 12월에 재단법인 조선불교선리참구원(朝鮮佛敎禪理參究院)으로 개편하고 그 위상을 더욱 안정화시켰다.

1941년, 선학원에서 열린 유교법회(遺敎法會)는 청정 비구승 40여 명이 모인 대규모 법회였다. 이 법회는 일제 말 점차 희미해져 가는 선종의 전통을 확인하고 승풍을 진작시키기 위한 행사였다.

선학원 이외에도 일본의 불교 정책과 일본불교에 맞서서 전통불교를 수호하고 정체성을 지키려는 여러 움직임이 있었다.

1925년 용성이 망월사에서 주도한 '만일선회결사(萬日禪會結社)'라는 참선결사를 비롯하여, 1926년 용성이 주축이 되어 100여 명의 승려가 함께 '대처 식육'을 반대하는 건백서를 총독부에 제출한 것도 전통적 수행 풍토를 지키기 위한 노력의 일환이었다.

이러한 흐름은 해방 이후 정화운동 과정에서 선승들이 한국불교의 정통성을 계승했다는 명분을 갖게 한 큰 밑거름이 되었다.

3. 불교계의 위상 정립과 총본산 건립

교육과 포교 활동

불교의 중흥을 위한 전제로서 중시되었던 것은 청년 인재의 양성이었다. 교계 지도급 인사들은 새로운 시대를 이끌어 갈 불교계 인재를 키우기 위해서는 일반 학문에 대한 연구와 근대적인 교육제도의 수립이 필수적이라고 여겼다. 그러한 분위기 속에서 1906년에 설립된 명진학교는 1910년 통감부의 사립학교령에 의해 불교사범학교로 개편되었다.

그 후 불교사범학교는 1914년에 30본산의 주지들의 결의에 따라 불교고등강숙(佛敎高等講塾)으로, 1915년에는 불교중앙학림(佛敎中央學林)으로 개편되었고, 지방에는 중앙학림 바로 전 단계에 해당하는 교육기관으로서 지방학림(地方學林)이 세워지게 되었다. 이로써 초등학교 과정의 보통학교, 중등학교 과정의 지방학림, 전문학교 과정의 중앙학림으로 이어지는 근대 승가교육체계가 완성되었다.

이와 같이 근대적 교육이 선호되고 있던 가운데 지방학림의 성장으로 전통 강원은 점차 세력을 잃어 가는 듯했으나, 1920년대 중반에 이르러 전통 강원을 부활시키자는 움직임이 일어났다.

　근대 학문을 익힌 자들이 보여 준 세속화 경향, 근대 학문의 실효성에 대한 의심 등으로 인해서 근대 교육제도에 대한 전반적 회의가 생겨났던 것이다.

　그리하여 1925년에 대강백 진하(震河)의 입적을 계기로 대강백의 육성을 위해서는 전문 강원이 필요하다는 여론이 크게 작용하여 해인사, 범어사, 개운사 등에 전문 강원이 복원되었고, 이후 건봉사, 유점사, 통도사 등 전국각지의 강원이 다시 문을 열게 되었다.

　학술 분야에서 이 시기에 가장 주목할 만한 것은 한국불교에 대한 역사적 시각의 연구가 나타난 것이다.

　1910년대 발표된 권상로의 『조선불교약사(朝鮮佛敎略史, 1917)』, 이능화(李能和)의 『조선불교통사(朝鮮佛敎通史, 1918)』는 한국불교 종파의 기원과 법통 문제, 선의 본질 논쟁, 한국불교사의 시대 구분 등의 문제의식을 학계에 던져 주기도 하였다.

　그 밖에도 각종 불교잡지가 발행되어 한국불교의 역사와 교리뿐만 아니라 불교계의 현안과 교세 확장을 위한 각종 포교방안을 제시하였다.

　포교 문제는 개항 이후 기독교의 급속한 교세 확장에 충격을 받은 불교계로서는 무시할 수 없는 과제였다. 교계 인사들은 포교당의 확대, 도심 포교, 문서 포교 등 새로운 포교 전략을 수립하는 데 골몰했다.

　그 결과 1910년대에는 각황사 1개소에 불과했던 포교당의 수는 1924년에 71개소, 1933년에 147개소, 해방 후인 1946년에는 335개소로 급속히 늘어났다. 본사급의 사찰들이 도시를 중심으로 경쟁적으로 포교당을 설치했던 것이다.

교육과 포교활동의 중요한 축이었던 역경사업에서는 1920년대에 한용운과 백용성이 크게 활약하였다.

한용운은 사라져 가는 고승들의 학설과 행적을 보존하기 위해서 1922년에 법보회(法寶會)를 조직하고 팔만대장경을 한글로 번역하는 일에 착수하였다.

백용성도 3·1운동으로 옥고를 치르고 출옥한 직후인 1921년에 삼장역회(三藏譯會)를 조직하고 금강경, 신역대장경, 능엄경, 원각경, 범망경 등을 번역하였다.

그들의 역경 사업은 안진호, 허영호 등으로 이어졌으며, 그 당시 편찬된 강원 교재들은 지금까지 사용되고 있다.

조선불교 총본산의 탄생

불교계 통일기관의 설립은 도성 출입 금지 해제 이후 지속적으로 제기되어 온 숙원사업이었다. 통일기관의 설립은 일본이 획정한 31본산 체제의 극복을 의미하는 것이었다. 31본산 체제는 불교의 역량을 결집시키고 통일적 사업을 실현시키는 데 가장 큰 장애 요인이 되었던 것이다.

1920년에 조선불교청년회에 의해 본사 주지들의 전횡에 맞서 정교분립과 사찰령의 폐지를 주장하는 개혁운동이 일어난 이래, 1921년에 창립된 조선불교유신회는 1922년 10개 본사와 함께 조선불교중앙총무원을 출범시켜서 불교계의 자주적 통합기구를 만들려고 시도하였다.

그러나 일본은 이를 견제하기 위해 1922년 조선불교선교양종교무원을 출범시켰고 총무원과 교무원 양 세력은 종단 운영의 주도권을 두고 대립하다가, 1924년 4월에 조선불교중앙교무원으로 통합되었다. 그러나 이 교무원은 종단 운영의 전반을 수행하는 기구라기보다는 일제에 종속된 채 불교계의 사업만을 담당하는 법인의 역할에 머물러 있었다.

이런 상황에서 1929년 1월에 열린 조선불교선교양종 승려대회는 불교계 통일운동을 한 단계 진전시킨 사건이었다. 이 승려대회에서 조선불교도들은 자주적으로 종단 질서를 규정한 종헌을 제정하고 중앙종회를 결성하였으며, 교무와 제반사업을 통괄하는 '중앙교무원'을 두기로 결의한 것이다. 이것은 사찰령과 31본산이라는 식민지 불교체제를 어느 정도 벗어나 불교계의 자율적인 교정(敎定)을 실현하겠다는 것을 의미했다. 그러나 종헌의 실행은 현실적인 어려움에 직면하였다. 일제가 승인하지 않았고, 또한 일제의 승인 없는 자율적인 교정 운영에 대해 반대하는 세력이 있었기 때문이다.

그런데 일제가 1930년대 중일전쟁을 거쳐 전시체제로 돌입하게 되면서 상황은 변하게 된다. 불교계의 숙원사업이었던 통일기관의 설립을 일본 측에서 전시 동원체제 확보를 위해 적극 나서게 된 것이다. 일제는 처음 장충동 부근의 박문사라는 일본사찰을 조선불교 총본산으로 정하여 한국불교를 통제하려고 하였다. 그러나 이 기밀이 사전에 누설되어 조선불교도의 자주적 지향을 담은 총본산 건설 운동이 김상호와 같은 뜻있는 청년 승려들과 월정사 이종욱과 같은 일부 본사 주지들의 암중모색으로 제창되었다.

이러한 배경 속에서 불교계 통일기관 총본산 신축이 본사 주지들 사이에 공론화되어 월정사 주지 이종욱이 대표로 선출되어 불사에 착수하였다. 드디어 1937년 2월, 3월에 이르러 본사주지회의에서 통일기관의 설치안을 확인하고 총본산 대웅전 건축을 위한 실무회의를 여는 것으로 총본산 건설 계획이 구체화되었다.

총본산의 건설은 조선불교선교양종의 중심이 되는 총본산 대웅전을 신축하는 사업을 말한 것이다. 그런데 마침 총본산의 위상에 걸맞은 조선전통의 건물이 정읍에 있었는데, 보천교(普天敎)의 십일전(十一殿)이었다. 보천교는 일제의 민족종교 탄압으로 해산 조치를 당하여 그 건물은 경매처분을 받았는데, 불교계 대표들은 이 건물의 규모가 크고 목재가 좋은바 경매에 응하여 목재를 인수하였다. 부족한 목재와 기와는 새로 구입하여 대웅전 불사를 마무리하고, 1938년 10월 25일에 낙성 봉불식을 거행하였다. 당시 신문보도에 의하면 조선불교 총본산 대웅전 건물은 동양 최대의 단층 목조건물로 평가되었고, 서울에 일본식 사찰 건물이 많았는데 4대문 안에 순조선식 전통 목조 대웅전이 웅장하게 들어서 전통문화도 계승하면서 암울한 식민지 상황에 처한 조선불교도의 자부심을 세우는 데 큰 기여를 하였고 오늘날 한국불교 총본산의 기반을 조성하였다.

총본산 대웅전 낙성 직후 총본산의 위상과 성격에 대한 문제가 본사주지회의에서 논의되었다. 총본산의 이름은 태고사(太古寺)로 결정되었는데, 이는 태고 보우의 법맥을 계승한다는 법통의식을 내세우려 한 것이다.

이어 1940년 11월 열린 본사주지회의에서 '조선불교선교양종'이라는 종명 대신 '조선불교조계종'이라는 종명이 담긴 사법, 즉 태고사법을 확정하여 총독부의 인가를 받았다.

태고사법의 가장 큰 의의는 총본산를 태고사로 정한 사실과 종명을 조계종으로 택했다는 것이다. 이것은 한국불교의 정체성을 확인하는 것이었기 때문이다. 중국에도 없고, 일본에도 없는 한국불교 고유의 종명이었던 '조계종(曹溪宗)'을 재건함으로 암울한 일제 강점기에 조선불교도들의 자존심을 세우는 데 기여하였다.

이어 1941년 6월에 조선불교조계종 제1회 중앙종회에서는 선거를 통하여 조계종 종정에 방한암(方漢岩)을 선출하고, 9월에는 이종욱(李鍾郁)을 종무총장에 임명하여 인가를 받게 된다. 이러한 총본산의 건립과 조계종의 탄생은, 비록 일제의 정책적 지원에 의해 이루어진 한계가 있기는 하지만, 1920년대 이후 지속된 불교계 통일기관 설립운동의 결과이자 한국불교의 전통을 계승한 종단을 설립하였다는 의의를 지닌다.

그러나 이러한 의의에도 불구하고 1930년대 후반 이후 조계종단은 그 출발의 한계에서도 예견되었듯이 일제의 전시 동원체제에 많은 협력을 해야 하는 비극도 겪어야 했다.

1942년에 일본군에 대한 감사 및 전몰장병조문결의안을 채택하고 일본군의 필승을 기원하는 법회 개최를 각 사암에 지시하였다. 또한 조계종 임시종회에서 국방 자재의 헌납을 결의하였고, 승려들도 참전해야 한다는 주장까지 제기되었다. 그리하여 불교계는 모두 5대의 군용기를 일본에 헌납하고, 1943년부터는 전국 각 사찰의 불상과 범종, 유기를 공출하기에 이르렀다.

4. 해방 이후의 불교

해방과 교단개혁

1945년 8월 15일 해방을 맞은 불교계는 식민지 불교체제의 해체와 교단 개혁을 위한 즉각적인 활동에 착수하였다. 그러나 일본의 뒤를 이은 미국 군정은 기독교를 지원하고 불교를 차별하는 편향적 태도를 보였다.

그 대표적인 예가 귀속재산 처리법의 운영에서 불교 측의 재산권한을 배제한 것이었다. 더욱이 행정편의적 발상으로 식민지 불교체제의 상징인 사찰령을 그대로 유지하는 정책을 취함으로써 교단의 개혁은 쉽게 이루어질 수 없었다.

8·15 직후 일제시대 조계종을 재건한 집행부가 새 시대를 열고자 스스로 물러나고 '재경 유지 승려'가 주축이 되어 교단을 인수하게 되었다. 이들은 교단의 인수, 인계를 추진하면서 과도적 임시집행부인 조선불교 혁신준비위원회를 결성하고, 1945년 9월에 서울 태고사에서 전국승려대회를 개최하였다. 이 대회에서는 식민지불교의 상징인 사찰령을 전면 부정하고 새로운 교단기구 구성과 본말사제를 대체할 도별 교무원제를 결의하였다.

또한 교정에 박한영(朴漢永), 총무원장에 김법린을 추대하고 종지, 종통, 교단기구 및 교단의 실무적 내용을 종합한 '조선불교 교헌(朝鮮佛教教憲)'을 제정 반포하였다. 이 교헌에서 '조계종'이라는 종래의 종명이 '조선불교'로 개칭되었다.

그러나 각종 혁신단체들이 등장하여 식민지불교의 청산과 새로운 불교 개혁안을 주장하였다. 불교청년당, 혁명불교동맹, 조선불교혁신회, 불교여성총동맹 등이 그들인데 각 단체만의 특징도 있었지만, 이들의 주장은 대체로 31본산 제도의 폐지, 교구제·교도제(敎徒制)·불교재산 통합의 실시, 사찰의 토지 소유 반대, 교단 및 민족 반역자 청산 등이었고 교단개혁뿐만 아니라 사회개혁까지 그 주장이 확대되기도 하였다.

그런데 교단 집행부와 혁신단체 간에는 점차 교단개혁의 추진 방향과 속도에 대한 대립이 발생하였다. 특히 문제가 되었던 것은 양측에서 교단개혁안의 핵심으로 내세운 교도제에 대한 인식의 차이였다. 대처승이 대다수인 교단 집행부에서 주장한 교도제는 신도의 조직화로 이해한 반면에, 비구승 중심의 교단을 지향한 혁신단체는 교도제를 대처승의 교도화로 추진하려고 했던 것이다. 이와 함께 사찰의 토지 소유에 대한 문제도 양측의 주장이 대립한 부분이었다. 결국 혁신단체 측은 당시 교단 집행부로는 식민지 불교체제를 극복하는 것이 불가능하다고 보았고, 집행부는 혁신단체의 노선이 사회주의를 지향한다는 의구심을 표명하였다.

이와 같은 대립은 혁신단체들이 연합하여 1946년 12월에 선학원을 중심으로 불교혁신총연맹(佛敎革新總聯盟)을 발족하고, 1947년 5월에 조선불교총본원(朝鮮佛敎總本院)이라는 별도의 종단기구를 구성함으로써 극단으로 치달았다. 주목되는 것은 선학원 측의 비구승들이 이러한 혁산단체들의 움직임에 동참했다는 것이다. 교단운영 참여와 선원의 확장, 자치를 위한 요구가 받아들여지지 않았던 것 등에서 종권의 소외를

절감한 비구승들이 혁신운동의 대열에 참여하게 된 것이었다.

이렇게 교단을 내분을 겪고 상호간의 이념적 공방도 끊이지 않은 가운데 총본원은 교단의 탄압 속에서 토지개혁과 단독정부 수립에 대한 입장 차이로 내분을 맞았다. 교단 집행부도 교단운영의 노선을 둘러싸고 폭력 사태가 벌어지는 등 안정을 이루지 못한 채 6·25 전쟁을 맞았다.

교단 운영상의 내분과 이념 갈등으로 중앙의 불교계가 혼란을 겪고 있는 동안에 비구승들은 수행가풍의 진작을 위한 움직임을 이어 나갔다. 그 대표적인 예가 1946년 해인사 가야총림(伽倻叢林)의 창설이다. 가야총림은 교단 차원의 모범총림 창설안으로 마련된 것으로 수행승들이 집단적으로 모여서 수행할 수 있는 선원, 강원, 율원 등을 갖춘 종합 수도 도량을 만든 것이다.

성철, 청담, 향곡, 자운, 월산, 혜암, 성수, 법전 등 젊은 수좌들이 모여 공동수행을 행한 봉암사 결사도 이즈음인 1947년경에 시작되었다. 이 봉암사 결사는 부처님 법대로 살자 는 취지로 청정한 수행가풍을 되살리고 부처님께서 본래 뜻하신 계율, 교법의 준수 등 불교의 전통을 회복하려는 수행결사였다.

한편, 1947년에 만암(蔓庵)이 백양사를 중심으로 결성한 고불총림(古佛叢林) 역시 승풍 정화운동으로 볼 수 있다. 고불총림의 청규 중에는 승려를 정법중(正法衆)과 호법중(護法衆)으로 구분하고 그에 맞는 직분을 설정하여 교단 내의 대처승 문제를 해결할 수 있는 하나의 대안을 제시하였다.

승단 정화운동의 전개

일제 식민지 정책이 한국불교계에 남긴 가장 큰 폐해라고 할 수 있는 것은 비구승 중심의 승단 전통을 파괴한 것이었다. 일제 강점기 동안 급속히 진전된 승려의 대처와 세속화 경향은 한국불교의 전통과 비구 승단의 존립을 크게 위협하는 것이었다. 이것은 부처님께서 본래 뜻하신 청정비구·비구니 승가의 계율을 위배한 것이었다.

그러나 앞서 살펴보았듯이 비구승들이 수행전통을 지키고 선풍을 진작시키려는 노력은 연면히 이어지고 있었다. 일제시대의 선학원 운동이 그러했고, 해방 후 혁신 계열의 일부 주장과 교단 일각에서 일어난 승풍 결사운동 역시 '부처님 법대로 한국불교의 전통을 되살리자'라는 움직임이었다. 비구승은 자산들이 승단의 정통임을 자처하면서도 대처승들에 밀려 오랜 기간 종권에서 소외되어 있었다. 1952, 3년경 일부 수행사찰을 할애해 달라는 비구승들의 요구가 있었지만, 대처승들이 주도한 교단에서는 이를 수용하지 않았다.

1954년 5월 불교정화를 촉구하는 이승만 대통령의 유시는 이른바 '정화운동'의 기폭제가 되었다. 유시의 내용은 교단과 사찰은 비구승이 담당하고 대처승은 사찰 밖으로 나가라는 것이었다. 이로부터 대처승과 비구승 간의 갈등이 본격적으로 시작되었다.

비구승 측은 대처승을 몰아내고 비구승 중심의 교단을 건설한다는 명분의 활동을 '정화운동'으로 규정하고 결의를 다졌다. 그 활동의 중심은 일제시대 이래 비구승들이 결집하고 있던 선학원이었.

1954년 9월 비구승들은 선학원에서 전국비구승대회를 개최하여 종헌을 통과시키고 임시 종회를 구성하였다. 이때 대처승단과의 차별을 의식해 종조를 보조국사 지눌로 정했는데, 이에 대해 비구승인 만암은 종조(宗祖)를 바꾼 '환부역조(換父易祖)'라 비난하고 비구승들의 정화의 취지에는 찬동하지만 그 이행 방법에는 동의할 수 없다고 하였다.

그로부터 비구와 대처 양측의 갈등은 폭력을 행사하여 태고사[5]를 뺏고 빼앗기는 악순환을 거듭하는 극한 대립을 보였다.

마침내 문교부가 분쟁개입을 선언하고 1955년 불교정화대책위원회를 결성하여 양측을 중재하게 되었다. 그러나 비구승 측은 이에 만족하지 않고 보다 적극적으로 나아가 1955년 8월 전국 승려대회를 개최하였다. 정부의 제한적 승인 속에 열린 이 승려대회에서는 기존의 종회의원과 중앙간부를 해임하고 새로운 종회와 교단 집행부를 선출했으며, 전국 사찰의 주지를 새롭게 임명하였다. 이러한 승려대회의 결과를 실행하기 위해 비구승들은 전국 사찰에 대한 접수에 나서게 되었다. 이로써 정화운동은 전국으로 확산되어 사찰관리의 인수인계를 둘러싼 분쟁이 이어지게 되고 이 과정에서 대처승 측은 법정으로 분쟁을 끌고 갔다.

그런데 4·19 혁명으로 이승만 정권이 무너지자 위기감에 휩싸인 비구승 측은 자신들이 불리한 입장에 서게 되는 법원 판결에 문제를 제기하고 1960년 11월 비구승 대법원 난입사건을 일으켰다. 이 사건에서는 법원에 난입한 승려 중 여섯 명의 비구승이 법원에서 할복을 하는 사태

---

5   비구승 측에서 그 명칭을 조계사로 바꾸었다.

까지 벌어졌다.

그러나 곧이어 일어난 1961년 5·16 군부 쿠데타는 불교정화를 새로운 국면으로 이끌었다. 쿠데타 세력이 조직한 국가재건최고회의는 사회악 일소 차원에서 불교계 분규처리를 시도하여 분규 해결을 위한 불교재건위원회를 구성하였다. 이에 따라 비구와 대처 양측이 합의한 불교재건비상종회가 열리고 새로운 종헌이 통과되기에 이르러, 1962년 4월 통합종단인 대한불교조계종이 정식으로 출범하게 되었다.

오랜 분쟁 끝에 대처·비구 측은 상호 합의하여 통합종단을 출범시켰고, 정화운동은 일단락되었다. 그러나 비구승 중심의 종단운영은 통합종단에 들어온 대처 측의 반발을 샀고, 일부 대처 측은 결국 1970년에 독자적인 태고종을 창종하기에 이르렀다.

조계종의 내분과 발전

통합종단 출범 이후 곧바로 안정이 이루어진 것은 아니었다. 승단 정화와 한국불교의 전통 복원이라는 대의명분에서 교단을 인수하여 운영하게 된 비구승들은 행정경험의 부재와 운영관리 역량의 미비로 1990년대 말까지 크고 작은 내분이 적지 않았다.

특히 1980년 10·27 법난은 한국불교사에서 지울 수 없는 치욕적 사건이었다. 당시 계엄군은 불교계를 정화한다는 명분으로 10월 27일 새벽 전국 사찰에 들이닥쳐 종정과 총무원장, 본사 주지 등 종단 지도부 다수를 연행하여 조사한 뒤 그중 20명 가까이 구속하였다. 이 수사 과정에서 일부 혹독한 고문이 행해졌다고 한다. 그리하여 계엄군은 불교

비리를 수사한 결과를 발표하였는데, 그 내용은 종권을 둘러싼 암투, 폭력 행위, 사찰재산의 유용 등에 대하여 수사하여 그 결과를 조치하였다고 하였다. 그러나 군사독재가 지나고 민주정부가 들어선 이후 법난에 대하여 진상규명을 한바 혹독한 고문과 강압적 수사로 조작된 것이 많았다고 알려졌다.

그런데 불교계에 대하여 정치권력이 왜 이처럼 치욕적인 탄압을 가한 것일까? 물론 불교계 안에도 적지 않은 문제가 있었던 것도 사실이다. 70년대 종단은 종정과 총무원장 사이의 권한 갈등으로 인한 분규로 극한적인 갈등이 빚어지기도 했다. 그러나 이것은 어디까지나 종교계 내부의 문제로 자율적으로 해결하는 것이 정교분리가 헌법에 보장된 사회에서 합당한 일일 것이다.

당시 군사정부가 불교계에 탄압을 가한 것은 자신들이 정변의 대의명분으로 내세운 '사회정화'의 정당성을 확보하기 위하여 내분이 있어 온 불교계를 표적으로 삼은 결과였다. 즉 군사정부의 정당성을 확보하기 위하여 종교계 중 취약했던 불교계를 희생시킨 것이다.

한편, 10·27 법난으로 불교도들은 자주적 각성이 일어나게 된다. 아무런 이유도 없이 느닷없이 전국 사찰에 들이닥쳐 총부리로 위협받는 수모를 당해야 했던 승려들과 이러한 사실을 지켜본 재가 불자들은 군사정권에 대한 문제의식이 높아갔고, 불교도들이 단결하여 자주적으로 민주주의를 실현해야 한다는 운동이 일어나기도 하였다.

그러나 어려운 여건에서도 통합종단은 불교 발전을 위한 3대 지표, 즉 역경·도제 양성·포교라는 종책과제를 설정하였다.

그리하여 통합종단은 적지 않은 혼란이 거듭되었지만, 이 3대 지표를 지속적으로 추진하여 나아가 1964년에 종립 동국대와 협력하여 동국역경원을 설립하여 고려대장경의 한글화 불사에 착수하였다. 이 역경 불사는 2002년에 완수하게 되었다.

도제 양성은 승려교육을 말하는 것으로 정화 무렵에는 동국대와 주요 사찰의 강원 교육이 전부였으나 지금은 종립 동국대, 중앙승가대 이외에 전국 주요본사와 사찰에 승가대학, 학림, 율원, 승가대학원, 기초선원 등이 설립되어 약 2천여 명의 승려를 교육하고 있다. 특히 1994년 개혁 불사를 통해 승가교육을 관장하는 교육원을 총무원과 대등한 별원으로 승격시켜 이 불사를 전담하게 하였다. 또한 당시 출가자는 4년 동안의 승려 기본교육 의무화를 제도화하는 성과를 거두었다.

또한 포교 방면에서도 중앙신도회(전국신도회)를 비롯한 많은 신도단체와 군법사, 교법사, 경승단, 대한불교청년회, 대학생불교연합회, 어린이지도자연합회 등 다양한 포교기관, 단체가 설립되어 운영되고 있다. 특히 1994년 개혁 불사를 거치며 포교원도 별원으로 승격되어 신도교육과 포교사업을 관장하게 되었는데 이후, 월간 『법회와 설법』의 발간, 파라미타청소년협회 · 상담개발원 · 여성개발원 · 포교사단 창립 등의 성과가 있었다. 특히 포교원은 종단 차원의 신도교육 체계를 정비하여 신도교육 기관의 확충을 꾀하고 신도 기본교육의 의무화와 신도 종단등록사업을 추진하여 사부대중 공동체의 기반을 다져 나가고 있다. 그 외 많은 신도교육 교재와 포교자료를 개발하여 보급해 나가고 있다. 아울러 국제 포교 방면에도 몇몇 원력승들의 헌신적인 노력으로 큰 성과를 이루었다.

이 방면에 가장 큰 공로자는 숭산이다. 그는 1966년 일본 홍법원을 개원한 이래 미국, 유럽, 아프리카 등지에서 선을 가르쳐 50여 명의 외국인 출가 승려와 50,000여 명의 외국인 신도들을 지도하였다. 숭산은 달라이라마, 틱낫한과 함께 세계 3대 고승으로 일컬어질 정도로 세계적인 활약을 하였다.

더 나아가 종단의 본래 면목인 수행 방면에서도 괄목할 변화가 있었다. 1969년 안거 결제선원은 39개이고 동참 대중은 600여 명으로 추산되었으나, 2000년에 이르면 90여 개 선원에 2,000여 명을 넘는 대중이 동참하고 있다. 이 외에도 도심과 사찰에 시민선원이 있어 정진의 열기가 점점 높아가는 추세이다.

한국불교계 종단의 현황

20세기 후반 한국불교계가 직면한 변화 중 하나는 다종단(多宗團) 시대를 맞이한 것이다. 물론 해방 전후부터 천태종 등의 법화계열과 진각종 등의 밀교계열이 창종을 선언하기는 했지만, 그들이 공식화된 것은 1962년 제정된 불교재산관리법에 의거해서 18개 종단이 불교단체로 등록하면서부터였다. 이후 1987년 불교재산관리법이 폐지되고, 전통사찰보존법으로 대체되면서 군소종단의 분종과 창종은 줄지어 일어나 현재는 한국불교의 전통 대표 종단인 조계종 이외에도 태고종, 천태종, 진각종, 총지종 등 30여 개의 종단이 설립되어 사단법인 한국불교종단협의회를 결성하여 활동하고 있다(조계종 총무원장은 종단협의회 당연직

의장을 맡고 있다). 종단이 다양화되는 상황에서 불교계의 통일성과 종단의 고유성을 조화시키는 일은 앞으로 불교계의 중요한 과제로 제기되고 있다.

교육 면에서 조계종립 동국대학교와 중앙승가대학교 이외에 1990년대 이후 진각종에서 위덕대학교, 천태종에서 금강대학교를 설립하였다. 그 밖에도 다수의 초·중·고등학교가 신설되어 불교계 종립학교로서 운영되고 있다.

그리고 포교활동에 언론매체가 끼치는 역할도 크게 증대되었다. 1960년에 조계종의 기관지로 「대한불교」, 즉 지금의 「불교신문」이 창간된 이후로 특히 8, 90년대에는 다수의 불교계 신문과 잡지 등이 창간되었다.

또한 종단별로도 기관지를 창립하여 정기적으로 발간하고 있다. 1990년대에는 세계 최초로 라디오 불교방송국(BBS)과 케이블 텔레비전 불교TV가 개국하는 쾌거를 이루기도 하였다.

제4장

기타 국가의 불교

남방불교
북방불교
서양의 불교

12세기경 이슬람 정복자의 인도 점령 이래로 점차 쇠퇴를 거듭한 불교는 16세기에 이르면 인도대륙에서 사라졌다고 할 만큼 그 세력이 미미해지고 만다. 더구나 잔존해 있던 교단도 힌두교와 습합되어 본래 모습을 찾기 어려울 정도가 되었다. 하지만 이미 인도 밖으로 전파된 불교는 각 나라의 종교, 사회, 문화 전반에 걸쳐서 지속적인 영향력과 지배력을 행사해 오고 있다. 인도에서 시작된 불교는 중국을 거쳐서 한국, 일본에 이르는 북방불교와 스리랑카, 미얀마, 타이 등의 남방불교로 이분할 수 있다.

남방불교

남방불교는 테라바다(Theravada), 즉 상좌부를 중심으로 전개되었으며, 흔히 상좌불교 또는 상좌부불교라고도 한다. 동남아시아 지역에서 전승되고 있는 불교를 가리키며, 초기 불교승단의 전통이 상당 부분 이어져 오고 있다고 알려져 있다. 다만 비구니 교단은 11세기경에 그 맥이 끊긴 채로 단절되었다. 1998년도 통계에 따르자면, 전 세계 인구 중에서 불교신자는 6%이고, 그중에서 상좌부불교를 따르는 불교도가 38%를 차지하고 있다.

1. 스리랑카

인도 아쇼카 왕의 전법사가 불교를 스리랑카에 이식시킨 이래로 변함없이 불교는 스리랑카의 중심 종교였다.

일찍이 아쇼카 왕은 아들 마힌다(Mahinda) 비구를 스리랑카에 보내서 불법을 전수하였으며, 딸이었던 상가미타(Sanghamitta) 비구니를 통해서 붓다가 깨달음을 얻었던 바로 그 자리의 보리수 한 가지를 전해 주었다고 한다. 그 보리수는 지금도 아누라다푸라에서 생명을 잇고 있는데 거국적인 신앙의 대상이 되고 있으며, 전 세계 불자들의 사랑을 한 몸에 받는 신성한 순례지이기도 하다.

마힌다 장로는 데바난피야 티사 왕(기원전 250~210년 재위)의 외호를 받아 수도였던 아누라다푸라에 대사(大寺)를 세웠는데, 이는 후일 정통적인 대사파의 근거가 되었다.

기원전 1세기경 무외산사(無畏山寺)가 세워져 또 다른 일파를 이루었는데, 이로써 교단은 대사파와 무외산사파로 양분되었다. 두 파는 각각 보수와 진보교단으로 대립하였고, 무외산사파가 대승불교와 밀교를 수용함으로써 그 대립은 극심해졌다. 이러한 대립 양상은 오래도록 지속되다가 12세기에서야 대사파의 승리로 일단락되어 교단이 정비된 이래 현재에 이르고 있다.

스리랑카불교의 특징은 무엇보다도 팔리경전의 전승에서 찾아야 할 것이다. 대사파에서는 기원전 1세기경에 이미 불전을 정비하기 시작했는데, 경·율·논 3장뿐 아니라 장외불전까지도 편찬하여 경전 연구의 깊이를 더하였다.

11세기 초 스리랑카를 점령한 힌두교 세력의 탄압으로 인하여 한때 불교교단은 위축되었고, 17세기 중반 이후에는 네덜란드와 영국 등의 외세로 인해서 불교세력이 한껏 약화되기도 하였다. 하지만 제2차 세계대전이 끝나고 독립을 회복한 후 불교교단은 더욱 발전을 거듭하고 있다.

현재 스리랑카는 명실공히 남방불교의 핵심 성지로서 인정받고 있으며, 전 세계 불교도의 순례지로서도 각광받고 있다.

스리랑카에서는 전 인구의 67% 정도가 불교신자로 알려져 있으며, 그 대부분은 싱할라족이다.

2. 미얀마

인도의 동쪽 국경을 잇대고 자리한 미얀마는 스리랑카 못지않은 오랜 불교 역사를 가지고 있다. 흔히 '미얀마에 태어나는 것은 곧 불교도가 되는 것'이라 말할 정도로 미얀마의 불교는 선택의 여지가 없을 만큼 뿌리 깊은 종교라 할 것이다.

미얀마의 불교는 정치세력의 부침과 운명을 같이하였는데, 3~9세기에는 부파와 대승불교가 혼재되어 있다가, 그 후 밀교와 힌두교를 비롯한 여러 토착 종교가 공존하는 시기를 거쳤다.

11세기 중엽에, 미얀마의 북부 파간을 중심으로 세워진 통일국가의 왕 아노라타(Anawrahta)가 스리랑카의 대사파 계통의 상좌부불교를 수용했는데, 그 후로 상좌부의 맥이 끊기지 않고 현재에 이르고 있다.

파간시대 이래로 정치적 지배세력과 불교승단의 우호적 관계는 계속 유지되어 왔으나, 19세기 말 영국의 침입으로 인하여 왕정이 무너졌고 그 후 정치적인 혼란을 거듭하면서 불교승단도 그 영향력이 약화되기도 하였다.

하지만 근년에 들어서 사회주의를 표방하고 있는 미얀마 정부가 불교의 이상 실현을 표방하면서 적극 후원하고 있는 실정이다.

3. 타이

현재, 타이(태국)의 불교를 한마디로 특징짓는다면 '국민 모두가 승려'라고 해도 과언이 아닐 정도로 불교가 생활 속 깊이 스며 있다는 점일 것이다.

타이에서는 신체 건강한 자로서 20세가 넘으면 누구나 승려가 되도록 추천을 받을 정도로 온 국민의 불심이 깊은 것으로 정평이 나 있으며, '교단 통치법'이라는 실정법을 통해서 불교교단의 활동을 규제하고 있다.

타이 땅에 불교가 전래된 것은 대승불교시대일 것이라고 추측되지만 구체적인 사료는 전하지 않는다. 다만 13세기 중엽에 타이 민족 최초의 통일왕조였던 스코타이 왕조 대에 문자의 발명과 더불어 스리랑카의 상좌부불교를 받아들였다고 알려져 있다.

그 후 14세기부터 타이를 지배했던 아유타야 왕조가 불교의 중흥을 위해 전력하였고, 1783년에 세워진 방콕 왕조의 후원으로 더욱 융성하게 되었다.

특히, 라마 4세(1851~1868년 재위)는 사회적 제도의 정비와 더불어 불교교단을 더욱 엄정하게 개혁하고 계율을 엄격히 준수할 것을 강조하였다. 이때 왕의 정책을 따랐던 정법파(正法派)와 그렇지 않았던 대중파(大衆派)로 교단이 이분되었다.

정법파는 왕실을 비롯한 지배계층과 긴밀한 관계를 유지하며 계율을 엄격히 준수하지만, 대중파는 계율이 그리 엄격하지 않다는 차이가 있을 뿐, 두 파 사이의 교의상 차이는 거의 없다.

현재, 타이의 사원들 중에서 90% 이상이 대중파에 속한다.

4. 캄보디아

타이의 상좌부불교가 전해진 캄보디아의 불교 또한 타이와 크게 다를 바 없으나, 남방의 다른 나라보다는 힌두교와 대승불교의 세력이 좀 더 오래 번성했다는 점이 다르다.

크메르 왕조는 자야바르만 2세(802~869년 재위) 이후부터 9~10세기경의 최성기에 이르기까지 수도 앙코르에 수많은 사원들을 건립했는데, 그 거대한 규모와 정교한 예술성은 오늘날에도 경이로운 세계 유산 중 하나로서 많은 사람들의 감탄을 자아내고 있다.

13세기경 서북쪽에서 타이인의 세력이 발흥하여 영토를 침입하기 시작하자, 크메르 왕조는 쇠퇴하기 시작했다. 그 후 유입되기 시작한 상좌부불교는 현재까지 캄보디아의 중심사상으로서 국민을 이끌어 왔다.

다만 캄보디아에 대한 타이의 정치적 영향과 압박이 끊이지 않은 만큼, 타이불교교단의 영향력 또한 지속되어 왔다는 것이 캄보디아불교의 한 성격으로 거론되기도 한다.

1930년에는 타이불교교단의 영향력을 배제하려는 뜻으로 프놈펜에 불교연구소를 건립하기도 했다. 현재, 전 국민의 85% 정도가 불교도로서 신앙생활에 충실하고 있다.

5. 베트남

베트남의 불교는 북부 홍하(紅河) 유역에 있던 교지(交趾)에서 시작되었다고 알려져 있다. 교지는 중국으로 항해하는 선박들이 마지막으로 기착하는 곳으로서 새로운 문물의 유입이 가장 빨랐던 지역이기도 하다. 교지를 통해서 베트남 전역에 퍼진 불교는 10세기 중엽에 중국으로부터 독립국가를 실현한 후, 불교 또한 황금시대를 맞게 되었다.

단명했던 딘(Dinh) 왕조(968~980년)시대 때 불교에 대한 왕실의 후원이 시작되었는데, 그 대를 이었던 리(Ly) 왕조(1009~1224년) 치하에서는 그 절정에 이르렀다.

리 왕조는 북방의 강력한 나라들의 견제와 투쟁에도 불구하고, 안정과 진보를 이루었다. 리 왕조가 세웠던 다이 비에트(Dai Viet)국은 전반적으로 당나라를 모방하여 운영하였으며, 생활영역에서도 중국 문화의 영향이 지배적이었다.

왕실은 불교교단을 아낌없이 지원하였고, 사원의 건립을 재정적으로 후원하였다. 그 당시 불교는 대중 속에 널리 퍼져 있었고, 지역적인 관습과 혼합되어 있었다. 특히 마을의 수호신과 정령(精靈)에 대한 신앙 및 숭배의식과 결합되어 있었다.

그런데 리 왕조는 당나라의 통치자들과는 달리, 승려들이 왕국의 행정에 참여할 수 있도록 개방하였고, 중요한 정치적 역할도 맡겼다. 그 결과 12세기 중엽에 불교는 정식 국교의 지위에 올랐다.

그 후로 베트남의 불교는 선(禪)과 정토(淨土)의 교의를 중심으로 하여 대승불교의 맥을 이어왔는데, 중국불교의 양상과 크게 다를 바는 없었다.

1848년 메콩 델타의 안강성(安江省)에서 발족한 정토계의 보산기향파(寶山奇香派)는 '나무 아미타불'만 염불하면 족하고 절이나 승려도 중요치 않다고 주장함으로써 일반 농민들 사이에 급속히 보급되었다. 신흥교단으로서 확고하게 자리 잡은 보산기향파는 이후 독립운동에도 적극적으로 참여하였고 중요한 정치집단으로서 활동하기에 이르렀다.

1945년 제2차 세계대전의 종식과 함께 베트남의 역사는 격동기를 맞이하는데, 그와 함께 불교 또한 민족주의의 선봉에서 정치에 참여하여 주도적인 역할을 하였다.

이와 같이 베트남의 불교사는 투철한 민족주의를 바탕으로 한 정치참여로 점철되어 있다는 것이 그 특징으로 꼽히지만, 일부에서는 도교와 습합된 불교의 양상이 상당 부분 미신적 신앙의 경향을 띠기도 한다는 비판을 하기도 한다.

하지만 근년에는 틱낫한(Thich Nhat Hanh, 1926~2022년) 스님 등의 활약으로 베트남불교에 대한 재조명이 활발하게 이루어지고 있다.

6. 라오스

라오스는 본래 '란상(Lan xang)'이라 하였는데, 이는 '백만 마리 코끼리의 땅'이라는 뜻이다. 그 옛날 수백 마리의 코끼리들이 무리를 지어서 메콩강에서 목욕하는 광경을 볼 수 있었기에 붙여진 이름이라고 한다.

메콩강 상류 지역인 루안프라반을 중심으로 란상 왕국이 세워졌던 14세기 중엽에야 불교가 전파되었다. 란상의 파궁 왕(1354~1373년 재위)은 캄보디아에서 고승을 초청하여 불교를 수용하였고, 통치의 기초로 삼았다. 파궁 왕 이후 정책적으로 불교를 장려하여 곳곳에 사원을 세웠는데, 왓트 프라케오, 타트 루안 등 그 당시 세워진 사찰들은 지금도 라오스의 중심 사찰로서 그 역할을 다하고 있다.

라오스의 지형은 산악지대와 평야지대로 이분되는데, 불교도는 주로 평야에 사는 라오인들이 신앙하고 있다. 현재 전체 인구의 60% 정도가 불교도인데, 라오인들은 주로 상좌부불교를 따르며, 소수의 중국인과 베트남인은 대승불교를 믿는다.

1960년 혁명 당시에 불교에 대해 엄격한 태도를 취했던 라오스 사회주의 정권은 최근 들어서 불교를 장려하는 정책을 쓰고 있으며, 제한적이나마 외국인에게도 문호를 개방하여 라오스불교를 접할 수 있도록 하고 있다.

북방불교

1. 티베트

소승, 대승, 밀교가 잘 어우러져 있는 티베트불교의 역사는 손첸감포(581~694년) 왕 때부터 시작한다. 손첸감포 왕이 재위하던 당시 인도와 중국, 두 나라에서 거의 동시에 유입된 불교는 그로부터 현재에 이르기까지 티베트인들의 마음을 완전히 사로잡은 종교가 되었다.

특히 티송데첸 왕이 재위하던 794년에는 삼예사에서 중국계 불교를 대표하는 마하연과 인도계를 대표하는 카마라쉴라(740~797년) 사이에 대논쟁이 벌어졌는데, 이는 불교사적으로도 매우 유명한 사건으로 남아 전한다. 그때 마하연과의 대론에 승리한 카말라쉴라는 인도 중관사상을 티베트에 전수하는 데 성공했지만, 마하연이 보낸 네 명의 중국인들에 의해서 위장이 도려내지는 참살을 당하고 말았던 것이다.

이와 같이 치열한 대론의 역사를 바탕으로 성장한 티베트의 불교사는 짧은 폐불기와 침체기를 제외하고는 정치, 사회 전반을 지배하는 지도이념으로서 확고한 자리매김을 해 왔다.

13세기 후반에는 티베트대장경을 완성하여 자국어로써 신앙생활을 할 수 있게 됨으로써 불교의 보급이 더욱 활발해졌다.

또한 티베트불교의 가장 큰 특징은 달라이라마라는 법주(法主)를 중심으로 발전해 왔다는 점인데, 달라이라마의 계승 자체가 불교적 전생(轉生)사상을 토대로 이루어진다는 것이 매우 독특하다. 이러한 특징에 주목하여 티베트불교를 흔히 '라마교'라고도 한다.

그런데 외세의 끊임없는 침탈에도 굳건히 나라와 신앙을 지켜왔던 티베트는 1950년 가을, 중국 공산당에게 점령당하고 말았다. 이후 중국은 티베트를 서장 자치구로 강제 편입시킨 뒤 사원을 파괴하고 승려에 대한 박해를 자행했다. 나라 잃은 티베트 유민들은 중국의 탄압을 피해서 국경을 넘어 다른 나라로 흩어지는 비극을 초래하고 말았는데, 그들 중 대부분은 접경해 있는 인도에 정착했다.

현재, 티베트불교는 티베트 국경 밖에서 활발히 전파되고 있으며, 그들의 불교문화에 대한 이방인들의 관심은 더욱더 확산되어 가는 추세이다. 특히 달라이라마는 티베트인들의 스승일 뿐만 아니라 세계인의 정신적 지도자로서 큰 몫을 다하고 있다는 점을 누구도 부인하지 못할 것이다.

2. 네팔

네팔은 고타마 붓다의 탄생지로 알려져 있는 룸비니 동산이 자리한 곳으로 유명하다. 현재 총인구 2,500만 명 중에서 약 5% 정도만이 불교도일 뿐, 거의 대부분은 힌두교도이다. 하지만 대부분의 사원에는 힌두 신상과 나란히 불상이 봉안되어 있다. 네팔에는 힌두교와 불교가 습합되었던 인도불교의 말기 현상에서 좀 더 힌두화 경향이 심화된 형태가 잔존해 있다고 볼 수 있다.

5세기부터 9세기까지 네팔을 지배했던 릿차비 왕조 때, 힌두교와 함께 불교도 유입되어 널리 퍼져 있었다. 특히 6세기 중엽의 라마데바 왕 시절에는 관세음보살신앙이 성행했던 것으로 알려져 있다.

그 후 점차로 여러 신격과 보살신앙이 등장하였고, 이어서 밀교가 자리 잡았다. 그러나 힌두교의 세력이 한층 커지게 되고 마침내 힌두교 속으로 불교는 완전히 흡수되다시피 하여 두 종파의 신도를 가름 짓는 것은 사실상 불가능할 정도로 통합되는 결과를 초래했다.

현재, 네팔의 불교를 힌두교와 분리하여 명료하게 이분하고자 시도한다면 십중팔구는 실패할 것이다. 그만큼 네팔불교의 의례나 사상은 힌두교의 영향 아래 놓여 있고, 신도들의 신앙 면에서도 양자 구분은 무의미할 만큼 합체되어 있다. 그래서 사람들은 네팔의 불교를 가리켜 '힌두교 옷을 입은 불교'라고 말하며, 인도불교의 최후의 양상이 네팔 땅에서 보다 더 진전된 것이라고 이해하고 있다.

3. 몽골

비단길을 통해서 중앙아시아에 유입된 불교는 몽골에서도 선진사상으로서 많은 영향을 미쳤다. 특히 티베트 왕의 스승으로서 추앙받던

팍파(1239~1280년)는 몽골에 티베트불교를 전파하고자 노력했다는 기록도 남아 전한다.

16세경에는 불교가 몽골 전역으로 보급되어 전 국민의 신앙으로 자리 잡기에 이르렀는데, 특히 몽골의 지배계층을 비롯한 지식계급의 전폭적인 지지를 받았고, 수많은 이들이 출가하여 승려가 되었다.

그들 중에서 칭기즈칸의 후예인 자나바자르(1635~1723년)는 수많은 사원을 건립하고 불교예술에도 조예가 깊어서 탁월한 성과를 남겼다. 특히 조각상을 주조하는 데 뛰어났던 자나바자르의 작품에는 몽골인의 심미적인 이상이 잘 표현되어 있을 뿐 아니라 인도에서 전통적으로 전수되어온 불교 도상학에도 충실히 따르고 있다는 점에서 그 가치를 높이 평가받고 있다.

몽골의 승원은 정치적인 변화와 더불어 쇠퇴의 길을 걸었으나, 민중들의 신앙은 맥이 끊기지 않아서 지금은 다시 부흥되어 가고 있는 실정이다.

4. 일본

일본의 불교 발전에 가장 큰 영향을 준 것은 중국과 우리나라이다. 공식적인 불교의 전래는 538년으로 알려져 있다. 특히 용명(用明) 천황의 제1 황태자였던 성덕태자(聖德太子, 574~622년, 573년부터 섭정)가 불교의 수용과 발전에 큰 역할을 하였다고 전한다.

성덕태자는 중앙집권을 이룬 뒤 불교사상을 기조로 하여 통치함으로써 일본불교의 기틀을 닦았다. 또한 그는 수나라에 사선을 보내서 불교를 비롯한 선진문화를 수입하는 데 전력하였고 사천왕사를 창건하였다.

중국불교가 최성기에 달해 있던 나라(奈良)시대 때는 여러 종파가 유입되었으며, 그 결과 남도육종(南都六宗)이 정립되었다. 6종은 삼론종, 성실종, 법상종, 구사종, 율종, 화엄종 등이었으며, 일본의 사상 형성에도 큰 영향을 주었다.

일본불교 종파의 특징은, 개인이 각 종파를 두루 섭렵하는 경우가 적지 않았고, 한 사찰에서 여러 종파를 겸하는 경우도 많았다는 점이다. 이는 일본에서의 각 종파는 학문적 구분으로 받아들여졌을 뿐 파벌적 대립성은 약한 탓으로 보여진다.

일본에서의 불교는 국가의 지배와 통제를 받으면서 전개되다가, 가마쿠라(鎌倉)시대에 이르러서야 소위 민중불교가 싹트기 시작하였다. 일본에 불교가 전래된 지 600여 년이 흐른 후에야 비로소 진정한 민중의 종교로서 자리 잡은 것이다.

그러나 일본불교의 가장 큰 특징은 현재 가장 많은 신자 수를 보유한 최대 종파인 정토진종(淨土眞宗) 교단이 승려의 독신계율을 포기하였다는 데 있을 것이다.

정토진종을 비롯한 일본의 대다수 종파에서는 출가 승려라 해도 독신생활을 하기보다는 결혼을 하고 개인 소유로 되어 있는 사찰을 자식에게 상속하고 있으며, 승려 신분으로도 다른 직업을 택하여 종사하는 예가 많다. 이러한 일본의 승려를 가리켜 '비승비속(非僧非俗)'이라 부르기도 한다.

중국에서 그들 나름대로의 사고방식으로 불교를 수용하고 적절히 변용시켰던 것과 같이, 일본에서도 토착 신앙인 신도(新道)와 결합하여 붓다를 신도적 신의 일종으로서 섬긴다든지, 일본 특유의 세속화된 방식으로 불교를 수용하여 변용, 발전시켰다.

그들은 인간의 자연스러운 감정이나 욕구나 관습을 부정하지도 억누르지도 않으면서, 어떤 초월적 영역에서가 아니라 세속생활의 구조 내부에서 만족스럽고 궁극적인 진리를 탐구하는 방식으로 불교를 발전시켜 왔다. 일본불교사에 등장하는 고승들 대부분이 세속생활을 중시하여 계율의 준수는 형식주의에 불과하다고 폄하시켰다.

그 결과, 일본불교는 일본 문화를 대표하는 한 양식으로 자리 잡았으며, 다도(茶道), 원예, 서예, 그리고 '노(能)'라고 불리는 가면 음악극 등에 불교정신을 수용하여 우아하게 승화시켰다는 평가를 받고 있다.

5. 대만

공식적으로 대만(臺灣)에 불교가 전래된 것은 1661년 명나라 영력(永曆) 10년 봄이었다. 그때 정성공(鄭成功)이 대만을 침공한 이래로 명나라의 통치 아래 들어가게 되었고 불교도 함께 전래되었다고 한다. 하지만 그 이전의 기록이 남아 있지는 않으나 민간신앙의 차원에서는 이미 보급되었으리란 것을 쉽게 짐작할 수 있다. 왜냐하면 불교는 수나라와 당나라를 비롯하여 송나라 때에 이미 중국 전역에 유포되어 있었고, 대륙과 대만 간의 왕래는 매우 빈번했기 때문이다. 따라서 공식적인 전래 이전에 이미 대만 전역에 걸쳐 많은 불교신도가 있었으리라고 보고 있다.

1683년 8월에는 청(淸) 왕조가 대만을 점령하였으며, 곳곳에 사원을 건립하였다. 그런데 그 시대에는 특히 관음신앙이 성행했는데, 대부분의 사원 관련 건물 이름으로 '관음'을 내걸 정도였다. 예컨대 관음사(觀音寺), 관음궁(觀音宮), 관음묘(觀音廟), 관음정(觀音亭) 등이었다. 이러한 관음신앙의 성행은 사회적 상황이 그 배경을 이루고 있다. 고난에서 구제해 주는 관음의 이상은 불안한 민중의 심리를 위로해 주기에 적합했기 때문에 명·청의 사회적 변혁기에 대만 각지로 퍼져나갔다.

그런데 1895년부터 거의 50년 동안 대만이 일본의 통치 아래 들어가게 되었고, 그와 동시에 일본불교도 유입되었다. 하지만 일본의 패전 이후에 대만 곳곳에는 불교학원이 창립되어 각 지방의 신앙적 구심점을 이루었다. 15곳에 달하던 불교학원 중에서 지금도 4곳의 불학원(佛學院)이 그 명맥을 잇고 있다. 불학원은 불교 전문인력을 양성하는 곳으로서 한국식 강원과 대학의 절충형이라 할 수 있을 것이다. 현재 대만의 사찰들은 대부분 독립법인체를 형성하고 있으며, 유치원부터 중·고등학교 및 병원까지 갖추고 있다.

대만불교의 교세는 특히 제2차 세계대전이 끝난 후 20년 동안에, 급속히 발전하였는데, 중화 대장경(中華大藏經)의 편찬을 비롯한 괄목할 만한 성과를 거두었고, 여성 출가자의 수도 급증하여 수행과 포교 면에서도 큰 역할을 담당하고 있다.

서양의 불교

1. 유럽

　서양에 불교가 전파된 것은 근세의 일이다. 하지만 그 동기 측면을 볼 때, 종교적이고 신앙적인 차원에서 비롯되었다기보다는 식민지의 종교 중 하나를 연구하고자 하는 학문적 차원에서 시작된 것이라 해도 과언이 아니다. 그리고 다른 한 측면으로는, 크리스트교와는 또 다른 비교(秘敎)의 일종으로서 불교를 수용하였다는 것이 지적되고 있다. 이러한 점은 19세기 초엽, 유럽의 수용 초기에 전파를 담당했던 독일인들 특유의 철학적이고 신비주의적인 정신적 풍토의 영향을 많이 받은 탓이라고 한다.

　하지만 영국에 팔리경전협회가 설립된 후 팔리경전이 영역되기 시작하면서부터 불교가 단순히 비교라든지 신비주의 종교가 아니라는 점이 인식되기 시작하였고 차츰 유럽 전역으로도 알려지기 시작하였다.

　그리고 특히 독일의 칼 오이겐 노이만(Karl Eugen Neumann, 1865~1915년)의 역할이 매우 컸는데, 다르마에 대한 관심에서 시작된 그의 불교

연구는 산스크리트어, 팔리어 등의 원어를 습득하기에 이르렀고, 이어서 원전 연구에 심혈을 기울였다. 그는 팔리 경전을 독일어로 번역해 냈는데, 그러한 업적은 불교가 널리 퍼지는 데 견인차 역할을 한 셈이 되었다.

유럽은 현재까지 계속되고 있는 팔리경전협회의 지대한 공헌으로 인하여 소승불교, 즉 상좌부불교와 관련된 연구 업적은 타의 추종을 불허할 정도이며, 남방불교의 본향과 다를 바 없는 역할을 해 왔다. 그리고 소승에 이어서 유입된 선종은 문화의 양상을 띠면서 유럽 지식인층에게 큰 반향을 일으켰다.

근년에는 인격화된 신이 없는 불교적 세계관에 매료된 서양인들이 불교의 심리론과 연기설, 인과법 등을 비롯하여 깨달음에 대한 붓다의 교설에 범인류적인 자아실현의 길이 있다는 것을 인식하고, 기존의 철학적 접근에서 그치지 않고 종교적 신념으로서 불교를 받아들이는 추세에 있다.

2. 미국

다민족으로 형성된 미국의 불교는 나라의 특성상 불교도 또한 매우 복합적인 양상을 띠고 있다. 아시아계 이민자의 경우처럼, 이민 오기 전의 신앙대로 불교를 따르는 이민 세대의 불교도가 있는가 하면, 유럽에서처럼 학문적 철학적인 연구대상으로 여기는 이들, 명상센터를 통한 자기 수행의 방편으로 불교에 접근하는 이들 등 매우 다양하다.

하지만 최근 미국 언론의 보도에 의하면 명상 인구가 1천만 명에 달하며 유명 정치인이나 할리우드 스타들도 불교를 신봉하는 이들이 늘고 있다고 한다. 이러한 흐름에 따라 미국 전역에 사찰과 명상센터, 선수행, 요가 등의 수련원을 통해서 불교는 급속히 포교되고 있는 현황이다.

특히 1966년에 미국 최초로 워싱턴에 상좌부불교센터가 건립된 것을 시작으로 하여, 현재 미국 전역에 걸쳐서 20여 곳이 넘는 상좌부(Theravada) 승원과 수행센터 등이 세워져 있으며, 세계 여러 나라에서 남방불교를 전수받고자 미국으로 갈 정도로 성황리에 포교되고 있다.

그리고 또 다른 경향의 하나로서, 티베트의 정치적 상황과 맞물려서 티베트의 승려들이 미국에 정착하여 포교의 일선에서 가르침을 펴고 있다는 점을 들 수 있다. 현재 전 세계적으로 존경받고 있는 달라이라마가 여러 차례 미국을 방문하여 불교의 진수를 전하였고 그때마다 많은 사람들이 불교의 진리에 눈을 뜨고 티베트불교에 귀의하고 있는 실정이다.

| 참고 도서 |

제1장_인도불교

나라 야스아키(奈良康明), 『인도불교』, 정호영 역, 민족사, 1990
나카무라 하지메 · 사이구사 미쓰요시 공저, 『바웃드하 불교』, 혜원 역, 김영사, 1990
시즈타니 마사오(静谷正雄) 외, 『대승의 세계』, 정호영 역, 대원정사, 1991
실천불교전국승가회, 『실천불교의 이념과 역사』, 도서출판 행원, 2002
에드워드 콘즈, 『인도불교 사상사』, 안성두 · 주민황 역, 민족사, 1988
톰 로웬스타인 외, 『붓다의 깨달음』, 서장원 역, 창해 출판사, 2002
후지타 오타츠(藤田宏達) 외, 『초기 부파불교의 역사』, 권오민 역, 1989
히라카와 아키라(平川彰), 『인도불교의 역사』 상 · 하, 이호근 역, 민족사, 1989
히라카와 아키라(平川彰) 외, 『대승불교 개설』, 정승석 역, 김영사, 1989
히로사찌야, 『인도불교 사상사』 상 · 하, 권영택 역, 도서출판 전각종 해인행, 1990

제2장_중국불교

가마타 시게오(鎌田茂雄), 『중국불교사』, 정순일 역, 경서원, 1985
구보 노리타다(窪 德忠), 니시 쥰조(西 順藏) 편, 『중국종교사』, 조성을 역, 도서출판한울, 1996
方立天, 『불교 철학 개론』, 유영희 역, 민족사, 1989

森三樹三郎, 『불교와 노장 사상』, 오진탁 역, 경서원, 1992

아서 라이트, 『중국사와 불교』, 양필승 역, 도서출판 신서원, 1994

야나기다 세이잔(柳田聖山), 『선의 사상과 역사』, 안영길·추만호 역, 민족사, 1989

와타나베 쇼코(渡辺照宏), 『불교사의 전개』, 한경수 역, 불교시대사, 1992

오키모토 가쓰미(沖本克己), 『새롭게 쓴 선종사』, 사토 시게키(佐藤繁樹) 역, 불교시대사, 1993

기무라기 요타카, 『중국불교 사상사』, 장휘옥 역, 민족사, 1989

도도 교순(藤堂恭俊)·시오이리 료도(塩入良道) 공저, 『중국불교사』, 차차석 역, 대원정사, 1992

제3장_한국불교

가마타 시게오(鎌田茂雄), 『한국불교사』, 신현숙 역, 민족사, 1988

교육원 불학연구소, 『조계종사-근현대편』, 대한불교조계종 교육원, 2001

김영태, 『한국불교사 개설』, 경서원, 1986

목정배, 『한국문화와 불교』, 불교시대사, 1995

안계현, 『한국불교사 연구』, 동화출판사, 1982

원효 외, 『한국의 불교사상』, 이기영 역, 삼성출판사, 1981

이영자, 『한국 천태사상의 전개』, 민족사, 1988

이재창, 『한국불교 사원 경제 연구』, 불교시대사, 1993

임혜봉, 『불교사 100장면』, 도서출판 가람기획, 1994

정태혁, 『한국불교 융통사』, 정우서적, 2002

조명기, 『고려 대각국사와 천태사상』, 경서원, 1982

조명기, 『신라불교의 이념과 역사』, 경서원, 1982

최준식, 『한국의 종교, 문화로 읽는다』, 사계절출판사, 1998

제4장_기타 국가의 불교

양승윤 외, 『동남아의 인도문화와 인도인 사회』, 한국외국어대학교 출판부, 2001

양승윤 외, 『동냠아의 종교와 국가』, 한국외국어대학교 출판부, 2000

와타나베 쇼코(渡辺照宏), 『일본불교』, 이영자 역, 경서원, 1987

이시다 미즈마로(石田瑞磨), 『일본불교사』, 이영자 역, 민족사, 1988

이시이 요네오(石井米雄) 『동남아시아의 불교 수용과 전개』, 박경준 역, 불교시대사, 2001

이와모토 유타카(岩本 裕) 외, 『동남아불교사』, 홍사성 역, 도서출판 반야샘, 1987

이은구, 『버마불교의 이해』, 세창출판사, 1996

| 집필위원 |

이 만 | 동국대학교(경주) 불교문화대학 교수
차차석 | 동국대학교 불교학과 강사
김미숙 | 동국대학교 인도철학과 강사
최연식 | 목포대학교 사학과 교수
박희승 | 대한불교조계종 총무원 기획실 기획차장

불교사의 이해

발행일 | 2025년 8월 31일 1판 17쇄
엮은이 | 대한불교조계종 포교원
발행인 | 원명
발행처 | (주)조계종출판사

출판등록 | 제2007-000078호
등록일자 | 2007년 4월 27일
주　　소 | 서울시 종로구 삼봉로 81 두산위브파빌리온 1308호
전　　화 | 02·720·6107
팩　　스 | 02·733·6708
구입문의 | 불교전문서점 향전 02·2031·2070~1 / www.jbbook.co.kr

ⓒ 대한불교조계종 포교원, 2004
ISBN 978-89-86821-26-0　03220

값 11,500원

※ 잘못된 도서는 교환해 드립니다.
※ 저작권법에 의하여 보호를 받는 저작물이므로 무단으로 복사, 전재하거나 변형하여 사용할 수 없습니다.
※(주)조계종출판사의 수익금 전액은 포교·교육 기금으로 활용됩니다.

조계종 표준 금강반야바라밀

조계종 표준 금강반야바라밀경 **독송본**　　대한불교조계종 교육원 편역 | 96쪽 | 6,000원
조계종 표준 금강반야바라밀경 **주석본**　　대한불교조계종 교육원 편역 | 108쪽 | 10,000원
조계종 표준 금강반야바라밀경 **한글 사경본**　대한불교조계종 교육원 편역 | 96쪽 | 8,000원
조계종 표준 금강반야바라밀경 **한문 사경본**　대한불교조계종 교육원 편역 | 96쪽 | 8,000원
조계종 표준 금강반야바라밀경 **포켓본**　　대한불교조계종 교육원 편역 | 124쪽 | 8,000원

조계종 표준 우리말 천수경

조계종 표준 우리말 천수경 **독송본**　　대한불교조계종 의례위원회 편역 | 64쪽 | 5,000원
조계종 표준 우리말 천수경 **사경본**　　대한불교조계종 의례위원회 편역 | 120쪽 | 8,000원

조계종 표준 우리말 반야심경

조계종 표준 우리말 반야심경 **사경본**　대한불교조계종 의례위원회 편역 | 112쪽 | 7,500원

불교경전

조계종 표준 금강경 바로 읽기　　　　　　지안 강설 | 364쪽 | 21,000원
처음처럼 _ 참불서시리즈 01　　　　　　　지안 강설 | 180쪽 | 10,800원
마음속 부처 찾기 _ 참불서시리즈 02　　　지안 강설 | 352쪽 | 18,000원
무비 스님의 예불문　　　　　　　　　　무비 스님 강설 | 120쪽 | 11,000원
무비 스님의 반야심경　　　　　　　　　무비 스님 강설 | 140쪽 | 12,000원

무비 스님의 천수경	무비 스님 강설	164쪽	12,000원
무비 스님의 신심명 강의	무비 스님 강설	232쪽	10,000원
무비 스님의 증도가 강의	무비 스님 강설	400쪽	20,000원
고우 스님 강설 육조단경	고우 스님 강설	472쪽	30,500원

불교수행입문 시리즈

간화선 입문	대한불교조계종 포교원 포교연구실 엮음	216쪽	10,000원
절 수행 입문	대한불교조계종 교육원 불학연구소 엮음	136쪽	8,000원
염불 수행 입문	대한불교조계종 교육원 불학연구소 엮음	232쪽	8,000원
진언다라니 수행 입문	대한불교조계총 교육원 불학연구소 엮음	164쪽	8,000원
간경 수행 입문	대한불교조계종 교육원 불학연구소 엮음	180쪽	9,000원

불교 에세이

한 권으로 읽는 불교 교리	지명 스님 지음	416쪽	17,000원
월호 스님의 화엄경 약찬게 강설	월호 스님	332쪽	17,500원
월호 스님의 선가귀감 강설	월호 스님	356쪽	20,000원
세계는 한 송이 꽃이라네	진광 글·그림	양장	528쪽	22,000원
내 안에 삶의 나침반이 있다	법상 스님 지음· 용정운 그림	324쪽	17,000원